Die

Nichtigkeitsbeschwerde

als

das alleinige Rechtsmittel höchster Instanz

mit besonderer Beziehung

auf die

Preußische Prozeß-Gesetzgebung

von

Dr. Waldeck,
Ober-Tribunalsrath.

Berlin.
Verlag von J. Guttentag.
1861.

Vorwort.

Die wichtige Frage, welche vorliegende Schrift behandelt, ist thatsächlich bereits von der großen Mehrzahl der gebildeten Staaten Europa's im Sinne der Cassation beantwortet. Man erblickt in derselben die nothwendige Consequenz des öffentlichen mündlichen Verfahrens in zwei vorhergehenden Instanzen. Man hält das Prinzip auch politisch für so wichtig, daß viele Verfassungen es unter die Grundrechte zählen. Das Prinzip wurde auch auf dem Juristentage von 1860 durch die vierte (größte) Abtheilung, aus mehr als 200 Juristen der verschiedensten deutschen Länder bestehend, mit ganz überwiegender Mehrheit angenommen.

Dessenungeachtet besteht unter den Juristen derjenigen deutschen Länder, welche das Institut seither entweder gar nicht angenommen haben, oder einem gemischten System huldigen, noch vielfältig Abneigung gegen das Rechtsmittel der Cassation oder Nichtigkeitsbeschwerde. Solche Vorurtheile zu zerstreuen, dazu ist eine unbefangene Prüfung des Zwecks und der Bedeutung dieses Rechtsmittels am besten geeignet. Sie giebt zugleich die Grundlage für eine technisch richtige Gestaltung des Rechtsmittels, welche besonders in Ansehung der prozessualischen Nichtigkeits-Motive eine sehr gründliche und sorgfältige Erwägung erfordert.

Nachfolgende Blätter versuchen dies mehr vom juristischen als vom politischen Standpunkte aus. Die Schrift existirt im Wesentlichen schon seit 1856 als amtliche Arbeit zum Zwecke einer damals in Aussicht gestellten aber ohne Erfolg gebliebenen Revision dieser Materie; sie ist auch bei den Ministerial-Entwürfen (Justiz-Ministerialblatt von 1860 S. 182 und 437) nicht unbenutzt geblieben, wenngleich Motive und Resultate in manchen Beziehungen von einander abweichen.

Obgleich dieser Ursprung des Buchs einestheils seine wesentlich praktische Haltung, anderntheils einen preußisch partikularrechtlichen Charakter bedingt, so sind doch das französische Recht und die neueren Prozeßgesetze anderer deutscher Länder nicht unberücksichtigt geblieben, und die Untersuchung beschäftigt sich überhaupt vielfältig mit Fragen von allgemein prozessualischem Interesse. Ich darf daher vielleicht hoffen, auch für die Vorarbeiten des allgemein gewünschten deutschen Prozeß-Codex einen anspruchlosen Beitrag geliefert zu haben.

Berlin, den 29. Januar 1861.

Waldeck.

Inhaltsverzeichniß.

Einleitung.

Erster Abschnitt.

Zulässigkeit und Begründung der Rechtsmittel höchster Instanz.

Gründe der Nichtigkeitsbeschwerde gegen Appellations-Erkenntnisse.

Nichtigkeitsbeschwerde

gegen Urtheile, die nicht in zweiter Instanz ergangen sind, resp. Resolutionen.

Zweiter Abschnitt.

Art des Verfahrens, wodurch die Rechtsmittel eingeführt und geltend gemacht werden.

Abkürzungen.

G. — Gesetz vom 15. Dezember 1833.
Dekl. — Deklaration vom 6. April 1839.

Einleitung.

§. 1.

Vorbemerkungen.

Die zweckmäßige Gestaltung des Rechtsmittels höchster Instanz in bürgerlichen Prozeß-Sachen steht im wesentlichen Zusammenhang einestheils mit der Gerichts-Organisation und dem Verfahren in den früheren Instanzen, anderntheils mit dem Umfange und der Bedeutung des Staats, so wie mit der Einrichtung des Gerichts, das in letzter Instanz Recht spricht. Eine unvollkommene erste Instanz, wie sie von Einzelrichtern, vollends Patrimonial-Richtern, unzertrennlich ist, vermehrt die Anforderungen an die Abhülfe durch nachfolgende Instanzen. Ein Land von kleinem Umfange wird nicht leicht in dem höchsten Gerichtshofe den Centralpunkt der Rechts-Ausbildung hinstellen können, der wohl allgemein als ein Bedürfniß anerkannt wird.

Preußen entspricht seinem Umfange, seiner Bevölkerung und Bedeutung nach ohne Zweifel den in dieser Beziehung zu machenden Requisiten. Auch existirte schon seit 1748 in dem Obertribunal ein allgemeiner höchster Gerichtshof nicht nur für die Churlande, sondern auch für die übrigen Provinzen, welche ein privilegium de non appellando besaßen. Auch nach Einführung der Allgemeinen Gerichts-Ordnung von 1795, welche das Verfahren, nicht die Gerichts-Organisation, wesentlich umgestaltete, blieb das Obertribunal der regelmäßige höchste Gerichtshof mit Ausnahme der Sachen aus Schlesien, Ost- und Westpreußen von 200 Thlr. oder weniger an Werth, und mit Ausnahme einiger fora specialia causae. Das Rechtsmittel letzter Instanz hieß „Revision" und die revisible Summe war verschieden, je nachdem beim Obergerichte oder Untergerichte erkannt war, beim Obergerichte auch, je nachdem die Urtheile erster und zweiter Instanz verschieden gewesen. Die Vergrößerung des Staatsgebiets durch weitere Erwerbungen in Polen und in Deutschland vermöge des Rechtsdeputations-Hauptschlusses veranlaßte die Verordnung vom 13. März 1803.*) Diese erhöhte die revisible Summe bei Untergerichts-Sachen und difformen Entscheidungen der Obergerichte auf 200 Thlr., bei conformen Entscheidungen der Obergerichte auf 400 Thlr. Außerdem erwog sie

> daß das geheime Obertribunal der vermehrten Zahl seiner Mitglieder ungeachtet, wegen des durch die zugenommene Bevölkerung und den durch die unsern Staaten in neueren Zeiten einverleibten Provinzen entstandenen Zuwachs der Geschäfte nicht mehr im Stande ist, die demselben aufgetragenen Entscheidungen der Rechtssachen in letzter Instanz gehörig zu bestreiten, mithin es nöthig ist, die Zahl der an diesen obersten Gerichtshof gelangenden Sache mehr einzuschränken.

Deshalb ging in allen Sachen, die nicht einen Werth von 500 Thlr. hatten, außerdem in Ehe-, Sponsalien-, Schwängerungs-, Bau- und Servituten-Sachen die Revisions-Entscheidung vom Ober-Tribunal auf die Landes-Justiz-Collegien nach einem unter denselben regulirten Instanzenzuge über. Nur das Kammergericht und unter gewissen Modifikationen das Ober-Landesgericht zu Stettin behielten das Obertribunal als Revisions-Instanz in allen Sachen bei.

In denjenigen Gebietstheilen, welche nach dem Tilsiter Frieden mit der Monarchie vereinigt blieben, hat es bis zur Verordnung vom 14. December 1833 bei diesem Zustande sein Bewenden behalten. Für die durch den Pariser Frieden wiedervereinigten und neu erworbenen Provinzen, sofern in denselben überhaupt preußisches Recht und Verfahren wieder eingeführt wurde, erlitt die Competenz des höchsten Gerichtshofs noch eine weit größere Beschränkung, indem das Quantum derselben auf 2000 Thlr. bestimmt und sonst unter

*) Vgl. Stepel Beiträge Bd. 17 S. 238.

den neu constituirten Oberlandesgerichten ein gegenseitiger Instanzenzug festgestellt wurde.

Es leuchtet ein, welch ein Rückschritt gegenüber der ursprünglichen Einrichtung von 1748 hierdurch eingetreten war. Der Hauptvortheil einer höchsten Instanz, der Ausbau des Rechts durch einheitliche Prinzipien ging fast völlig verloren. Widersprüche der Landes-Justizcollegien unter einander und mit dem Obertribunal veranlaßten Spezial-Gesetze, wodurch die Entscheidung über einzelne Sachen z. B. servitutes discontinua, und in gewissen gutsherrlichen bäuerlichen Angelegenheiten dem Obertribunal übertragen wurde. Für Münster z. B. war Halberstadt, für Halberstadt Münster das Gericht letzter Instanz in Sachen unter 2000 Thlr.

Viele Uebelstände dieser Art kamen gar nicht einmal zur Kenntniß des Publikums, theils weil die Revisions-Erkenntnisse ohne Gründe erlassen wurden, theils weil die Natur des Rechtsmittels häufig die prinzipielle Frage nicht zur Entscheidung brachte, und an die Stelle einer faktischen Würdigung eine andere gesetzt werden konnte. Sehr allgemein verbreitete sich deshalb die Abneigung gegen die Abänderung zweier gleichlautenden Erkenntnisse, welche das Gesetz vom 21. Juni 1825 insofern berücksichtigte, daß in einem solchen Falle Entscheidungsgründe beigefügt werden sollten. Die Geschäftsüberhäufung war trotz der beschränkten Competenz bei dem Obertribunal von der Art, daß das Bedürfniß der Theilung in drei Senate unter dem Vorsitze verschiedener Präsidenten entstand.*) Nur durch die außerordentliche Achtung, in welcher dieser Gerichtshof stand, konnte dem Publikum gegenüber ein Zustand haltbar sein, in welchem bei der angestrengtesten Arbeit der Mitglieder die Vertheilung der eingehenden Spruchsachen ein Jahr mindestens ausgesetzt bleiben mußte, so daß die Einlegung der Revision einem Moratorium gleich geachtet werden konnte.

Daß eine solche provisorische Einrichtung der höchsten Instanz so lange dauerte, dafür lassen sich nicht unerhebliche Rechtfertigungsgründe anführen. Sehr allgemein war die Ueberzeugung geworden, daß die Allgem. Gerichtsordnung ihr hohes Ziel, das wahre Recht

*) C.-O. vom 19. Juli 1832. Ges. Samml. S. 192.

zu verwirklichen, nicht erreicht hatte, daß die Prozeßführung durch die Formlosigkeit vage geworden, und doch weder für die Beschleunigung der Prozesse, noch für das sogenannte materielle Recht etwas Wesentliches gewonnen war. Dem linken Rheinufer war das französische Recht und Verfahren mit Bewußtsein auf ein Gutachten von fünf hochgestellten Rechtsgelehrten belassen worden. Selbst an dem gemeinen Recht und Verfahren im Ostrheinischen Bezirk und Neu-Vor-Pommern wollte man nicht rütteln. In Posen war das französische Recht und Verfahren zwar nicht geblieben, aber schon seit 1818 ein Prozeßverfahren, auf mündlicher Verhandlung beruhend, in Geltung. Die Vorzüge des französischen Prozesses in so vielen Beziehungen, die Vorzüge des mündlichen Verfahrens und einiger Strenge in Fristen und Formen waren immer klarer geworden. So unumgänglich nöthig die Einheit des Prozeßverfahrens für einen Staat erscheint, so wenig hätte man jenen Landestheilen das Unvollkommene des Preußischen Verfahrens anbieten mögen, ehe dasselbe im Großen und Ganzen revidirt war. Zu diesem Zwecke waren seit 1825 sehr bedeutende Männer in Berlin beschäftigt, deren Arbeiten zum Theil von bleibendem Werthe sind. Es konnte in der Aussicht auf eine baldige allgemeine Prozeß-Organisation zweckmäßig erscheinen, bis dahin die Regulirung einer einheitlichen dritten Instanz auszusetzen und den provisorischen Zustand bestehen zu lassen. Indessen zu große Hindernisse standen der Ausführung eines neuen Codex entgegen, obwohl der vortreffliche Entwurf des hochbegabten Geheimen Rath Reinhard schon seit 1827 fertig vorlag. Nur stoßweise gelang es dem rastlosen Eifer des Justizministers Mühler, der 1832 sein Amt antrat, durch das Gesetz vom 1. Juni 1833 das mündliche Verfahren, durch die Gesetze vom 4. März 1834 nothwendige Abänderungen im Exekutions- und Subhastations-Wesen ins Leben zu führen. War dieser Weg successiver Reform einmal betreten, dann stellte sich das Bedürfniß einer Organisation des höchsten Gerichtshofes als unabweisliches vor allem dar. Dasselbe fand daher auch seine Erledigung durch die Verordnung vom 14. December 1833. Diese hob die Gerichtsbarkeit der Landes-Justizkollegien für die letzte Instanz auf, und gab dem Obertribunal seine ursprüngliche Bedeutung als Gerichtshof letzter Instanz zurück. Aber davon war eine wesentliche Umgestaltung des Rechtsmittels letzter Instanz unzertrennlich. Nach dem Beispiele der Rheinprovinzen und fast aller anderen modernen Gesetzgebungen erschien dem Gesetzgeber die Cassation, das Rechtsmittel der Nichtigkeitsbeschwerde, als das geeignete, um einestheils die zu gewährende Hülfe nicht durch eine hohe Summe zu sehr zu beschränken, anderntheils den höchsten Gerichtshof vor Ueberbürdung zu sichern. Freilich mochte Einzelnen nur die Ueberbürdung als der alleinige zu beseitigende Uebelstand erscheinen. So findet sich sogar ein Vorschlag, der dem Obertribunal durch eine Revisionssumme von 5000 Thlr. helfen wollte. Der Gesetzgeber selbst indessen wurde nicht bestimmt durch die äußere Veranlassung des Gesetzes, sondern durch den inneren Grund desselben.

Schon die Deputation, welcher die Revision der Allgemeinen Gerichtsordnung oblag, hatte dem Entwurfe Reinhard's entsprechend die Nichtigkeitsbeschwerde als das alleinige Rechtsmittel letzter Instanz hingestellt. Der Reinhardsche Entwurf enthielt einfache zweckmäßige Anordnungen darüber. Bedenkt man die Anhänglichkeit der Juristen an das gewohnte Verfahren, bedenkt man, wie wenig damals überhaupt der eigentliche Beruf und die Bedeutung E i n e s höchsten Gerichtshofes zur klaren Erkenntniß gekommen war, woran es ja auch jetzt zum Theil noch fehlt — so wird es nicht auffallen, daß der sonst so tüchtige Graf Dankelmann die Revision nicht ganz hatte aufgeben wollen, daher denn der Entwurf von 1830*) neben der Nichtigkeitsbeschwerde, und sogar mit einem Objekte von 200 Thlr., die Revision beibehalten hatte. In welchem Grade dadurch die Arbeit anwachsen mußte, davon scheint man allerdings eine Ahnung gehabt zu haben, da Dankelmann m e h r e r e höchste Gerichtshöfe wollte, zum Beweise, wie wenig auch manche Bedeutende damals das zu erstrebende Ziel erkannten, da wir ja dann die alte Einrichtung der gegenseitigen Revisions-Instanz der Appellations-Gerichte hätten beibehalten können. Mühler freilich verfolgte mit Bewußtsein den Weg der Einführung wie des mündlichen Verfahrens vor Collegial-Gerichten, so der Cassation. Aber neben so manchen anderen Hindernissen stand ja noch vornämlich das unüberwindliche der in

*) Unter Widerspruch Reinhard's, vergl. die Beilage I.

den östlichen Provinzen durchgehends unvollkommenen Besetzung der Gerichte erster Instanz durch Einzel- und Patrimonial-Richter entgegen. Daher war es unmöglich, aus einem Gusse zu arbeiten: nur mit großen Modifikationen konnte es gelingen, einzelne, oft kaum wieder zu erkennende Bruchstücke des Reinhard'schen Entwurfs ins Leben zu rufen. So behielt denn die Verordnung vom 14. Dec. 1833 neben der Cassation die Revision in einigen Prozessen (Ehe- und Standes-Sachen und bei difformes über 500 Thlr.) bei. Sie gab außerdem eine größere Spezifikation der für Gründe der Nichtigkeit motivirten Prozeßvorschriften, als der Reinhardsche Entwurf gegeben hatte, ohne das Feld genügend zu erschöpfen, fügte noch verschiedene das Faktum betreffende Nichtigkeits-Motive bei, und ließ den höchsten Gerichtshof nach erfolgter Vernichtung in der Sache selbst erkennen, mit welcher letzten Bestimmung schon im Jahre 1837 eine erhebliche Mehrheit des Obertribunals sich nicht einverstanden erklärte. Durch die Deklaration vom 6. April 1839 wurden verschiedene Ergänzungen und Erläuterungen im Einzelnen des Gesetzes gegeben; diese Deklaration und die dazu gehörige Ministerial-Instruktion vom 7. April 1839 können gewissermaßen als eine Codifizirung der seitherigen Obertribunals-Praxis betrachtet werden. Wer es bedenkt, wie fremdartig und neu ein Gesetz in dieser Gestalt der großen Mehrzahl preußischer Juristen, welche über Geist, Sinn und Bedürfniß desselben kaum je nachgedacht haben mochten, entgegentrat, wie unvollkommen die Anwendung durch die Rechtsanwalte der Untergerichte werden mußte, wie hemmend die Verschiedenheit des Verfahrens in den Vor-Instanzen wurde, der wird sich wahrlich über die Nothwendigkeit solcher Erläuterungen nicht wundern. Vielmehr wird ein solcher durchdrungen werden von hoher Achtung des höchsten Gerichtshofes, der auch unter so ungünstigen Umständen und unter fortdauernder Arbeitslast dem Gesetze die unentbehrliche Ausbildung durch die Praxis gab, ohne darum dessen Schranken zu durchbrechen, und dessen Ziel aus den Augen zu verlieren. Vielleicht hätte man jene Deklaration damals noch nicht erlassen, vielmehr dem höchsten Gerichtshofe noch längere Zeit zur Ausbildung einer Praxis lassen sollen, welche der Pariser Cassationshof sich ja auch hat bilden müssen. Allein das lag zu wenig im Charakter der damaligen

Gesetzgebung und der ganzen nicht organisch geordneten gerichtlichen Zustände.

Nach und nach verschwanden die wesentlichsten Hindernisse aus dem Verfahren. Unter dem Justizminister Uhden erging mit erheblicher Mitwirkung des sehr tüchtigen zu früh verstorbenen Kisker die Verordnung vom 21. Juli 1846, und gab dem mündlichen Verfahren die längst ersehnte Ausdehnung auf alle Sachen, selbst auf die Prozedur höchster Instanz mit Bestellung eigener ausschließlich beim Obertribunal fungirender Rechtsanwalte. Im Jahre 1848 wurde Ein Prozedur-Gesetz für den ganzen Staat erstrebt und im Verfassungs-Entwurfe der National-Versammlung in Aussicht gestellt. Koch's sehr gediegener „Entwurf einer Civil-Prozeßordnung für den Preußischen Staat (Berlin, Guttentag. Decbr. 1848) ist die willkommene Frucht amtlicher Aufträge der Justizminister Bornemann und Märker. Dieser Entwurf statuirt nur die Nichtigkeitsbeschwerde als Rechtsmittel letzter Instanz. Die oktroiyrte Verfassung vom 5. December 1848, dem Entwurfe der National-Versammlung folgend, hob die Patrimonial-Gerichtsbarkeit auf, und die Verordnung vom 2. Januar 1849, erlassen von dem Justizminister Rinteln mit Kiskers Beihülfe, gab dem Lande die nicht genug anzuerkennende und zu schützende Wohlthat einer guten Gerichts-Organisation. Gegenwärtig werden lediglich Bagatellsachen (50 Thlr. und darunter) von Einzelrichtern, Commissaren der Kreisgerichte entschieden, und es findet gegen ihre Urtheile nur das Rechtsmittel des Rekurses an das vorgesetzte Appellationsgericht statt und zwar: wegen Verletzung und unrichtiger Anwendung von Rechtsgrundsätzen und außerdem, wenn gegen die klare Lage der Sache erkannt ist, erhebliche Thatsachen unbeachtet gelassen oder wesentliche Prozeßvorschriften verletzt worden sind.*)

In allen übrigen Sachen entscheiden auf mündliche Verhandlung Collegial-Gerichte in erster Instanz, und die ihnen bezirksweise vorgesetzten fast von allen Administrations-Arbeiten befreiten Appellationsgerichte in zweiter Instanz. Auch das gemeinprozessualische Verfahren, welches in Neu-Vorpommern, dem Ostrheinischen Bezirke und in den Hohenzollernschen Landen Geltung behielt, hat durch einzelne

*) Gesetz vom 20. März 1854. Ges. Samml. S. 115.

Novellen eine Umformung in das mündliche Verfahren erhalten, bei der ebenfalls die Nichtigkeitsbeschwerde, jedoch ohne Spezialisirung von prozessualischen Begriffen als Rechtsmittel angenommen worden ist.

Nachdem so die erste und zweite Instanz eine Regelung erhalten, deren Grundlage, wie auch die Art des Verfahrens künftig noch Abänderungen erleiden sollte, doch hoffentlich unerschütterlich bleiben wird, nachdem auch seit 1853 das Obertribunal unter Vereinigung mit dem Rheinischen Cassationshofe als der allgemeine höchste Gerichtshof in Civil- und Criminal-Sachen hingestellt worden ist, lag gewiß der Wunsch sehr nahe, falls eine gemeinsame Prozeßordnung noch so bald nicht zu verwirklichen sein möchte, doch das Rechtsmittel letzter Instanz von seiner Zwiespaltigkeit, von seiner ungenügenden in so viele Gesetze zerstreuten Regelung zu befreien. Mühler als Chef-Präsident des Obertribunals legte auch schon 1853 bei demselben einen Entwurf vor, der, seinen Prinzipien getreu, die Cassation als das alleinige Rechtsmittel letzter Instanz gab. Es hat bei dieser Gelegenheit eine sehr verdienstliche Zusammenstellung sämmtlicher durch die seitherige Praxis angeregter Gesichtspunkte durch ein Mitglied des höchsten Gerichtshofes, den Obertribunals-Rath Bergmann, Statt gefunden. Die Sache blieb jedoch erfolglos. Eine weitere Anregung dieser Materie geschah im Jahre 1856 durch den jetzigen ersten Präsidenten Staatsminister Uhden; die Vorarbeiten der damals niedergesetzten Commission, abgeschlossen in demselben Jahre, haben ebenfalls bisher noch keinen Erfolg gehabt. Gegenwärtig bietet der „Entwurf eines Gesetzes über das Rechtsmittel der Nichtigkeitsbeschwerde" (abgedruckt S. 182 des Justiz-Ministerial-Blattes von 1860) dem Lande eine Abhülfe des in so vielen Beziehungen unvollkommenen Zustandes dar. Dieser Entwurf stellt die Cassation als das alleinige Rechtsmittel letzter Instanz hin, unter Aufhebung der noch ausnahmsweise bestehenden Eventualitäten der Revision. Er entbindet das Obertribunal von dem Erkenntnisse in der Sache selbst nach erfolgter Vernichtung. Er sucht auch die prozessualischen Angriffe anderweit zu regeln und zu erweitern, die Angriffe gegen das Faktum möglichst auszuscheiden, und einiges Unzuträgliche im Verfahren zu modifiziren, ohne dieses in seinen Hauptzügen einer Aenderung unterwerfen zu wollen.

Man kann in den Einzelnheiten anderer Ansicht sein: sie sind der Abänderung fähig, ohne das Ganze zu beeinträchtigen. Aber sie bieten keinen Grund, um ein Gesetz zu beseitigen, dessen Bedürfniß wohl ziemlich allgemein zugestanden werden möchte. Nach der Zusammenstellung der eingeforderten Gutachten der Appellationsgerichte, Gerichte erster Instanz und der Ehren-Räthe der Rechtsanwalte (S. 455 Justiz-M.-Blatt) hat sich denn auch eine sehr überwiegende Mehrheit für das Gesetz ausgesprochen. Unter Berücksichtigung einzelner in diesen Gutachten aufgestellter Erinnerungen ist durch Ministerial-Verfügung vom 10. December 1860 ein „Revidirter Entwurf" des Gesetzes veröffentlicht worden. Dieser unterscheidet sich von dem ersteren hauptsächlich dadurch, daß nach §. 19 das Obertribunal nach erfolgter Vernichtung dann in der Sache selbst entscheiden soll, wenn sie zur Entscheidung reif ist. Die übrigen Abweichungen sind minder wesentlich.

Ein großer Irrthum würde es sein, wollte man aus den Mängeln des bestehenden Gesetzes, und aus den verschiedenartigen Versuchen, denselben abzuhelfen, etwa die Folgerung ziehen, es müsse das Hauptprinzip des Gesetzes innerlich unhaltbar sein. Jene Mängel waren einestheils, wie schon bemerkt, Folgen der zur Zeit der Emanation desselben unvollkommenen Justiz-Organisation, anderntheils mußten sie noch mehr hervortreten durch die Coexistenz zweier so verschiedener Rechtsmittel, wie Revision und Nichtigkeitsbeschwerde. Durch diese Coexistenz wurde eine verschiedene Behandlung der Sachen nach sehr zufälligen Eventualitäten herbeigeführt, deren Möglichkeit der richtigen Ausbildung des Rechtsmittels letzter Instanz nachtheilig werden mußte.

Sodann gehören die Fragen:

in wie fern bei diesem Rechtsmittel prozessualische Angriffe

und

Angriffe, welche in das Faktum hineingreifen, zuzulassen?

zu den schwierigsten Problemen der Prozeß-Gesetzgebung. Wenn verschiedene Ansichten darüber laut geworden, wenn die Erfahrung Uebelstände auf diesem Gebiete an den Tag gelegt hat, so war dies unvermeidlich, und kann dem neuen Gesetze nur zu großem Vortheile gereichen. Das Wahre und Richtige wird sich schließlich dennoch Bahn brechen.

Aber schon in der bisherigen unvollkommenen Gestalt liegen die Vorzüge des Gesetzes von 1833 offen vor Augen. Erst dies Gesetz gab dem Obertribunale die Bedeutung eines höchsten Gerichtshofes. Durch die Schärfe, in welcher vermöge des Rechtsmittels der Nichtigkeitsbeschwerde Rechtsgrundsätze zur Enscheidung gebracht werden, ist die preußische Rechtswissenschaft außerordentlich ausgebildet worden. Es wurde dadurch eine große Zahl von Plenarbeschlüssen des Obertribunals herbeigeführt, welche viele Controversen des Preußischen Rechts zu einem endlichen und meist befriedigenden Abschluß brachten. Die Thätigkeit des Obertribunals ist dem Ziele desselben entsprechend dahin gelangt, Haupt-Ausgangspunkt und Haupt-Rücksichtspunkt für Praxis und Wissenschaft zu werden, während früher das Meiste verborgen blieb, und die Grundsätze des Tribunals nur sehr sporadisch zur Kenntniß gelangten, wenn sie überhaupt ausgesprochen wurden.

§. 2.
Emanation eines vollständigen Prozedur-Gesetzes für das Obertribunal.

In den nachfolgenden Blättern ist es versucht, ein Prozedur-Gesetz für den höchsten Gerichtshof aufzustellen und an eine Revision der bestehenden Gesetzgebung anschließend zu begründen. Die Abweichung von dem Ministerial-Entwurfe in einigen Punkten, die Uebereinstimmung mit demselben in den meisten wird aus der Erörterung klar werden.

Die zu revidirenden gesetzlichen Bestimmungen finden sich in folgenden Gesetzen:

1) die Verordnung vom 14. Dezember 1833. — Ges. Samml. S. 302—308.
2) die Deklaration vom 6. April 1839 und die Instruktion vom 7. April 1839, wenn auch letztere Gesetzeskraft nicht hat. — Ges. Samml. S. 126—132.
3) die Verordnung vom 5. Mai 1838 — §. 5, 6, 7. Ges. Samml. S. 237 — und die vom 21. Juli 1843. §. 1. (S. 294) rücksichtlich der Fristen.

4) die Verordnung vom 28. Juni 1844 (Ehesachen) §. 52 dritter Instanz (S. 184—195).
5) die Verordnung vom 21. Juli 1846 (S. 291—302), wodurch auch einige Bestimmungen der Verordnung vom 1. Juni 1833 (S. 37) maßgebend für das Obertribunal geworden sind.
6) Kabinets-Ordre vom 22. December 1841 (G. S. v. 42 S. 16) in Betreff der Zulässigkeit der Nichtigkeitsbeschwerde gegen alle Appellations-Erkenntnisse.
7) Verordnung vom 2. Januar 1849 und resp. 26. April 1851. (theilweise).
8) Gesetz vom 20. März 1854 §. 1 u. 2. (Gründe des Appellations-Richters — Erstattung des Geleisteten) G. S. S. 115 —120.
9) Gesetz vom 26. März 1855 (Gen.-Komm.-Sachen) Aufhebung der Plenar-Entscheidungen in der Sache selbst.

Außerdem kommen die verschiedenen einzelnen Bestimmungen der für die gemeinrechtlichen Provinzen geltenden Prozeßgesetze, betreffend die Revision und Nichtigkeitsbeschwerde, in Betracht.

Es liegt zugleich in der Sache, daß die Vorschriften der Prozeßordnung, so weit sie für das Verfahren der dritten Instanz noch bestehen (Tit. 15) und zweckmäßig, auch so weit sie die Nullitätsklage zum Gegenstande haben (Tit. 16), ebenfalls in Erwägung kommen müssen. Das Bereich der Erörterung erstreckt sich diesemnach auf die ganze Prozedur letzter Instanz — (der Ausdruck wird der Kürze wegen hier auch auf Nichtigkeitssachen ausgedehnt) — in Civilsachen des Preußischen und gemeinrechtlichen Verfahrens und nach den beiden Hauptbeziehungen

a) der Zulässigkeit der Rechtsmittel und deren Bedingungen
b) der Art und Weise des Verfahrens, wodurch die Rechtsmittel vor dem höchsten Gerichtshof geltend gemacht und erledigt werden.

Ausgeschlossen sind hierdurch außer der Prozedur in Strafsachen und Sachen des Rheinischen Verfahrens auch die Organisations-Gesetze des Obertribunals. Obwohl dieser Gerichtshof erst durch die Verordnung von 1833 die Bedeutung eines eigentlichen allgemeinen höchsten Tribunals für die Provinzen des Preußischen Rechts erlangt

(§. 26 dieses Gesetzes) und diese Bedeutung durch die späteren Organisations-Gesetze von 1849 und 1852 ihre gegenwärtige Ausdehnung gefunden hat, gehören doch außer der Bezeichnung des Obertribunals als des kompetenten Gerichtshofes und der Bestimmung der gesetzlich erforderlichen Richterzahl beim Spruche, sonstige Vorschriften über die innere Organisation des Gerichtshofes nicht in das zur Richtschnur für die Prozeß führenden Parteien bestimmte Prozedur-Gesetz. Die Eintheilung des Tribunals in verschiedene Senate, mit den weiteren Folgen derselben rücksichtlich der Nothwendigkeit von Plenar-Entscheidungen bei Konflikten zur Erhaltung der Rechts-Einheit müssen zu diesen Organisations-Gesetzen gerechnet werden, deren Aufnahme in das Prozedur-Gesetz weder erforderlich noch zweckmäßig ist, und die neben demselben ihr abgesondertes Bestehen haben. Ich enthalte mich daher jedes Eingehens auf diese Fragen an dieser Stelle.

Nach dieser Begrenzung des Gegenstandes glaube ich, vorausgesetzt, daß Abänderungen der Gesetzgebung das Resultat der bevorstehenden Erörterung und Diskussion sein werden, mich um so mehr berechtigt, das Prinzip:

> daß diese Abänderungen nicht durch nachträgliche Zusätze zu den bestehenden Gesetzen ergehen, sondern daß eine neue vollständige Redaktion eines Prozedur-Gesetzes für den höchsten Gerichtshof erfolgt,

entschieden festhalten zu müssen.

Man kann mit der Aussetzung der Codifikation der Prozeß-Ordnung und insbesondere der Bestimmungen über die Rechtsmittel im Allgemeinen (ein Punkt, auf welchen ich gleich zurückkommen werde) einverstanden sein, ohne darum der Ansicht beizupflichten, daß darum die Emanation eines vollständigen Gesetzes zu unterlassen sei. An sich stellen sich die Rechtsmittel höchster Instanz als eine Prozeß-Phase dar, die sich ganz füglich abgesondert von der Prozedur erster und zweiter Instanz behandeln läßt, wie denn der code de procedure über die Kassation nichts enthält. Was die Prozedur-Normen gemeinsam haben mit denen zweiter Instanz — die formelle Vorbereitung der Sache zum Spruch — ist einestheils so einfach, daß es mit wenigen ganz unverfänglichen Sätzen angeordnet werden kann, anderntheils fast unabhängig von den Veränderungen, welche bei künftiger Entwerfung eines vollständigen Codex für die erste und zweite Instanz vielleicht getroffen werden könnten. Was für die früheren Instanzen in Frage kommt, z. B. Klageprüfung, Zeitpunkt des Vorschlags der Beweismittel, Art der Kommunikation unter den Parteien, Art und Weise der Beweisaufnahme und der Beweis-Resolute, Zulassung von Incidenz-Urtheilen u. s. w., alles dies hat keine wesentliche Bedeutung für die Form des Verfahrens dritter Instanz. Diese ganz einfache Form, Schriftwechsel und mündliche Verhandlung, wird, bei allen möglichen Abänderungen in der früheren Instanz-Prozedur, ohne Zweifel bleiben. Die Frage über die Zulässigkeit und Begründung der Rechtsmittel, ganz einfach bei zugelassenen novis in zweiter Instanz, steht dagegen für die dritte oder doch Final-Instanz, welche mehr den Charakter einer Kritik, als einer Prozedur-Erneuerung annimmt, als eine zwar von dem Verfahren früherer Instanz nicht unabhängige aber doch selbstständig zu beurtheilende da. Einfluß auf die Beurtheilung derselben könnte besonders haben, in wie fern die Organisation der früheren Instanz-Gerichte eine Garantie für die Qualität der richterlichen Entscheidungen und Verhandlungen bietet. In dieser Beziehung entsprechen aber die gesetzlichen Requisite bei der Anstellung der Richter nicht nur allen Anforderungen, sondern das so wesentliche Requisit collegialischer Entscheidung der wichtigeren Sachen besteht jetzt nicht blos für die zweite, sondern auch für die erste Instanz. Auch bietet die jetzt geltende Form des Verfahrens genügende Garantien in diesem Punkte, soweit die Form dazu überhaupt beitragen kann.

Der Stand der Sache ist also ein solcher, daß die Legislation über die Rechtsmittel letzter Instanz mit Aussicht auf Festigkeit und Dauer jetzt für sich festgestellt werden kann. Unbedeutende Abänderungen würden überhaupt lieber unterbleiben, werden aber Abänderungen von irgend wesentlicher Bedeutung beliebt, so würde es doch ein unverkennbarer Uebelstand sein, daß eine an sich nicht complizirte Materie ihre Quelle neben den drei mit theilweisen successiven Aufhebungen geltenden Hauptgesetzen von 1833, 1839 und 1846 noch in einem vierten, wieder so vieles aufhebenden Gesetze suchen müßte. Diese Zerstreuung der geltenden Vorschriften wirkt schon jetzt bei der im Nichtigkeitsverfahren nothwendigen Citation der Gesetzes-Artikel mechanisch störend und zeitraubend für Anwalte und Richter Es sind im Jahre 1855 1538 Nichtigkeitssachen zur Entscheidung gekommen, und es ist gewiß ein geringer Anschlag, wenn ich eine dreifache Zahl von Linien, also 4600, annehme, welche im Gefolge dieser schleppenden Citate blos in den Concepten der Satzschriften und Erkenntnisse unnütz jährlich verschrieben werden muß. Viel wichtiger erscheint aber die Unzugänglichkeit so zerstückelter Gesetze über eine so einfache Frage für das nicht juristische preußische und für das juristische außerpreußische Publikum. Bei dem bedeutendsten deutschen obersten Gerichtshofe muß die letztere Rücksicht sehr entscheidend sein, nicht nur wissenschaftlich, sondern auch des Verkehrs, namentlich des Wechselverkehrs wegen, vom praktischen Standpunkte aus. Dazu kommt, daß eine neue vollständige Redaktion die beste Gewähr dafür giebt, daß in der Beurtheilung des beibehaltenen Alten und des angeordneten Neuen seinem Verhältnisse nach nichts übersehen werde.

Jedenfalls wird die Zulässigkeit und Begründung der Rechtsmittel im Zusammenhange, wie sie Geltung haben soll, anzuordnen sein, wenn auch vielleicht bei dem gewiß nicht wesentlich abzuändernden Verfahren eine Bezugnahme statt einer Aufnahme der geltenden Vorschriften vorgezogen wird, wiewohl ich auch dieses nicht für räthlich erachte.

Uebrigens ist die Gestaltung der Gesetze über Zulässigkeit und Begründung der Rechtsmittel höchster Instanz schon jetzt eine viel zerstückeltere als selbst diejenige der Prozedurgesetze erster und zweiter Instanz, da die beiden Hauptgesetze vom 1. Juni 1833 und 21. Juli 1846 nebst der Konkurs-Ordnung ein ziemlich übersichtliches Ganze bilden, neben welchen sich die einzelnen Ruinen der alten Prozeßordnung, so weit sie noch gelten, genau bezeichnen lassen.

Umgekehrt ist die Frage: ob nicht endlich ein neuer vollständiger Prozeß-Codex statt aller Einzel-Arbeit zu schaffen sei? — ernstlich angeregt worden.

Diese Frage kann nur in sofern in Erwägung kommen, als die

bevorstehende Emanation eines solchen Codex ein Spezialgesetz projektirter Art als überflüssig erscheinen lassen könnte. Nun läßt sich freilich das Wünschenswerthe des Codex gewiß nicht bestreiten; denn es ist wohl eine Abnormität ohne Beispiel in der Legislation, daß ein Gesetzbuch in seiner Fundamentalgrundlage, der Untersuchungs-Maxime, faktisch durch spätere Gesetze vollständig erschüttert ist und doch in sporadischen, mit jener Grundlage aber in Verbindung stehenden Bruchstücken fortwährende Geltung hat, ein Gesetzbuch, das zur Hälfte ein ungenügendes Prozeß-Lehrbuch ist, während die neueren Gesetze auf dem Standpunkte des eigentlichen Gesetzes stehen. Auch würde es an der Voraussetzung eines solchen Codex, der guten Gerichtsorganisation für Prozeß-Sachen, nicht fehlen, und das allgemeine Princip des gegenwärtigen Verfahrens, die mündliche Verhandlung, gewiß als ein beizubehaltendes erscheinen. Wenn man sich an das Bestehende vielleicht mit einigen Abänderungen der Prozeß-Ordnungs-Vorschriften halten wollte; so würde es keine sehr schwierige Arbeit sein, dieses Ganze in einer Redaktion zusammenzustellen.

Die Hauptnachtheile der Codifikation, daß nämlich durch neue Worte und Sätze stets auch neue Zweifel entstehen, würden sich eben durch Beibehaltung der älteren Sätze, da wo sie nicht abgeändert werden sollen, vermeiden lassen.

Indessen selbst in dieser Gestalt ließe sich voraussehen, daß das Ganze nicht ohne erhebliche Weiterungen ans Licht treten würde, und dann wäre es doch eigentlich nur ein transitorisches Werk. Denn das Streben des Preußischen Staats muß ohne Zweifel dahin gehen, ein gemeinsames Prozedur-Gesetz für das Ganze mit Einschluß der gemeinrechtlichen Provinzen und der Rheinprovinz zu geben, ein Prozedur-Gesetz, das auch für ganz Deutschland passen würde.

Nachdem das Preußische Prozeß-Recht zu Grundsätzen des gemeinen Prozesses, der auch mit Quelle des französischen war, in so wichtigen Beziehungen zurückgekehrt ist, und andererseits das Prinzip der mündlichen Verhandlung adoptirt hat, liegen alle Bedingungen der Möglichkeit einer derartigen Verschmelzung vor. Was jetzt noch den preußischen Prozeß vom gemeinrechtlichen und französischen scheidet, sind einzelne leicht hervorzuhebende Punkte, über welche zu einer Final-Entscheidung zu kommen, am Ende doch möglich sein muß.

Allerdings aber hängt diese Entscheidung von äußerst wichtigen Vorfragen ab, deren reiflichste Erwägung gewiß nothwendig ist, wenn ein Werk hingestellt werden soll, das nicht nur als eine Verbesserung im Lande allseitig erkannt, sondern, Preußens Beruf entsprechend, auch ein Muster für das übrige Deutschland werden kann.*) Ob ein Werk dieser Art überhaupt in Aussicht genommen wird, wissen wir nicht; jedenfalls kann es nicht geschehen ohne angemessenen Zeitaufwand. Das Bessere würde also nach dem alten Sprichwort des Guten Feind werden, wenn ein anerkanntes praktisches Bedürfniß seine Erledigung aus diesem Grunde verschoben sehen müßte. Es tritt aber noch die bereits oben geltend gemachte Erwägung hinzu, daß die Feststellung der Prozedur und der Rechtsmittel letzter Instanz im Wesentlichen von der Modifikation, welches das Verfahren der früheren Instanzen vielleicht bei Emanation des Codex erleiden wird, unabhängig erfolgen kann.

§. 3.

Uebersicht.

Die nachfolgende Erörterung zerfällt von selbst in die beiden Haupttheile

I. Zulässigkeit und Begründung der Rechtsmittel

II. Art des Verfahrens, wodurch sie eingeführt und geltend gemacht werden.

Es scheint mir richtiger und angemessener mit der Nr. I den Anfang zu machen, weil, was hier beliebt wird, auf Nr. II Einfluß haben könnte. Nur das erlaube ich mir aus dem zweiten Abschnitt, als meines Erachtens nicht zweifelhaft, vorweg zu nehmen und festzustellen:

1) daß es bei dem gegenwärtigen einfachen Wechsel der Einführungs- und Beantwortungsschrift verbleibt, und daß erstere das Objekt, dessen Abänderung sie verlangt, präcisiren muß. In wiefern nach der Natur des Rechtsmittels zur Begründung noch eine speziellere Präcisirung der Motive erforderlich ist,

*) Die wichtigsten dieser Punkte habe ich beim Juristentage zur Sprache gebracht, und meine Vorschläge sind in der Prozeß-Abtheilung desselben mit erheblicher Majorität, zum Theil ohne Widerspruch, angenommen worden.

wird nur bei dem Abschnitt I zweckmäßig zugleich in Erwägung kommen können,

2) daß das Institut der Obertribunals-Rechtsanwalte und

3) dasjenige der mündlichen Verhandlung vor dem Obertribunale beibehalten wird. Beides hängt zusammen, und die Nothwendigkeit der mündlichen Verhandlung letzter Instanz folgt schon aus der Adoption derselben in den früheren Instanzen. Denn wenn gute Prozeßschriften und Protokolle nach diesem Prinzipe eben nur eine Fixation des Faktums, nicht eine weitere Deduktion der Rechtspunkte, die nur im Allgemeinen zu berühren sind, enthalten, so muß doch der Partei Gelegenheit gegeben werden, wie den früheren Richtern, so auch dem höchsten Richter durch den sachkundigen Anwalt die Deduktion des Rechtspunkts vortragen zu lassen.

Einer weiteren Ausführung der Vortheile, welche dadurch für die lebendigere Auffassung namentlich auch des Fakti entstehen, glaube ich mich überheben zu dürfen, überzeugt, daß die Abschaffung dieses Instituts gewiß nicht in Frage stehen wird.

Erster Abschnitt.

Zulässigkeit und Begründung der Rechtsmittel höchster Instanz.

§. 4.

Bedürfniß eines einzigen Rechtsmittels und zwar der Nichtigkeitsbeschwerde.

Nach preußischem Verfahren tritt jetzt der Urtheilsspruch des Tribunals in Civilsachen ein:

a) gegen Appellations-Erkenntnisse

b) gegen einige Erkenntnisse und Bescheide erster Instanz, die keine Appellation zulassen, nämlich Possessorien-Erkenntnisse, Adjudikations-Bescheide, Purifikations-Resolutionen, Agnitions-Resolutionen, Praeclusorien.

In den Sachen ad b kann die Cognition des Tribunals nur eintreten im Gefolge des Rechtsmittels der Nichtigkeitsbeschwerde, dessen Begründung voraussetzt,

daß das angefochtene Urtheil einen Rechtsgrundsatz verletze, er möge auf einer ausdrücklichen Vorschrift der Gesetze beruhen, oder aus dem Sinn und Zusammenhange der Gesetze hervorgehen, oder einen solchen Grundsatz in Fällen, wofür er nicht bestimmt ist, zur Anwendung bringt,

oder daß es eine der besonders als solche ausgezeichneten wesentlichen Prozeßvorschriften verletzt, wohin denn auch einige Kategorien eingereiht werden, in denen ein Erkenntniß gegen den klaren

Inhalt der Akten angenommen wird (§. 5 Nr. 10 des Gesetzes von 1833, Art. 3 Nr. 4 u. 5 Dekl.).

Dasselbe Rechtsmittel greift Platz gegen jedes Appellations-Erkenntniß, insofern nicht Revision Statt findet, welche eintritt:

1) in allen Fällen, in welchen die Beschwerde Familien- oder Standes-Verhältnisse, Ehrenrechte, Ehegelöbnisse oder Ehesachen allein, oder in Verbindung mit anderen daraus hergeleiteten Ansprüchen zum Gegenstande hat (§. 1).

2) in Vermögens-Sachen: wenn die beiden ersten Erkenntnisse ganz oder zum Theil verschiedenen Inhalts sind, und wenn zugleich der dieser Verschiedenheit unterliegende Gegenstand der Beschwerde über 500 Thlr. in Gelde beträgt, oder nicht abzuschätzen ist (§. 2). Dabei sind Schwängerungs- und Alimentensachen, beneficium cessionis, Bausachen und die Grundgerechtigkeiten — A. L. R. I, 22. §. 55—79 — ausgeschlossen, außerdem noch alle Fälle, in welchen die Prozeßordnung oder besondere Gesetze die Revision nicht gestatten.

Die Revision richtet sich nach dem Tit. 15 der A. G. O., welcher sie von der Appellation vornämlich durch die Ausschließung der Nova unterscheidet (§. 10), jedoch mit den §. 11—21 angeordneten erheblichen Modifikationen. Die Revision bringt die ganze Sache, Faktum und Recht zur Dezision des Tribunals.

Es kann nun nicht die Rede davon sein, etwa bei den sub b gedachten Sachen erster Instanz statt der Nichtigkeitsbeschwerde die Revision einzuführen, welche eine vorhergegangene zweite Instanz voraussetzt. Hält man die Nichtigkeitsbeschwerde in Sachen dieser Art entweder für ungeeignet, oder für unzureichend, dann bliebe nur übrig entweder kein Rechtsmittel oder die Appellation auch gegen solche Erkenntnisse zu verstatten. Letzteres wurde mit Hinweisung auf die Rheinprovinz angeregt, so daß die Nichtigkeitsbeschwerde demzufolge nur gegen Appellations-Erkenntnisse gestattet wäre. Wegen der Eigenthümlichkeit der sub b erwähnten Fälle wird es nothwendig sein, sie in einem besonderen Abschnitte rücksichtlich der Begründung und Zulässigkeit des Rechtsmittels speziell ins Auge zu fassen, wo denn auch diese Anregung erledigt werden kann. Hier handelt es sich also zunächst von den Rechtsmitteln gegen Appellations-

Erkenntnisse. Der Inhalt obiger Vorschriften zeigt schon, daß die Nichtigkeitsbeschwerde, obwohl sie ein nicht ordentliches Rechtsmittel genannt wird, doch das eigentliche regelmäßige Rechtsmittel ist, und das erhellet auch aus der bei weitem überwiegenden Zahl der Nichtigkeitssachen gegenüber den Revisionen.

(Vgl. die Tabelle von 1839—1855.)

Daß daneben die Revision in einigen speziellen Fällen beibehalten wurde, scheint nur eine Art Conzession, und dabei kein der Sache entnommenes Princip herrschend gewesen zu sein. Die Coexistenz zweier im Fundamente so verschiedener Rechtsmittel nach so zufälligen Eventualitäten hat aber schon längst gerechten Anstoß gegeben. Schon bei den Revisionsvorschlägen aus dem Jahre 1853 wurde die Abschaffung der Revision neben neu zu ordnender Gestaltung der Nichtigkeitsbeschwerde beantragt. (Vgl. Bergman Referat Nr. IV S. 16 und VI S. 21.) Auch 1856 hat sich die Ansicht für das Bedürfniß eines einzigen Rechtsmittels und zwar desjenigen einer etwas anders aufzufassenden Nichtigkeitsbeschwerde ausgesprochen. Die Beibehaltung der ausnahmsweisen Revision hat zwar Befürwortung gefunden von einer Einer Stimme, aber diese fand es doch unpassend und ungeeignet, die Revision über die Grenzen, welche ihr durch das Gesetz von 1833 §. 1 u. 2 angewiesen worden, auszudehnen, und sieht dagegen die Nichtigkeitsbeschwerde außerhalb dieser Grenzen als das nothwendige und beizubehaltende Rechtsmittel an. Zur förmlichen Beschlußfassung kam es nicht.

Ob jene Ausnahmen des §. 1 und 2 beizubehalten, wird, so wie die Art und Weise der Gestaltung des Rechtsmittels der Nichtigkeitsbeschwerde natürlich in gründliche und spezielle Erwägung kommen müssen. Hier möchte ich nur zunächst constatiren, daß so wenig 1856 als bei den früheren Vorschlägen

die Abschaffung der Nichtigkeitsbeschwerde und die Substituirung der Revision

in Antrag gekommen ist, vielmehr diejenigen, welche ein Einziges Rechtsmittel haben und die jetzt ausnahmsweise eintretende Revision aufheben wollen, das Rechtsmittel der Nichtigkeitsbeschwerde als das alleinige hinstellten. Diese Uebereinstimmung, welche wohl schwerlich in einer Vorliebe für die bisher übliche Bearbeitung der Nichtigkeitssachen ihr Motiv haben kann, weis't schon darauf hin, daß irgend ein allgemein gefühltes praktisches Bedürfniß diesem Rechtsmittel als dem für den höchsten Gerichtshof geeigneten das Wort reden muß. Schon dies dürfte der Gesetzgebung genügen, um die Frage: ob die Nichtigkeitsbeschwerde abzuschaffen? für jetzt wenigstens zurückzuweisen, und könnte es den Anschein gewinnen, als ob eine weitere Motivirung jener Ansicht, die ich auch meinerseits vollkommen theile, unterbleiben könne. Allein es scheint mir doch höchst wesentlich, sich auch der Gründe dieses Vorzuges der Nichtigkeitsbeschwerde bewußt zu werden, und zwar um so mehr, da in einer richtigen Erkenntniß dieser Gründe meines Erachtens der alleinige Halt für die richtige Gestaltung dieses Rechtsmittels zu suchen ist. Auch gegenwärtig steht die Abschaffung der Nichtigkeitsbeschwerde — ein Rückschritt bis 1833 — gewiß nicht in Frage. Doch ist es leicht erklärlich, daß die von dem Justizminister geforderten Gutachten der Gerichtshöfe zum Theil eine Vorliebe für die Revision aussprechen, in Erwägung ihrer Einfachheit und der größeren Geltung, welche sie dem sogenannten materiellen Recht verschafft. Es kommt aber in dieser wichtigen Frage nicht blos auf Neigung, Praxis, Befähigung des Richters, sondern auf die Kenntnisse, den Blick und die Umsicht des Gesetzgebers an. Mancher Richter suspendirt auch gern über solche Legislationsfragen sein Urtheil, bis er zur praktischen Anschauung Zeit und Muße hat, die Kernpunkte der Frage kennen zu lernen und zu durchdringen. Daß die Revision möglicherweise das letzte Rechtsmittel sein **kann**, leidet keinen Zweifel: ob dies aber unbeschadet der Zwecke eines höchsten Gerichtshofes würde geschehen können, das hängt von ganz andern Gesichtspunkten ab, als denjenigen, welche gewöhnlich dafür geltend gemacht worden sind. Auf alle Fälle halte ich es dem guten Geschmacke nicht sehr entsprechend, wenn, nachdem fast alle gebildeten Länder des Continents, Preußen selbst mit inbegriffen, das öffentlich-mündliche Verfahren mit der Cassation von Frankreich entlehnt haben, ein Pseudo-Patriotismus, ein gar nicht existirendes **Deutschthum** des alten schriftlichen Prozesses ausgebeutet wird! Dies erinnert an die längst überstandenen Diatriben der Kamptzschen Jahrbücher gegen das Rheinische Verfahren aus den zwanziger Jahren. Nicht die Frage der Nationalität, sondern die der

Logik und guten Ordnung liegt hier vor. Wollen wir Tüchtiges und Gutes in unserer Justizorganisation und unserm Verfahren anfeinden und herabsetzen, weil es aus Frankreich stammt, so ist das wohl eine sehr bedenkliche Art und Weise, uns gegen Frankreich zu rüsten. Auch die Zärtlichkeit für den Namen „Ober-Appellations-Gericht“ sollte man doch aufgeben, seit so manche Ober-Appellations-Gerichte, sofern sie nicht in zweiter Instanz erkennen, Cassationshöfe sind, z. B. Celle. Sicherlich stehen die europäischen Cassationshöfe in ihrer Stellung an Würde, Bedeutung und Ansehn, keinem deutschen Ober-Appellations-Gericht alten Schlages nach.

Der Name: „Nichtigkeits-Beschwerde“ wird bei der Einleitung der Untersuchung in seiner allgemeinen Bedeutung gebraucht, und ich brauche wohl nicht zu bemerken, daß die Idee, dies Rechtsmittel gewissermaßen als eine Censur, einen Tadel, eine Strafe von Gesetzwidrigkeiten der Appellations-Richter aufzufassen, welche bei der ersten Einführung der Kassation in Frankreich theilweise zum Grunde lag, wenigstens da, wo es sich von bloßen verschiedenen juristischen Ansichten handelt, unmöglich maßgebend sein kann, die Sache vielmehr materiell in solchen Fällen gar nicht anders steht, als bei der Abänderung eines Appellationsurtels im Wege der Revision aus einer verschiedenen Gesetzes-Anwendung oder Auslegung. Der wesentliche Unterschied beider Rechtsmittel besteht im Großen und Ganzen darin, daß bei der Nichtigkeits-Beschwerde der Regel nach nur der Rechtspunkt, die Anwendung und Auslegung der materiellen und Prozedur-Gesetze, bei der Revision daneben auch die Würdigung des Faktums zur Kognition des höchsten Richters gezogen wird.

Um die Entscheidung zwischen dieser Alternative zu treffen, muß man sich zuvörderst klar machen, was ein höchster Gerichtshof für ein Land, von dem Umfange, der Bevölkerung und Bedeutung, wie Preußen ist, leisten soll und was er leisten kann.

Das bringt der Begriff eines höchsten Gerichtshofes mit sich, daß diese Centralbehörde vermöge ihrer Besetzung, Stellung und Autorität im Stande und berufen ist, den Prozeßführenden Partheien ein Correktiv gegen Entscheidungen der Appellations-Instanz zu geben. Man könnte es dieserhalb natürlich finden, das Verhältniß des höchsten Gerichtshofes den Appellations-Gerichten gegenüber, ganz so aufzufassen, wie dasjenige der letztern den ersten Instanz-Gerichten gegenüber, dahin also, daß der Beruf der höchsten Stelle dahin gehe, ihre, als die richtigere zu präsumirende Entscheidung des Prozesses im ganzen Umfange des Streits an die Stelle der Appellations-Entscheidung zu setzen. Für kleinere Länder, die oft kaum die Bedeutung mancher Appellations-Bezirke Preußens haben, mag dies auch angehen. Allein in einem großen Reiche wird die Ausführbarkeit eines in diesem ausgedehnten Sinne hingestellten Berufs schon nothwendig sehr dadurch beeinträchtigt, daß entweder durch eine zu große Zersplitterung die wünschenswerthe Einheit gefährdet, oder durch die Beschränkung des Rechtsschutzes auf ein hohes Streitobjekt, dessen allgemeine Wirksamkeit aufgegeben werden muß.

Zwar wird es, nach den obwaltenden Verhältnissen, dieser Ansicht trete ich durchaus bei, eine gewisse der höchsten Instanz nicht unterworfene Summe allerdings geben müssen, und insofern werden die Sätze, minima non curat praetor oder les frais excederont la matiere ihre praktische Geltung behaupten; und eine laxere Form der ersten Instanz-Prozedur entweder das Correctiv ersetzen, oder dasjenige, was die Appellations-Urtheile bieten, für ausreichend erachtet werden müssen. Allein die Unmöglichkeit, die Wichtigkeit einer Sache absolut zu bestimmen, muß doch von einer Fixirung einer *sehr hohen* Summe für das Rechtsmittel dritter Instanz im Interesse der Rechtsgleichheit abhalten. —

Ein *Bedürfniß* einer so ausgedehnten die Totalität des Streits umfassenden Jurisdiction der höchsten Stelle kann wohl nur da anerkannt werden, wo mangelhafte Organisation der ersten und zweiten Instanz obwaltet, und in deren Folge dem höchsten Gerichtshofe nicht blos die Berichtigung der Fehler und Irrthümer der früheren Richter obliegt, sondern derselbe auch die Vergewaltigung des Einzelnen durch die Justiz oder untergeordnete Gewalten, als Repräsentantin der höchsten Staatsgewalt zu bekämpfen hat. Das war der Zustand im deutschen Reiche, als die langerstrebte Bildung des Reichskammergerichts endlich zu Stande kam als einzig möglicher Hort gegen eine durch die auflösende Zersplitterung des Reichs in unzählige Autoritäten herbeigeführte Desorganisation oder

Machtlosigkeit der Justiz unterer Instanz. Darum ist es auch erklärlich, daß die größeren Territorien — der Churfürsten — in denen die Staatsgewalt sich in diesem ersten Reichsfürsten schon mehr consolidirt hatte, von der Jurisdiction dieses höchsten Gerichtshofes eximirt wurden, mit der Pflicht freilich, selbst ein wohlorganisirtes oberstes Gericht für ihre Lande herzustellen. Von diesem Gesichtspunkte aus erschien es gewiß nöthig, oder doch angemessen, die Sache in möglichster Totalität zur entscheidenden Dijudikatur bringen zu können. Und doch läßt sich nicht verkennen, daß selbst in diesem beschränkten Jurisdictionsbezirke des Reichskammergerichts, nicht blos dessen, der Zahl nach mangelhafte Besetzung, nicht blos die zunehmende Auflösung aller allgemeinen Reichsverhältnisse, sondern vorzüglich auch die mit jenem Zwecke wesentlich zusammenhängende Ausdehnung in der Prozedur der Rechtsmittel, Ursache gewesen ist, warum dieser höchste Gerichtshof für den praktischen Rechtsschutz so verhältnißmäßig wenig geleistet hat.

Jener Zustand einer desorganisirten oder ohnmächtigen untern Justiz hatte in den Brandenburgisch-Preußischen Ländern durch die fortgesetzten wohlhäbigen Einwirkungen und Anordnungen ihrer Herrscher schon im 17. und 18. Jahrhundert sich mehr als in den meisten andern deutschen Ländern beseitigt. Nach der gegenwärtigen Justiz-Organisation giebt schon die Einrichtung der ersten Instanz den Parteien die unschätzbare Garantie collegialischer Erwägung bei der Urtheilsfindung, sofern von den hier in Frage stehenden Objecten über 50 Thlr. die Rede ist. Eine weitere Erörterung der Sache in zweiter Instanz nach allen Dimensionen und mit Zulassung von Novis erscheint auch bei der besten Organisation erster Instanz unerläßlich, nicht blos als Remedur gegen die Fehler derselben, sondern, weil in der That sehr oft erst die Entscheidung der ersten Instanz einen neuen und wichtigen Gesichtspunkt eröffnet, welchen zu benutzen der beschwerten Partei nicht versagt werden darf. Die Appellations-Gerichtshöfe, meist befreit von der Administrations-Justiz, beschränkt auf einen bestimmten ihnen bekannten, den neu eintretenden Mitgliedern leicht bekannt werdenden Bezirk, sind zur anderweitigen Prüfung und Entscheidung der Sache auch vollkommen geeignet. Daß nun aber die Prozedur in derselben Unbeschränktheit sich zum dritten — warum nicht auch zum vierten, fünften Male? — wiederholen müsse, dafür läßt sich wohl kein Bedürfniß anerkennen.

Drei Hauptthätigkeiten übt ein erkennender Richter:

1) er würdigt den formalen Einfluß der Prozedur auf seine Competenz und auf die Feststellung des Thatbestandes,
2) er faßt den materiellen Inhalt der Erklärungen der Parteien und der Beweise auf,
3) er wendet die Gesetze auf den concreten Fall an.

Bei der Unvollkommenheit alles menschlichen Denkens ist die zweite dieser Thätigkeit ganz besonders arbiträrer Natur, so daß man im einzelnen Falle oft genöthigt ist zu sagen: die Sache hat zwei Seiten, jede hat vieles für sich. Wie schriftliche und mündliche Erklärungen zu verstehen sind, was ein Zeuge gesagt und gemeint hat, ob einem Zeugen, ob einer Partei ein größerer Glaube zu schenken, welchem Sachverständigen der Vorzug zu geben — sind alles Fragen, die sich unter allgemeine Prinzipien nimmermehr werden bringen lassen. Es liegt auch nicht das geringste Motiv vor, anzunehmen, daß der dritte Richter eher das Richtige treffen wird, wenn er sie abweichend vom zweiten beantwortet. Die bei jenem präsumirte umfassendere Erfahrung und Gesetzeskenntniß, der weitere Blick über ein größeres Wirkungsgebiet bleibt dabei ohne Einfluß. Im Gegentheil hängt auf diesem Felde so vieles von Personen- und Lokal-Kenntniß ab; Begriffe und Redeweisen richten sich so häufig nach den provinziellen Lebensverhältnissen, daß man sogar eher geneigt sein möchte, nicht selten dem zweiten Richter die Auffindung des Richtigeren zuzutrauen. Im Großen und Ganzen könnte sich also die Gesetzgebung, wenn sie wohlorganisirte Appellhöfe hingestellt hat, wohl bei deren Auffassung des Faktums beruhigen und nur etwa für ganz auffallende Fehler Abhülfe zu gewähren suchen.

Dagegen ist der erste und vorzüglich der dritte Hauptgegenstand allerdings nicht nur vom allgemeinsten Interesse, sondern auch von der Art, daß hier der höchste Gerichtshof vorzüglich das Feld seiner Wirksamkeit findet. Die formalen wesentlichen Prozedur-Vorschriften geben die Hauptgarantie den Parteien gegen richterliche Willkühr in der Auffassung des Facti: die Ueberschreitung dieser Vorschriften von Seiten der Appellations-Gerichte darf nicht geduldet werden.

Vorzüglich aber sind es die Grundsätze des materiellen Rechts, in Ansehung deren sich das dringendste Bedürfniß eines Centralpunktes für die Auslegung der Gesetze zeigt, der zweckmäßigerweise nur in einer oberstrichterlichen Behörde liegen kann. Die Unmöglichkeit und Unzweckmäßigkeit fortwährender legislativer Interpretation etwa durch eine Gesetzcommissions-Behörde hat sich hinreichend manifestirt. Die Gesetzcommission hat bald aufhören müssen. Das Feld ist zu weitläufig dafür; das neue Gesetz hat alle Mängel eines Gelegenheitsgesetzes und die Formulirung desselben trägt fast immer den Keim neuer Zweifel in sich. Die Doktrin genügt nicht, da das Leben stets neue Verhältnisse erzeugt, und der lebendige Fall erst die Gelegenheit bildet, zum richtigen Verständniß der Anwendung eines Gesetzes zu gelangen. Die richterliche Auslegung der Gesetze, wie sie vermöge der Urtheilsprüche geschieht, ist daher das wesentlichste Förderungsmittel weiterer Ausbildung der Rechtswissenschaft und der guten Rechtshandhabung. Indem sie zwar nur für den speziellen vorliegenden Fall die entsprechende Norm giebt, wird dadurch zugleich für analoge Fälle das bei einer Erfahrungswissenschaft, wie die Jurisprudenz, nie ganz abzuschließende Gebiet der applicatio legis ad factum bereichert, ohne jedoch künftige bessere Erwägungen und Erfahrungen auszuschließen. Diesem Gewichte der Präjudikate steht aber freilich die doppelte Gefahr mechanischer Mustergültigkeit und der Zerfahrenheit der Rechtsanschauungen zur Seite, letzteres, wenn in einem großen Staate eine erhebliche Anzahl von Appellhöfen ohne richterlichen Centralpunkt existiren. Nicht blos die Staats-Einheit, auch das praktische Bedürfniß des Publikums nach möglicher Rechtsfestigkeit fordert daher dringend dazu auf, dem wichtigsten Rechtsbildungsmittel durch einen solchen Centralgerichtshof praktischen Halt zu geben, um so dringender, jemehr der steigende Lebens-Verkehr sich über einzelne Bezirke und Provinzen ja über die Grenzen des Staats ausdehnt.

Ein höchster Gerichtshof ist durchaus geeignet, theils vermöge seiner Besetzung, theils vermöge der traditionellen Erfahrung, welche in ihm für das ganze Land niedergelegt ist, eine Autorität zu bilden, die durch den Werth der Begründung ihrer Entscheidungen nachhaltig wirken muß.

Dies Bedürfniß möglichster Rechtsfestigkeit und Rechtseinheit ist als das wesentlichste zu betrachten, nicht dasjenige bloßer Remedur von Verstößen im Einzelnen, dem ja auch durch eine wechselweise Substituirung der Appellations-Gerichtshöfe, wie sie eine Zeit lang — aus Noth — versucht wurde, allenfalls genügt werden könnte. Von diesem Bedürfnisse beherrscht, gelangte denn auch die Gesetzgebung Friedrichs des Großen dahin, schon 1748 das Tribunal als ein gesondertes letztes Instanz-Kollegium für die Churlande sowohl, als für die anderen Provinzen loco der Reichsgerichte hinzustellen.

vergl. Hymnen Beiträge VI, S. 245 fg.

Corp. jur. Friedericiani von 1748, III. Tit. 40.

Tribunals-Ordnung von 1748, Tit. VIII. (Entwurf).

Wird nun hiernach der eigentliche Beruf des höchsten Gerichtshofs aufgefaßt als Centralpunkt der Einheit für Prozedur und Gesetzanwendung: so folgt von selbst, daß die Zulässigkeit der Rechtsmittel und deren Prozedur wesentlich, wenn es ausführbar ist, den Ausgangspunkt nehmen muß, nur für die erste und dritte oben bezeichnete Art der gerichtlichen Judikatur-Thätigkeit, und nicht durchgehends für die zweite ein Correktiv zu gewähren.

Das unbeschränkte Rechtsmittel der Appellation, wie es nach dem gemeinen Prozesse in so ausgedehnter Vervielfältigung statthaft war, stellt sich demzufolge als höchst unzweckmäßig dar. Es zersplittert die Thätigkeit des höchsten Gerichtshofes auf eine Menge faktischer Momente, statt sie auf den Punkt zu concentriren, für welchen der Gerichtshof eingesetzt und als vorzugsweise befähigt anzusehen ist. Ist derselbe mit Entscheidung der ganzen Sache befaßt, so ergiebt sich leicht, wie möglicherweise verschiedene Ansichten über den Rechtspunkt doch wegen Beurtheilung des Fakti in dem gleichen End-Resultate zusammen kommen können, wie unsicher also die Berufung auf die Autorität des Gerichtshofes rücksichtlich einer streitigen Rechtsfrage wird.

Die Möglichkeit solcher Eventualitäten vermehrt sich außerordentlich eben im Preußischen Prozeß, welcher Rechtsmittel gegen Zwischenurtheile abschneidend, alle Momente in die Final-Entscheidung hineindrängt, und durch die Zulassung des Zeugenbeweises so vielen Stoff zu verschiedenartigen faktischen Auffassungen giebt, die auf die Final-Entscheidung Einfluß haben.

Zur Vermeidung aller solcher Mißdeutungen der höchsten Urtheile ist man denn ohne Zweifel früher zu der Anordnung gekommen, daß diese Urtheile keine Gründe haben dürfen.

Zu dieser Anordnung läßt sich nach dem jetzigen Standpunkte der Rechtspraxis in allen civilisirten Ländern, nicht mehr zurückkehren, sie beeinträchtigte den wünschenswerthen Einfluß auf die Rechtsausbildung und war im Grunde nur als ein verzweifelndes Auskunftsmittel zwischen ungünstigen Alternativen zu betrachten.

Daß übrigens ein direktes Eingehen auf die Totalität der Sache nicht im Bedürfniß liegt, ist schon oben bemerkt, und einen Betrag dafür giebt die ziemlich verbreitete Abneigung, welche früher die Abänderung zweier gleichlautender Urtheile in Revisorio bei uns traf, wie denn auch schon im gemeinen Prozeß die Autorität von mindestens von três conformes von Vielen möglichst aufrecht erhalten wurde.

Vergl. Mevius decisiones p. VI. dec. 114.

Ein Rechtsmittel unter dem Namen Revision gegen Appellations-Erkenntnisse stand im gemeinen Prozeß in seiner Prozedur der Appellation ganz gleich: es trat ein, wenn die Kompetenz der Reichsgerichte ausgeschlossen war, als Provokation auf Verschickung der Akten zum auswärtigen Rechtsspruch.

Danz ordentl. Prozeß. §. 442.

Im Preußischen Prozeßverfahren wurde mindestens seit 1748 das letzte, auch die Nichtigkeitsklage wegen Gesetzverletzung ausschließende, Rechtsmittel allgemein Revision genannt.

Vergl. Corpus jur. Fridericianum

Tribunals-Ordnung a. a. O.

Allein es tritt hier schon eine wesentliche Beschränkung der Appellation gegenüber und die ganz richtige Auffassung der Bedeutung des Rechtsmittels, da dasselbe z. B. gegen das Urtheil über einen Beweis, über ein festgesetztes Liquidium u. a. ausgeschlossen sein sollte.

Die Unzulässigkeit der nova ist eine weitere Beschränkung.

Das corp. jur. Frider. von 1748 sagt III. 40. §. 6., nachdem in den vorherigen §. ein einmaliger Schriftwechsel mit vier wöchentlichen präclusivischen Fristen angeordnet werden.

Ultra exceptiones (die Beantwortung) soll nicht weiter verfahren werden, weil supponirt wird, daß der Advokat die Sache in denen beiden vorigen Instanzen seiner Pflicht nach völlig werde instruirt haben, in der dritten oder Revisions-Instanz aber nichts Neues vorgebracht werden kann.

Dem entsprechend schließt auch die A. G. O. Th. I Tit. 15 §. 10 die Nova in revisorio aus. Dadurch wird schon das Prinzip einer Abhülfe für die ganze concrete Sache aufgegeben, und das richtige Prinzip: Kritik des zweiten Erkenntnisses an dessen Stelle gesetzt. Soll aber die Kritik über diejenige der Prozedur und der aufgestellten Rechtssätze hinausgehen, so zeigte sich in der Anwendung bald, daß man zur Herstellung des Fakti in gewisser Beschränkung Nova dennoch zulassen müsse, daher denn die oft getadelten §. 11—19 A. G. O. a. a. O., welche die Nova durch die Hinterthür wieder hereinlassen, nicht dem laxen System dieses Gesetzbuches allein zuzuschreiben sind, sondern in der Billigkeit ihren Grund haben, vorausgesetzt, daß einmal die totale Sache zur Entscheidung kommen soll.

Wie sehr aber eben bei diesem Verfahren, und vorzüglich weil die ganze Sache zur Entscheidung vorliegt, die Prozesse in die Länge gezogen, und die Unsicherheit des Rechts, der man abhelfen will, gefördert wird, bedarf keiner Ausführung. Jedem Praktiker sind zahlreiche Beläge dafür bekannt. Jetzt ergeht in Revisorio, wenn resolvirt werden soll, erst die Aufhebung des zweiten Urtheils wie im Nichtigkeits-Verfahren, und die Grnndsätze des dritten Richters sollen dem künftigen zweiten Richter zur Richtschnur dienen. Das ist ausführbar, wenn es sich von Grundsätzen über Rechtsfragen handelt, sehr bedenklich, wenn, wie in Revisorio oft vorkommt, eine Auffassung des Fakti und des bisherigen Beweises das Motiv der Aufhebung abgab. Häufig läßt sich hier eine Richtschnur nicht geben: der Appellationsrichter bleibt nach ergänztem Beweise seiner Ansicht über die früheren Beweismittel getreu, und wie leicht kann dann, wenn die Sache an das Tribunal zurückkehrt in einer so arbiträren faktischen Auffassung die Mehrheit variiren, und dadurch die ganze oft mehrjährige Nach-Prozedur als nutzlos sich darstellen.

Es ist nun zwar von der anderen Seite nicht zu leugnen, daß die Revision mehr Gelegenheit zur freien Behandlung der Sache giebt, und deshalb dem Referenten oft ein lohnenderes Arbeitsfeld anweis't, als die Nichtigkeitsbeschwerde besonders in ihrer jetzigen Gestalt, daß auch im einzelnen Falle das Bewußtsein, das materielle Recht zur Geltung zu bringen, Befriedigung gewährt. Allein diese Rücksichten müssen im Großen und Ganzen gegen die überwiegenden Nachtheile des Systems dieses Rechtsmittels verschwinden, zumal es bei Würdigung eines zweifelhaften Fakti immer fraglich bleibt, ob die Auffassung des sorgfältigsten und befähigtesten Richters in Fakto auch die absolut richtige ist.

Ein secundärer Nachtheil des die Totalität der Sache umfassenden Rechtsmittels liegt noch in der Stellung der Anwaltschaft zu demselben. Eine tüchtige für die Zwecke des höchsten Gerichtshofes ausgebildete Anwaltschaft ist ein unentbehrlicher Hebel seiner Wirksamkeit. Muß der Tribunalsanwalt zu sehr in faktisches Detail eingehen, so zersplittert dies seine Kräfte; die größere Entfernung macht das oft unzureichende Mittel der Correspondenz nöthig, und die Partei kann dadurch nicht gefördert werden.

Wenn nun die Revision hiernach den Ansprüchen an das geeignete Rechtsmittel für die höchste Instanz keineswegs entspricht, so ergiebt die obige Darlegung schon, daß dagegen die Cassation, die Aufhebung des Appellations-Erkenntnisses wegen Fehler der Prozedur und Verletzung materieller Gesetze im Prinzipe wenigstens ganz diesen Ansprüchen conform erscheint. Die gemeinrechtlichen Rechtsmittel wegen Verletzung klarer Gesetze, die französische requête civile, und die unter gewissen Bedingungen gegen die Urtheile der Parlamente schon im altfranzösischen Prozesse statthafte Cassation geben schon einen Belag für das Bedürfniß eines Rechtsmittels dieser Art, freilich in sehr unvollkommener Weise. Als aber in Frankreich die Organisation des Gerichtswesens zur Ausführung kam, da ist seit 1790 die Idee eines Cassationshofes, eines höchsten Gerichts, das nur über das Rechtsmittel der Cassation eines Urtheils wegen Verletzung der Prozedur-Form und der Gesetze zu erkennen hat, constant durch alle Verfassungen und Legislationen, mochten sie in politischer Hinsicht noch so diametral von einander verschieden sein, beibehalten worden bis auf den heutigen Tag. Schon hierdurch wird die Ausführbarkeit eines derartigen Rechtsmittels, und zugleich der ihm von allen Seiten zugestandene Werth hinreichend constatirt. Es liegen aber auch die wohlthätigen Folgen dieser Institution für die weitere Ausbildung der französischen Rechtswissenschaft offen zu Tage, wie das eine auch nur oberflächliche Einsicht französischer juristischer Werke zeigt.

Andere civilisirte Länder Europa's, die sich eine gute Justizorganisation gaben, z. B. Holland, Belgien,*) Sardinien, Spanien,**) sind diesem Beispiele gefolgt, das in England längst Geltung hatte. Es hat daher gewiß einen guten Grund, sowohl theoretisch als praktisch, wenn seit der Verordnung von 1833 das dort so genannte Rechtsmittel der „Nichtigkeitsbeschwerde" zu dem eigentlich regelmäßigen gemacht worden ist.

Natürlich ist auch diese Einrichtung, wie fast jede nicht von Mängeln frei. Dahin gehört einestheils die Nothwendigkeit das Rechtsmittel an die Gründe des Richters zu knüpfen, anderntheils die Schwierigkeit, faktische Auffassung und rechtliches Moment gehörig zu sondern. Die Gründe, der Rechenschaftsbericht, welchen der Richter sowohl für die Parteien als im öffentlichen Interesse über die Motive seiner Entscheidung ablegen muß, lassen sich, wie schon vorhin bemerkt ist, bei einem collegialisch gefällten Urtheile nicht immer so fassen, daß grade für jedes darin niedergelegte Moment eine Majorität vorhanden sei, da ja Mehrere im Resultate einstimmen, in den Motiven abweichen können, und dann nur übrig bleibt, entweder alle Motive oder eins derselben zu geben. Der einzige hieraus für das Rechtsmittel der Cassation möglicherweise entstehende Uebelstand ist jedoch nur die Eventualität, daß vielleicht ein in der Begründung hervorgehobener Entscheidungsgrund in der That nicht von der Majorität des Appellationsgerichts adoptirt war.

Reeller Schaden entsteht hierdurch nicht, wenn der Grund dessen ungeachtet in der höhern Instanz sei es gebilligt, sei es mißbilligt

---

*) Vgl. die treffliche Begründung in Juste Geschichte der Gründung der constitution. Monarchie in Belgien durch den National-Congreß. Th. I, S. 294.

**) Vgl. v. Brauchitsch Geschichte des spanischen Rechts S. 201.

wird. Die Fälle gehören überhaupt nicht zu den häufigen: durchgehends läßt sich wohl annehmen, daß bei den Urtheilen, welche das Tribunal wegen rechtsgrundsätzlicher Verletzung vernichtet hat, der fragliche Grundsatz auch wirklich von der Majorität des Gerichts adoptirt gewesen ist.

Wohlthätig wirkt dagegen die Angreifbarkeit der Gründe auf die sorgfältigere Redaction derselben, und somit indirekt auf die Güte der Entscheidungen. Denn es ist der beste Prüfstein dafür, wenn sie scharf und bündig motivirt werden können; die Nothwendigkeit der Motivirung setzt also richterlicher Willkür und Sorglosigkeit eine sehr erhebliche Schranke. Freilich sind bei den rechtlichen Motivirungen der Urtheile Uebertreibungen zu vermeiden, der Unterschied zwischen Richtersprüchen und gelehrten Abhandlungen ist festzustellen, nur das Nothwendige muß gesagt werden. Allein wenn auch bei dem Mangel einer außerhalb der Praxis stehenden preußischen Rechtsgelehrsamkeit die Erkenntnisse in diesem Gebiete vielleicht oft zu viel gethan haben, so wird Zeit und Uebung schon das richtige Maaß hervorbringen. Unverkennbar ist ganz besonders das Rechtsmittel der Nichtigkeitsbeschwerde ein Hauptanstoß zu der seit 1833 und meist befriedigend erfolgten definitiven Feststellung so vieler controverser Sätze des preußischen Rechts gewesen.*)

Eine nicht zu verkennende Schwierigkeit in der Anwendung bietet auch die Grenzlinie zwischen Faktum und Gesetz. Es dürfte sich weiter unten ergeben, daß die seitherige Gesetzgebung in diesem Punkte Mißgriffe gemacht hat, und die Tribunals-Judikatur ist keinesweges eine gleichartige gewesen. Doch wird es möglich sein, vielleicht durch Legislatur, vornemlich aber durch praktische Auffassung und Festhaltung gewisser Gesichtspunkte in der Anwendung hier zu einer ausausreichenden Stabilität zu gelangen, welche für die Parteien und

---

*) Man vergleiche die amtlichen Sammlungen seit 1834: den 3. u. 4. Bd. der Rechtssprüche, 43 Bände Entscheidungen, die 4 Bände Rechtsfälle von 1842 und das verdienstvolle Werk von Striethorst, Archiv für Rechtsfälle bis jetzt 38 Bände seit 1851, und man wird sich überzeugen, von welcher Bedeutung gerade die Nichtigkeitsbeschwerde für die preußische Jurisprudenz war. Dadurch wird auch der Vorwurf, daß der Mangel eines alles Provinzialrecht ausschließenden Gesetzbuchs ihr entgegentrete, hinreichend widerlegt.

die Rechtsanwalte eben so sehr, wie für den Gerichtshof, erwünscht sein muß, damit vergebliche Versuche, das Rechtsmittel, seinem Zweck entgegen, auf den Boden des Fakti zu verlegen, möglichst fern gehalten werden. Bleiben dennoch, wie es kaum anders möglich ist, für die einzelnen Fälle einige Ungleichheiten, so können diese doch keine Wirkung hervorbringen, die für den einzelnen Fall als eine an sich schädliche zu betrachten oder geeignet wäre, den Charakter des Rechtsmittels im Ganzen zu beeinträchtigen. Auf diesem Gebiet kommt übrigens allerdings auch die Verschiedenheit der Prozeßordnung in den Vor-Instanzen in Betracht. Das bedeutendste von der Nichtigkeitsbeschwerde ausgeschlossene Feld ist die Würdigung des Beweises — sie sollte, wie vor bemerkt, auch von der alten preußischen Revision nach dem Projekt des Corpus juris Fridericianum von 1748 ausgeschlossen bleiben. Die Würdigung des Beweises ist nichts anderes als eine Ergänzung der Species facti, indem dadurch der unter den Parteien seither streitige Theil desselben durch richterlichen Spruch festgestellt wird. Sie läßt sich von der Rechtsfrage, welche dem Richter bei Anwendung der materiellen Gesetze auf das solchergestalt ergänzte Faktum vorliegt, jederzeit sondern. Prozeßordnungen, welche appellable Beweis-Interlokute mit eventuellen Festsetzungen für den Fall des geführten oder nicht geführten Beweises anordnen, führen dadurch, wenn der Beweis aufgenommen ist Urtheile herbei, in denen lediglich und allein über den Erfolg des Beweises ein Ausspruch geschieht. Diese würden, von Prozedur-Nichtigkeiten abgesehen, einer Anfechtung aus materiellen Rechtsgründen nicht unterliegen. Was in solchem Falle sich durch den richterlichen Act selbst als gesondert darstellt, das muß in dem preußischen Urtheile, welches über den Erfolg des Beweises, die Beweislast und die Anwendung des Gesetzes auf den Fall zusammen entscheidet, ausgesondert werden. Fände der Gesetzgeber es etwa angemessen, daß die Richter über den Erfolg des Beweises, und über die Anwendung des Gesetzes in einem getrennten Stadium abstimmen sollten, so ließen sich sogar im Tenor des Urtheils beide Aussprüche von einander trennen. In jedem Falle können und müssen gut redigirte Entscheidungs-Gründe diese Absonderung auf eine erkennbare Weise vornehmen, und es müßte im Interesse des letzten Rechtsmittels darauf gehalten werden, daß es geschehe. Dadurch würde der rücksichtlich materieller Rechtsverletzungen angreifbare Theil der Entscheidungs-Gründe in die Augen springen. Es würde dadurch auch der wesentliche Unterschied beider Aussprüche klar hervortreten, für Jeden, der Augen und Sinn öffnen will.

Wird, abgesehen hiervon, darüber geklagt, daß das materielle Recht bei der Nichtigkeitsbeschwerde deshalb nicht zur Geltung gelange, weil etwa die vermeintlich richtigere Auffassung des faktischen Sinnes einer schriftlichen oder mündlichen Willenserklärung einer Partei, des Resultats einer Beweisaufnahme, der Frage, ob A oder B zum nothwendigen Eide zu lassen, nicht endgültig durchgesetzt werden kann, so betrifft diese Klage keinen Mangel, sondern einen Vorzug des Rechtsmittels. Dies sogenannte materielle Recht ist ja eben auch nur ein formelles, es ist dasjenige, welches in der Auffassung des Imploranten, des Referenten, der Senats-Majorität seinen Grund hat, und daß diese im Fakto grade das wahre Recht besser, als der Appellationsrichter treffen, dafür spricht keine Vermuthung, wie schon oben bemerkt ist. Facti interpretatio et prudentissimos fallit sagt schon der Römische Jurist.

Das Rechtsmittel der Nichtigkeitsbeschwerde wird hierdurch genugsam als das hauptsächliche gerechtfertigt erscheinen. Die Befreiung desselben von zu starrem Formalismus, dessen Gestaltung in der Art, daß sein Zweck gesichert und zugleich nicht überschritten wird, muß gewiß in allseitigem Wunsche liegen. Es wird sich voraussetzen lassen, daß diesen Anforderungen thunlichst genügt wird; das Nähere muß sich aus der Erörterung im Einzelnen ergeben, zu welcher ich demnächst übergehen werde. In dieser Voraussetzung nun erkläre ich mich für die

Abschaffung der Revision, sofern sie überhaupt noch gilt.

§. 5.
Beleuchtung der jetzt geltenden Eventualitäten zulässiger Revision.

Ist die Revision überhaupt ein ungeeignetes Rechtsmittel höchster Instanz, ist es Beruf des höchsten Gerichtshofes wesentlich mit der Berichtigung des Gesetz-Punktes, nicht mit einer neuen und anderweitigen Würdigung des Fakti sich zu beschäftigen, dann leuchtet nicht ein, warum

Familien- und Standes-Verhältnisse, Ehrenrechte, Ehegelöbnisse und Ehesachen

davon eine Ausnahme machen sollen. Was Sachen dieser Art ein Interesse für das Allgemeine giebt, ist eben die Handhabung der dieselben regulirenden allgemeinen oder besonderen Gesetze, nicht das fluktuirende Detail des Fakti im Einzelfall. Jene Handhabung der Gesetze läßt sich aber bei diesen Sachen ganz eben so gut, und vielleicht bei der Art derselben, noch sicherer als bei anderen Sachen durch die Nichtigkeitsbeschwerde erreichen. Uebrigens zeigt die Uebersicht, welche ich aus den Protokollbüchern des allein mit Sachen dieser Gattung beschäftigten ersten Senats für 1851—55 entnommen habe, wie außerordentlich gering das Terrain dieser Sachen, außer den Ehescheidungssachen, ist, und wie vorwiegend in Ehescheidungssachen auf Bestätigung erkannt worden. Die erkannten Abänderungen betreffen, wie ich hinzufügen kann, nach den notirten Conclusis in sehr zahlreichen Fällen nur die Schuldfrage, also einen oft ganz concreten factischen Punkt, zu dessen endgültiger Beurtheilung die den Parteien näher stehenden Provinzialgerichte mir mindestens eben so gut als das Tribunal qualificirt erscheinen, und welcher den höchsten Gerichtshof mit einem unerquicklichen, oft schmutzigen Detail ohne allen höheren Nutzen behelligt. — Man mag der möglichsten Beschränkung der Ehescheidung im Prinzip günstig sein oder nicht, immerhin wird man zugeben müssen, daß die Zulassung der Revision keine Chance für oder gegen bietet, und daß das Rechtsmittel der Nichtigkeitsbeschwerde die für das Ganze allein wesentliche Einheit in der Anwendung der gesetzlichen Ehescheidungsgründe hinreichend sichern, dem höchsten Gerichtshofe aber eine würdigere Stellung grade solchen Sachen gegenüber geben wird.

Für die Beibehaltung der Revision bei difformen Entscheidungen über ein Objekt über 500 Thlr. spricht dasselbe Gefühl einer gewissen Billigkeit umgekehrt, welches sich früher gegen dies Rechtsmittel zwei conformen Entscheidungen gegenüber erklärt, und im letztern Falle wenigstens schließlich verschiedene Schutzmittel (vier

Referenten, Mittheilung der Gründe) veranlaßt hatte. Man hat dies dahin gefaßt, daß es einen Obmann geben müsse, der bei verschiedenen Beurtheilungen desselben Falles den Widerstreit der Rechtsansichten schlichte, wobei man von der Voraussetzung ausgeht,

„daß eine entschiedene höhere Bedeutung, ein höherer Werth, „eine größere Bürgschaft der Richtigkeit der zweitinstanzlichen „Erkenntnisse weder von dem Gesetze beigelegt sei, noch erfah„rungsmäßig aus inneren Gründen ihr beigelegt werden könne, „dem Appellationsrichter vielmehr seine Stellung nur die Be„fugniß zuweise, Erkenntnisse erster Instanz vor seine Beur„theilung zu ziehen, und seiner Auffassung des Sach- und „Rechtspunktes nach, nach Umständen zu bestätigen oder ab„zuändern."

Indessen ist doch eben aus dem Dasein der letztgedachten Befugniß meines Erachtens unwidersprechlich zu folgern, daß das Gesetz den Entscheidungen der Appellations-Gerichte in der That eine höhere Bedeutung und einen höhern Werth als den Entscheidungen der ersten Instanz-Gerichte beilegt, und daß dieser Gesichtspunkt herrschend gewesen sein muß, dafür sprechen die erforderliche größere Richterzahl und die Organisations-Vorschriften, kraft welcher die Appellations-Gerichte nur mit solchen Mitgliedern der Gerichte erster Instanz besetzt werden sollen, denen neben einer gewissen Anzahl von Dienstjahren das Anerkenntniß besonderer Tüchtigkeit zur Seite steht. Auch läßt sich nicht verkennen, daß der Appellationsrichter, da ihm das Material der freien Instruktion erster und zweiter Instanz zu Gebote steht, sich auf einem erweiterten und deshalb zur Beurtheilung geeigneteren Standpunkte befindet, als der erste Richter. Von einer Gleichheit beider Stellungen, die wie etwa bei zwei Sachverständigen das Bedürfniß eines Obmanns erheischt, kann daher wohl die Rede nicht sein. Ohnehin müßte dies Bedürfniß, wäre es vorhanden, seine Wirkung weiter ausüben, als auf das hohe Objekt von über 500 Thlr.

Geht man die verschiedenen Eventualitäten difformer Entscheidungen durch, so zeigt sich, daß da, wo die Abänderung lediglich Folge einer neuen factischen Ermittelung war, eine wirkliche Verschiedenheit in der „Beurtheilung" nicht vorliegt. Sind beide Richter über den Rechtspunkt verschiedener Ansicht, dann genügt das Rechtsmittel der Nichtigkeitsbeschwerde, um diesen Streit vor dem zur endgültigen Entscheidung des Rechtspunktes berufenen Obertribunal zum Austrage zu bringen. Liegt aber die Differenz in faktischen Auffassungen, dann kann doch das bloße Dasein derselben keine Veranlassung sein, um dem höchsten Gerichtshofe eine Cognition zu geben, die an und für sich, wie gezeigt, nicht geeignet und allgemein nicht ausführbar sein würde. Vielmehr muß es in solchen Fällen bei der Entscheidung des Appellations-Gerichts nicht minder bewenden, als in derjenigen, wo die faktische Beurtheilung beider Richter übereinstimmt, und doch vielleicht von dem Tribunal nicht getheilt werden würde.*)

Läßt sich sonach ein wirkliches Bedürfniß dieser Ausnahme nicht anerkennen, so springt andererseits die Abnormität der nach solchen Zufälligkeiten verschiedenen Dijudikatur-Prinzipien in die Augen. Diese Verschiedenheit hat aber auch zu erheblichen praktischen Uebelständen geführt.

Mit Recht bezeichnet Herr Justizrath Strohn in der Note zu Bd. 9 S. 116 Archiv als einen solchen, daß der höchste Gerichtshof in Sachen, die nur durch die Höhe des Objekts verschieden sind, verschiedene Urtheile fällen muß. Dahin gehört ferner, daß, um die für die Parteien sehr erhebliche Frage zu beantworten:

ob das eine oder das andere Rechtsmittel Platz greife?

mitunter, besonders in den Sachen des zweiten Senats, kostbare Werths-Ermittelungen unvermeidlich gewesen sind, die in einzelnen

*) Belehrend ist die Anordnung des Oldenburgischen Prozeßgesetzes von 1858 §. 266, welche freilich mit der in einem so kleinen Lande unvollkommenen Gerichtsorganisation (Amtsgerichte, Obergerichte, Oberappellationsgericht, das neben der Cassation auch in zweiter Instanz auf Urtheile der Obergerichte erster Instanz erkennt) zusammenhängt Nr 1 läßt eine Nichtigkeitsbeschwerde zu, wenn ein Erkenntniß unbestrittener Rechtssätze (jus in thesi) verletzt. Nr. 3 wenn ein Obergericht und das Appellationsgericht über das zur Anwendung zu bringende Recht verschiedener Ansicht gewesen sind und aus diesem Grunde verschieden erkannt haben, sofern solche Verschiedenheit nicht lediglich den Kostenpunkt betrifft. — Man sieht die Difformität ist hier ganz rationell im Geiste eines höchsten Instanz-Rechtsmittels aufgefaßt, aber es bedarf der ganzen Eventualität nur deshalb, weil der erste Satz — die alte gemeinrechtliche Nullität — zu beschränkt hingestellt ist.

Fällen über eines Jahres Zeit absorbirt haben. Vorzüglich störend aber wirkt die Coincidenz beider Rechtsmittel von derselben und auch von verschiedener Seite, welche häufig eintritt. Als praktischer Ausweg blieb hier nur der gewiß nicht rationelle Satz übrig: „daß die Revision die Nichtigkeitsbeschwerde nach sich ziehe".

(Vergl. Art. 4 Deklar.)

So tritt denn die Revision auch da ein, wo das Motiv der Difformität ganz wegfällt, und der zufällige Umstand, daß dem Gegentheil ein erweitertes Rechtsmittel zusteht, verändert die Beurtheilung des an und für sich für die andere Partei statthaften beschränkten Rechtsmittels. Die Folge kann leicht sein, und ist in mehreren Fällen (Wolff s. Blumenreich fällt mir eben ein) gewesen, daß der Revident es seinem Interesse angemessen findet, die eigene Revision fallen zu lassen, um jene abnorme den Gegner begünstigende Wirkung der Nichtigkeitsbeschwerde desselben zu vermeiden, wodurch er denn seinerseits jede Möglichkeit der Anfechtung der difformen Urtheile verliert, da ihm neben der Revision die Nichtigkeitsbeschwerde nicht zusteht. — Das Nachsichziehen findet nur Statt, wenn die Rechtsmittel „in denselben Streitpunkten" zusammentreffen. Wann solche Connexität anzunehmen, das ist wieder Gegenstand casuistischer Zweifel. Werden sie, wie es kaum anders geschehen kann, günstig für das weitere Rechtsmittel entschieden, dann ist die Folge davon, daß grade Punkten-Sachen sehr leicht zur unbeschränkten Dijudikatur des Tribunals gelangen, ungeachtet hier sehr häufig vorzugsweise factische Momente die überwiegenden sind.

Derartige Zufälligkeiten dürfen nicht über die Zulässigkeit und die Art der Begründung eines Rechtsmittels entscheiden.

Das Bedürfniß des Publikums, wie die ratio juris fordert über eine so einfache Frage einfache, klare, nicht casuistische, sondern allgemein anwendbare Vorschriften. Der vermöge Aufhebung der Revision *allgemein* hingestellte Beruf des Tribunals, als dritter Instanzrichter der Regel nach

nur über den Rechtspunkt, die Gesetzes-Auslegung und Anwendung
nicht über die *faktische* Sachlage

zu entscheiden, entspricht nicht nur, wie oft bemerkt, dessen eigentlichem staatlichen Wirkungskreise, sondern dieser Unterschied hat auch einen praktischen aus dem Standpunkt der Recht suchenden Parteien zu entnehmenden Grund. Ganz abgesehen von allem staatlichen und rechtswissenschaftlichen Interesse, wird jeder Unbefangene das Gefühl haben, ihm geschehe ein größeres Unrecht, wenn er im Prozesse unterliegt

in Gefolge der Anwendung von Rechts- oder Prozedur-Grundsätzen, die allgemein gesetzlich unrichtig sind,

als wenn seine Succumbenz nur die Folge ist

der faktischen Würdigung der Erklärungen der Parteien und des Resultats der Beweisaufnahme.

Er wird zugeben müssen, daß letztere viel arbiträrer Natur ist, und daher viel weniger geeignet, zu dem absoluten Ausspruche: der Vorderrichter habe unrichtig geurtheilt.

Die gänzliche Trennung des judex juris et facti im altrömischen Prozesse hat schon eine ähnliche Grundlage.

Wo ein klarer materieller Unterschied vorliegt, da wird die Gesetzgebung oder die Praxis auch die richtigen Mittel finden können, ihn in seinem Prinzipe und seiner Bedeutung geltend zu machen, was aber nur geschehen kann, wenn er stets streng im Auge behalten wird.

Die Vorliebe für die Revision hat Einige dahin geführt, zur Erhaltung der übrig gebliebenen Trümmer dieses Rechtsmittels die drei Instanzen der deutschen Bundesakte anzurufen (Art. 12). Gäbe aber dieses Grundgesetz des Deutschen Bundes den Deutschen wirklich ein Recht auf eine dritte Instanz im vollen Umfange der Ober-Appellation oder der preußischen Revision, dann muß man gestehen, dies Recht würde sehr illusorisch sein, wenn dasselbe auf die wenigen Fälle beschränkt werden dürfte, in denen jetzt bei uns noch Revision gilt. — Jene drei Instanzen des deutschen Prozesses, wovon eine Reminiscenz in die Bundesakte übergegangen ist, haben geschichtlich eine ganz andere Bedeutung, als diejenige, welche jetzt mitunter darin gesucht wird. An und für sich hätten die Reichsgerichte eben so gut in zweiter als in dritter Instanz erkennen können, und ihre Entscheidung wäre natürlich die letzte gewesen. Allein schon die Beschaffenheit der meist unter Jurisdiction der Magistrate und Gutsherren stehenden ersten Instanz machte eine Appellations-Instanz an die Justiz-Collegien der Reichsstände zu einer Nothwendigkeit. Auch führte die fortschreitende Entwicklung der Landeshoheit von selbst dahin, daß solche Gerichtscollegien sehr bereitwillig errichtet wurden. Da nun an diese zunächst die Appellation ging, so waren die drei Instanzen von selbst gegeben, auch für diejenigen Reichsstände, welche ein privilegium de non appellando besaßen, indem hiervon die Pflicht, einen höchsten, die Stelle des Reichskammergerichts vertretenden, Gerichtshof zu bestellen, unzertrennlich war. Die Instanzen sollten aber auch nicht vervielfältigt werden: sie sollten auf die nothwendigen drei beschränkt bleiben, das ist nicht minder der Sinn des Rechts der drei Instanzen.

Wenn nun die Bundesakte in Betracht der vielen kleinen Souverainetäten, welche bei der großen Regulirung auf dem Wiener Congresse theils behalten, theils, obwohl untergegangen, restituirt würden, Etwas ganz Allgemeines über die drei Instanzen festgesetzt hat, so ist dadurch auf keine Weise der Gesetzgebung eine Richtschnur gegeben rücksichtlich der Gestaltung der Rechtsmittel, welche die Prozesse an die höchsten Instanzgerichte bringen. Das Rechtsmittel der Nichtigkeitsbeschwerde, als regelmäßiges gegen Appellations-Erkenntnisse ist ein ordentliches Rechtsmittel, und bildet ebenso gut eine dritte Instanz, als die Revision, welche ja ebenfalls sowohl der Summe nach als wegen der Ausschließung der Nova von der Appellation verschieden ist. Es haben daher auch deutsche Staaten, z. B. Hannover, Oldenburg, Braunschweig ꝛc., ohne Bedenken die Nichtigkeitsbeschwerde als das alleinige Rechtsmittel letzter Instanz hingestellt, was sie für unsere Rheinprovinzen längst war. Auch Oesterreich stellt im neusten Diplom einen Cassationshof in Aussicht.

Gewiß, der gemeine deutsche Prozeß verdient eben so große Hochschätzung als das gemeine deutsche Recht. Was aus dem Römischen, dem Canonischen Recht und den Reichsgesetzen sich Tüchtiges in Doktrin und Praxis für die Regelung des ersten, wie des Beweis-Verfahrens entwickelt hat — darin liegt ein reicher Schatz. Durch diese Arbeit mehrerer Generationen sind Grundsätze der Logik und guten Ordnung errungen worden, welche zum Theil Richtschnuren für alle Gesetzgebungen bleiben werden, zum Theil wenigstens Gegenstand reiflicher Erwägung werden müssen, wenn man aus besserer

Ueberzeugung davon abweichen will. Solche Grundsätze finden sich in dem französischen Prozesse nicht minder — er ist ja im Wesentlichen aus denselben Quellen hervorgegangen, nur daß dort die einheimische Gesetzgebung mehr Gewalt und Autorität hatte, als die Reichs-Gesetzgebung je erlangen konnte.

Aber die Krebsschäden des deutschen gemeinen Prozesses sind eben einestheils der schrankenlose Wust der Schreiberei, anderntheils die unendliche Ausdehnung der Rechtsmittel. Beide wurden hervorgerufen durch eine ganz und gar mangelhafte Gerichts- und Anwalts-Organisation und durch die fortschreitende Auflösung der Reichs-Souverainetät. Beide Uebelstände haben die Langwierigkeit deutscher Prozesse sprichwörtlich gemacht, und unser Verfahren, bei aller Tüchtigkeit der Appellations-, Ober-Appellations- und Reichs-Gerichte, dem Spotte ausgesetzt. Beide Uebelstände haben gerade in unserm engern Vaterlande den gerechten Widerwillen Friedrichs des Großen veranlaßt, und die energische Cur, welche er vorgenommen, wenn sie auch in den positiven neuen Einrichtungen sich im Laufe der Zeit nicht vollständig bewährte, hat doch uns den Vortheil gebracht, daß die Beseitigung jener Uebelstände dadurch theils geschah, theils angebahnt wurde. Für den Schlendrian des gemeinen Prozesses wollen wir uns so wenig begeistern lassen, als für den übertriebenen Formalismus oder Despotismus in französischen Einrichtungen.

Nach der oben erwähnten Zusammenstellung haben sich 11 Obergerichte für die Aufhebung der Revision erklärt, und 11 dagegen. Von den Gerichten erster Instanz sprachen sich 66 für die Aufhebung der Revision und nur 19 gegen dieselbe aus. 7 Ehrenräthe der Rechtsanwalte sind für die Aufhebung und eben so viele dawider.

Gründe der Nichtigkeitsbeschwerde gegen Appellations-Erkenntnisse.

§. 6.

Nichtigkeitsgründe im Allgemeinen. Aufhebung des §. 17 des Gesetzes vom 14. Dezember 1833 betreffend die Feststellung des Fakti durch die Species facti des Richters.

Die französische Gesetzgebung hat außer dem speciellen Falle des Artikels §. 504 (Contrariété des jugements rendus entre les memes parties et sur les memes objets en differents tribunaux en dernier ressort) und außer einigen speciellen gesetzlichen Anordnungen nur das ganz allgemeine

Contravention expresse à la loi

als Moyen de Cassation hingestellt, worunter also sowohl materielle als Prozedur-Gesetze begriffen sind, während die Bestimmung selbst eine gewisse Beschränkung anzudeuten scheint *). Dennoch hat die französische Jurisprudenz sowohl in letzterer Beziehung sich auf den richtigen Standpunkt, denjenigen, an welchen die Fassung unseres §. 4 Nr. 1 keinen Zweifel läßt, die Scheidung von Recht und Faktum in dem Materiellen zu erheben, als in den Prozedur-Vorschriften verschiedene Kategorien aufzustellen gewußt.

Vergl. Pigeon Procedure civile des tribunaux de la France p. I.

Tarbé (General-Advokat am Cassationshof zu Paris.)

Cour de cassation. Paris 1840.

Schon diese Sachlage muß davon abhalten, legislatorisch etwa einen ähnlichen, Prozedur und materielle Gesetze, umfassenden Ausdruck als ohne Weiteres genügend unter Ausschließung jeder speziellern Erwägung aufstellen zu wollen, da wir ja diejenige Jurisprudence, welche dem Gesetze erst das Leben gegeben hat, weder als bekannt voraussetzen, noch überhaupt ungeprüft adoptiren könnten.

Dazu kommt aber, daß das Rechtsmittel bei uns einmal nach den drei Positionen

1) Angriffe wegen rechtsgrundsätzlicher Verletzung.

2) Angriffe wegen Verstoß gegen allgemeine besonders ausgezeichnete Prozeß-Vorschriften.

3) Ausnahmsweise Angriffe in facto (§. 5 Nr. 10 a. b. c.) ins Leben getreten ist, und seine juristische Ausbildung erhalten hat, daher denn die Gesetzgebung schon von selbst genöthigt ist, das jetzt Be-

*) Die Braunschweiger Prozeßordnung §. 130 hat sich dieser Allgemeinheit angeschlossen. Sie läßt Nichtigkeitsbeschwerde zu:

a) wenn gegen die Bestimmungen des Gesetzes erkannt und in Folge dessen unrichtig entschieden ist;

b) wenn mehrere in letzter Instanz unter denselben Parteien über eine und dieselbe Sache von verschiedenen Gerichten gegebene Entscheidungen einander gradezu widersprechen.

stehende in seiner Bedeutung und Wirkung zu prüfen, ehe sie zu dem Entschlusse gelangen kann, dasselbe in Ansehung der Prozedur-Gesetze etwa durch eine allgemeine Vorschrift zu erweitern. — Immerhin würden die Angriffe in facto sich, wie ich hier schon bemerke, als eine spezielle Kategorie darstellen und nicht etwa unter dem allgemeinen Satz: „daß ein Richter nach dem richtigen Inhalt der prozessualischen Erklärungen und Beweise urtheilen müsse," subsumiren lassen. Denn ließe man solche Sätze zu, so würde, da ja dann in dritter Instanz die materielle Richtigkeit des Fakti jederzeit geprüft werden müßte, die ganze Tendenz des Rechtsmittels dadurch ausgelöscht werden. Die factischen Angriffe sind vielmehr als außerordentliche Remeduren für solche sehr grelle und seltene Fälle anzusehen, in welchen sich die faktische Dijudikatur des Richters in einen ganz evidenten Widerspruch mit der Wahrheit befindet. Außerhalb derselben muß das Gebiet der „Würdigung des Fakti" dem Richter frei bleiben.

Ich sage das Gebiet der „Würdigung des Fakti" nicht der Wahrnehmung oder Rezitirung des factischen Materials, und glaube, hier ist der Ort, einen Punkt hervorzuheben, dessen verfehlte Auffassung in unserem Gesetze nach meiner Ueberzeugung den nachtheiligsten Einfluß auf die Ausbildung des Rechtsmittels in allen Beziehungen gehabt hat. Die Richtigkeitsbeschwerde muß die Entscheidungsgründe in Angriff nehmen, das liegt in ihrem Wesen, sie muß und kann sich nur an die Entwickelung dieser Gründe halten, welche dem Tenor beigegeben wird, an die rationes dubitandi et decidendi, als Rechtfertigung der Denkthätigkeit, deren letzte Schlußfolge der Urtheilstenor ist. Die Würdigung des Fakti ist der Eine, die applicatio legis der andere Theil hiervon, und auch die Anwendung gewisser allgemeiner Prozedur-Normen muß dahin gerechnet werden. Dagegen der objektive Inhalt des Prozeßmaterials selbst, das, was die Parteien erklärt und nicht erklärt haben, was in der Beweisurkunde steht, was der Zeuge ausgesagt hat, ist freilich die Grundlage dieser logischen Thätigkeit; die Wahrnehmung dieses Inhalts vermittelst der äußeren Sinne hat aber mit jenen geistigen Operationen nichts zu thun, sie ist eine und dieselbe für alle Wahrnehmenden von gesunden Sinnen, ein Streit darüber, eine Verschiedenheit der Ansichten nicht denkbar. Wahrgenommen wird der Inhalt des Prozeß-Materials durch den mündlichen Vortrag der Parteien, und da, wo er in Schriften niedergelegt worden, — was bei unserem Verfahren mit dem ganzen wesentlichen Prozeß-Material der Fall ist — durch das Anhören des bezüglichen Inhalts dieser Schriften, entweder in Original, oder nach dem Extrakte eines Referenten, oder der Parteien selbst. Wird es nach der übrigens nie für unbedingt allgemein gültig erachteten Vorschrift der A. G. O. I. Tit. 13. §. 7 von dem Gesetzgeber für nöthig und angemessen gefunden, in dem redigirten Urtheil, der Beurtheilung d. h. also den eigentlichen Entscheidungsgründen, eine mehr oder minder geordnete Darstellung des Prozeß-Materials, eine species facti „mit allen Haupt- und zur Sache gehörigen Nebenumständen" voranzuschicken — eine Vorschrift die mit dem rein schriftlichen Verfahren im Zusammenhang stand — so wird doch dadurch diese species facti, nicht zu mehr, als sie an und für sich ist — eine Reproduction des Prozeß-Materials. Ohne Zweifel kann eine solche Arbeit in Anordnung und Styl verschiedene Grade des Geschicks zeigen: sie kann durchdacht und kernig die wesentlichen Spitzen der Sache vorführen, oder weitschweifig und wörtlich den Akten-Inhalt wiedergeben.

Allein gewiß wäre es nicht rationell, wollte die Gesetzgebung die Redaktion dieses exposé, welche den Probestein der Fähigkeit guter Darstellung eines Geschäftsmannes geben kann, zu einem Objekte der Kritik des höchsten Gerichtshofes machen, mit der Wirkung, daß wegen der Mängel einer solchen an sich entbehrlichen Zuthat zum Urtheile, das Urtheil selbst kassirt werden kann. Noch verfehlter aber ist diese Anordnung gewiß, wenn sie den Erfolg hat, den geistlosesten, weitwendigsten Arbeiten dieser Art, solchen, welche nur die Tugenden eines guten Kanzlisten zeigen, und bei der Vorlesung den geduldigsten Hörer in Verzweiflung bringen, die Prämie der Unangreifbarkeit zu geben. Da sogar Geldstrafen und Verweise wegen unvollständiger species facti in Aussicht gestellt (Nr. 17 der Instrukt.), freilich meines Wissens nie verhängt sind, so mußte in der That auf eine höchst weitschweifige und unzweckmäßige Geschichtserzählung dadurch hingewirkt, den eigentlichen Gründen aber ein Theil der Arbeitskraft, der auf sie besser verwendet wäre, entzogen werden. Es läßt sich die verhältnißmäßige Dürftigkeit der Beurtheilung in manchen Appellations-Erkenntnissen seit der Existenz jener Vorschriften nicht verkennen, und ich glaube mich nicht zu irren, wenn ich wahrgenommen habe, daß schon die Befugniß, die species facti des ersten Richters nicht zu wiederholen (Ges. v. 20. März 1854) auf eine zweckmäßigere Redaktion der Urtheile gewirkt hat.

Zu einem Prüfstein des Mangels oder Daseins der Aperzeption des Fakti, ist die mehr oder mindere Ausführlichkeit des Aktenauszuges gewiß nicht geeignet. Denn von der einen Seite würde es sehr unrecht sein, daraus, daß die species facti sich nur in allgemeinen Zügen hält, und gewisse Details der Erklärungen der Partheien oder Zeugen entweder gar nicht oder nicht wörtlich wiedergiebt, schließen zu wollen, diese Details seien nicht zur Wahrnehmung des erkennenden Richters gekommen. Neben dem Referenten, welcher der Regel nach die Diskussion durch einen Vortrag wieder einleitet, fällt doch vor allem das mündliche Plaidoyer beider Theile in's Gewicht, um die Ansicht im Allgemeinen als gerechtfertigt erscheinen zu lassen, daß das faktisch Erhebliche auch gehörig hervorgehoben sein wird. Von der andern Seite aber giebt die Erwähnung eines Moments in einem weitschweifigen der Beurtheilung vorhergehenden Aktenauszuge, auch wenn er vollständig vorgelesen worden ist, nur eine sehr geringe Garantie dafür, daß dieses Moment grade wirklich zur Aperzeption und Würdigung gekommen ist.

Es erhellet hieraus, daß die Vorschrift des Gesetzes vom 14. Dezember 1833 §. 17:

> Bei der Entscheidung legt der Richter das in dem angefochtenen Erkenntnisse als feststehend angenommene Sachverhältniß lediglich zum Grunde, insofern letzteres nicht Gegenstand der Nichtigkeitsbeschwerde selbst ausmacht (§. 5 Nr. 10)

so wie die hierauf bezüglichen Angriffe §. 5 Nr. 10a des G. u. Art. 3 Nr. 4 der Dekl. wegen nicht Erwähnung §. 5 Nr. 10b wegen nicht wörtlicher Erwähnung und Feststellung, in dem Sinne wenigstens, wie sie aufgefaßt und angewendet worden sind, eine reelle Bedeutung für das Rechtsmittel nicht haben. Daß diese

Vorschriften demselben aber sogar eine verkehrte Richtung geben, zeigt die Art und Weise, wie nach Nr. 18 der Instruktion die Erheblichkeit einer nicht erwähnten Thatsache vom dritten Richter geprüft werden soll, nämlich nach der ganzen Lage der Sache, so daß mithin lediglich dieses Angriffs wegen der Standpunkt des Nichtigkeitsrichters in diesem Punkte völlig aufgegeben wird, und ein Urtheil blos deshalb cassirt werden kann, weil es einen Moment nicht erwähnt hat, welcher von dem rechtlichen und sonst nicht angreifbaren Gesichtspunkte des zweiten Richters aus, wirklich unerheblich war, und mithin eben bei einer logischen Anordnung der Gründe nicht erwähnt werden durfte.

Es liegt in der Sache, daß stets ein Bestreben herrschen mußte, die Anschauung des factischen Materials aus den engen Grenzen der species facti des zweiten Richters zu befreien, und daß die Angriffe §. 5 Nr. 10 a und b, besonders a, eine Hoffnung auf Erfolg leicht erwirken konnten, die trotz regelmäßiger Täuschung eben des mangelnden Prinzips wegen, in jeder einzelnen Sache sich erneuerte. Vor Juli 1846 hatten bekanntlich solche Angriffe weder Maaß noch Ziel; sie gereichten zur größten Belästigung der Referenten, und wiewohl dies seitdem sich erheblich verändert hat, so steht doch die Zahl solcher Angriffe mit dem Erfolge in keinem Verhältnisse, ohne daß deshalb den Rechtsanwalten ein Vorwurf gemacht werden könnte, wenn sie sich eines an sich sehr arbiträren Angriffs-Mittels zum Besten der Parteien bedienen zu müssen glauben.

Diese Nachtheile der Fesselung des Nichtigkeits-Richters an die species facti des Appellations-Richters lassen sich aber auch nicht dadurch rechtfertigen, daß eine solche Fesselung im Preußischen Verfahren nothwendig sei. Der Preußische Prozeß ist kein rein mündlicher, er ist neben der mündlichen Verhandlung wesentlich schriftlich. Das factische Material besteht überhaupt:

1) in den Erklärungen und Handlungen der Parteien, oder den nicht geschehenen Erklärungen und Handlungen,
2) in dem Inhalte der bezüglichen Urkunden und
3) des Beweises durch Zeugen, Sachverständige, Augenschein rc. rc.

Der Inhalt dieses ganzen Materials liegt dem Nichtigkeitsrichter in den schriftlichen Akten eben so vollständig vor, wie er dem

Appellationsrichter vorgelegen hat. Das Original also, nicht die etwa ungenaue oder mangelhafte Wiederholung desselben ist die natürliche Erkenntnißquelle für den dritten Richter; er kann es ansehen und wahrnehmen mit eigenen Augen, bedarf der Brille des zweiten Urtheils nicht.

Das ganze factische Material darf mithin auch benutzt werden, um den Angriff wegen Gesetzverletzungen zu begründen, die Brücke durch §. 5 Nr. 10 a. ist dazu nicht erforderlich. Allerdings aber beschränkt sich die Kritik des dritten Richters — den Ausnahmefall abgerechnet — lediglich auf die rechtlichen Momente in den **Würdigungen** des Appellationsrichters. Ist ein von ihm nicht ausdrücklich, oder ungenau erwähnter factischer Punkt von Einfluß auf die rechtliche Anschauung des factischen Materials, dann dient er auch zur Motivirung des rechtlichen Angriffes. Hat der Punkt aber nur auf die factische Würdigung Einfluß, dann gehört er, wenigstens regelmäßig, nicht in den Bereich der Nichtigkeitsbeschwerde.

Fälle, in welchen die gedachte Fesselung des Nichtigkeitsrichters an die Species facti nachtheilig gewirkt hat, sind nicht selten: ich will zur Erläuterung nur Einen 1856 beim vierten Senat vorgekommenen erwähnen. Es war zweifelhaft, ob ein Erbschaftskauf oder ein Kauf von erbschaftlichen Sachen vorliege: es handelte sich also gewiß von einem Rechtspunkt bei Würdigung der Urkunde. Der §. 447 Th. I. Tit. 11 definirt zwar den Erbschaftsverkauf als Kauf des Erbschaftsrechts, aber die folgenden Paragraphen zeigen, (§§. 448—450) daß dieses Wort nicht gerade wesentlich ist, daß unter Umständen auch der Verkauf eines Inbegriffs von Erbschaftssachen als Erbschaftskauf aufgefaßt werden kann. Der Appellationsrichter hatte diese letztere Auffassung in casu ausgesprochen, und nach seiner, wiewohl nicht wortwidrigen noch unvollständigen Repetirung des Inhalts der Urkunde konnte darin nur eine thatsächliche Würdigung gefunden werden, und wurde also die Nichtigkeitsbeschwerde verworfen, während bei Berücksichtigung der ganzen wirklichen Urkunde kein Erbschaftskauf anzunehmen gewesen sein würde.*)

*) Wäre es, um bei diesem Falle zu bleiben, etwa in facto zweifelhaft

Daß die Grundlage des wirklichen factischen Materials eine brauchbare für das Rechtsmittel ist, zeigt schon dieser Fall, noch mehr aber erhellt es aus der Praxis des Tribunals selbst.

Nothgedrungen hat dasselbe, um dem Angriffe eines Verstoßes gegen den Grundsatz der res judicata einige solide Beurtheilung zu geben, auf den Inhalt des behaupteten Judikats selbst zurückgehen müssen, nicht beschränkt auf dasjenige, was der Appellationsrichter als solchen vorträgt.

Eben so ist bei den Angriffen wegen gewisser Prozeßvorschriften z. B. §. 5 Nr. 2 (verletztes Präjudiz) Nr. 3 und Dekl. Art. 3 Nr. 2 (Zulassung oder Nichtzulassung eines Rechtsmittels) Nr. 8 (Incompetenz) von dem wirklichen Aktenmäßigen Material ausgegangen worden, nicht von dem, was der zweite Richter als solches vielleicht ungenau erwähnt.

Wie aber hier die Schranke der species facti hat durchbrochen werden können, so kann sie es auch überall, wenn gleich nicht in allen Fällen, wie in jenen der factischen Würdigung des zweiten Richters kein Raum übrig bleibt.

Die praktische Folge dieser Erwägung ist der Antrag auf Aufhebung der gedachten Stelle des §. 17 des Gesetzes und der citirten factischen Angriffs-Motive in der Gestalt, wie sie jetzt sind.

Ich erlaube mir noch hinzuzufügen, daß m. E. jener Vorschrift wohl zum Theil eine mißverstehende Berücksichtigung des französischen Prozesses zum Grunde lag. In diesem existirt eine Geschichtserzählung, welche, nachdem sich die Anwalte darüber geeinigt haben, den Urtheilen beigefügt wird.

Mögen diese factischen Darstellungen in den Erkenntnissen, wo keine schriftliche Grundlage in den Gerichtsakten existirt, auch sonst gut und nützlich sein können, immerhin können sie gegen den wirklichen Akten-Inhalt nicht maaßgebend sein, und daher wird es

---

gewesen, ob auch alle Erbschaftssachen verkauft seien, und der Richter hätte in factischer Würdigung des Beweises die eine oder die andere Alternative angenommen, so würde das dem rechtlichen Angriffe nicht zugänglich gewesen sein.

doch auch dem dritten Richter obliegen, diesen Inhalt selbst, nicht, was als solcher extrahirt wird, zum Grunde zu legen.*)

Die Rücksicht der Erleichterung des Tribunals, dem ohne erhebliche Personal-Vermehrung durch das Gesetz von 1833 eine so erweiterte Kompetenz gegeben wurde, ist wohl besonders auch bei dem §. 17 maaßgebend gewesen, indem man davon ausging, durch die Beschränkung des Aktenlesens auf das zweite Erkenntniß eine Erleichterung zu geben, welche Ansicht sich auch früher dadurch offenbarte, daß im Nummern- und Tabellenwesen eine Nichtigkeits-Relation nur für eine halbe gerechnet wurde. So lange die Prozedur nach der alten Gerichts-Ordnung der Regel nach in schlecht geschriebenen, oft formlosen, das Faktum nicht concentrirenden Protokollen niedergelegt wurde, hatte diese Erleichterung in der That einen Sinn, und vielleicht findet eben hierin die ganze Ansicht, welche dem §. 17 zum Grunde liegt, ihre beste Rechtfertigung. Gegenwärtig ist es für den Referenten, der durch Lesung des zweiten Urtheils und der Beschwerdeschrift gesehen hat, worauf es im Allgemeinen in den Akten ankommt, gewiß der Regel nach keine schwere Aufgabe, die betreffenden Schriftsätze und Protokolle im Originale zu lesen, und der Eindruck, den er dadurch erlangt, ist ein viel lebendigerer, also auch gewinnreicherer für die richtige Anwendung des Rechtspunkts, als wenn er in den sogenannten Erwähnungen und faktischen Feststellungen des zweiten Richters eingeengt bleibt. Ganz dasselbe greift bei sämmtlichen Richtern dritter Instanz Platz, und es zeigt die Erfahrung, wie gern zur Erläuterung und besseren Auffassung auf die, wenn gleich nicht maßgebenden wirklichen Schriften und Protokolle bei der Diskussion zurückgegangen wird.

Der Gesichtspunkt der Erleichterung ist aber auch an und für sich kein wesentlicher in dieser Materie. Eventuell könnte die Erleichterung nicht in Ersparung des Aktenlesens, wohl aber vielleicht

*) Giebt man den Parteien eine Befugniß die species facti des Richters als unrichtig anzufechten, so muß das vernünftiger Weise, wie in der Hannöverschen Gerichtsordnung, vor Ausfertigung des Urtheils ausgeübt werden. Noch sicherer zum Ziele führt die oben erwähnte Anordnung des französischen Rechts.

in Ersparung mechanischen Schreibens gesucht werden, worüber unten das Nähere gesagt werden wird.

Nach Vorstehendem ist also für die Angriffe wegen Verletzung des materiellen Rechts, wie der Prozeßvorschriften die Basis gewonnen:

daß von dem wirklichen Inhalt des aktenmäßigen Prozeß-Materials auszugehen,

daß, wenn nach diesem Inhalt ein Fehler in der Gesetzanwendung und Auslegung vorliegt, dieser angreifbar,

daß aber thatsächliche Würdigungen des Inhalts dem Rechtsmittel entzogen sind.

Ob und in wie fern dieser Gegensatz statt des §. 17 in Worten auszusprechen sein möchte, stelle ich anheim. Ich glaube, daß der technische Ausdruck: „thatsächliche Würdigung" der schon in den Entscheidungen des Tribunals Bürgerrecht erlangt hat, ein ganz geeigneter ist.

§. 7.

Nichtigkeit wegen Verletzung materieller Rechtsgrundsätze.

Anlangend nun im Einzelnen

die Angriffe wegen Verletzung materieller Gesetze,

so ist die Formulirung des Gesetzes:

„daß das angefochtene Urtheil einen Rechtsgrundsatz verletze, er möge auf einer ausdrücklichen Vorschrift der Gesetze beruhen oder aus dem Sinn und Zusammenhange der Gesetze hervorgehen, oder einen solchen Grundsatz in Fällen, wofür er nicht bestimmt ist, zur Anwendung bringe,"

vollkommen ausreichend, um dem Bedürfnisse zu genügen. Das Gebiet nicht nur expresser Gesetze, sondern der ganzen Rechtstheorie, nicht nur in der abstrakten Auslegung des Gesetzes, sondern auch der Anwendung desselben auf den concreten Fall ist dadurch bezeichnet, und eine weitere Ausdehnung kaum auszudrücken. Es versteht sich, daß auch der rechtliche Begriff eines Rechtsgeschäfts oder Rechtsverhältnisses unter das Gebiet fällt, wie in Nr. 9 der Instruktion besonders ausgesprochen, auch der Tribunals-Praxis ganz conform ist. Die spezielle Ausführung der Folgen eines so umfassenden

Satzes gehört nicht in das Gesetz, sondern muß der Praxis überlassen bleiben, von der allerdings zu wünschen ist, daß sie sich in allen Senaten über gewisse Gesichtspunkte, so viel möglich, einige. Da möglicherweise das Bedürfniß legislatorischer Festsetzungen auf diesem Felde angenommen werden könnte, so erlaube ich mir einige Bemerkungen, die auf Erschöpfung der Materie keinen Anspruch machen.

1) Ohne alle Schwierigkeit stellt sich die Handhabung dieses Nichtigkeits-Motivs, wenn nicht von einer verschiedenen Würdigung des Fakti die Rede ist, sondern nur von der Auslegung des Gesetzes im Abstrakten.

Dahin gehört die größte Zahl der controversen Rechtssätze und ein Blick in die Präjudiziensammlung zeigt, daß solche Fragen sehr füglich im Wege des Nichtigkeitsverfahrens zur Entscheidung gebracht werden können, da die überwiegende Zahl der Präjudizien eben aus Nichtigkeits-Sachen hervorgegangen ist, und doch noch unendlich mehr übrig bleiben, in welchen derartige Entscheidungen ergangen, aber nicht eingetragen sind.

2) Das Allg. Landrecht ist sehr reich an casuistischen Bestimmungen. Daher fällt die Frage über die Anwendung des Gesetzes auf einen gegebenen Fall häufiger als bei einem gedrängteren Gesetzbuche unter die Kategorie der Würdigung des Gesetzes oder Rechtspunkts. Der richterliche Ausspruch, daß eine gewisse Folge, die eine solche Bestimmung an eine gewisse Eventualität knüpft, deshalb nicht Platz greife, weil es im Falle an der Eventualität fehle, kann nicht von dem Gesichtspunkte aus, daß die Eventualität nach Lage der Akten doch wirklich vorhanden ist, ohne Weiteres in Angriff genommen werden als Verletzung des betreffenden Gesetzes, wie es mitunter, und selbst in einigen Fällen mit dem Beifall des Tribunals geschehen ist. Die Rechtswidrigkeit kann vielmehr nur darin liegen, daß der Richter das Vorhandensein oder Nichtvorhandensein der Eventualität angenommen hat, also z. B. in der Annahme, daß ein redlicher oder unredlicher Besitz, daß ein Versehen vorliege, daß eine Erklärung, die in

gewisser Frist geschehen soll, so geschehen ist. Diese Annahme kann rein factisch sein, wenn die Eventualität selbst rein factisch ist: sie enthält aber ein rechtliches Element, wenn die Eventualität selbst einen Rechtsbegriff darstellt. Die erstere Alternative entzieht sich der Angreifbarkeit ganz, die zweite insofern, als thatsächliche Würdigungen vorliegen, aus denen sich der Rechtsbegriff richtig entwickelt, nicht aber, wenn diese thatsächlichen Würdigungen selbst zur Constatirung des Rechtsbegriffes ungeeignet erscheinen. Von diesem Gesichtspunkte aus scheint mir allerdings z. B. die Würdigung des Richters, daß jemand ein redlicher Besitzer sei, daß er ein grobes oder mäßiges Versehen begangen habe, möglicherweise angreifbar, denn beides sind Rechtsbegriffe. Die Frage, ob die betreffenden Handlungen oder Erklärungen der Partei wirklich geschehen sind, ob die letzteren einen gewissen Sinn nach den Regeln der Logik und Grammatik haben, bleibt dem zweiten Richter frei. Die Frage dagegen, ob die Handlungen und Erklärungen, wie sie hiernach aufzufassen, als solche anzusehen sind, aus denen der Rechtsbegriff der bona fides, der culpa mit Recht hergeleitet worden, fällt unter die Kritik des dritten Richters, obwohl zugegeben werden muß, daß sie hier wohl selten Raum haben wird, eben weil diese Rechtsbegriffe so viel Arbiträres umfassen.

3) Nach denselben Regeln muß die Frage der Interpretation der Verträge, überhaupt der Willenserklärungen beantwortet werden. Die Auslegung des Wortsinnes, die grammatische wie die logische, so weit sie selbst nicht etwa Rechtsfragen berührt, steht dem zweiten Richter frei, die Würdigung aber, in wie fern dieser, sei es unstreitige oder von dem Richter thatsächlich statuirte Wortsinn den Inhalt eines juristisch obligatorischen Verhältnisses in sich trage, unterliegt der Beurtheilung des höchsten Gerichtshofes. Dies wird auch nach dessen Praxis anerkannt, sofern es sich davon handelt, ob der solchergestalt sich ergebende Inhalt einer Urkunde oder Erklärung die eine oder die andere Art von Rechtsgeschäften ergebe, vgl. Instruktion Nr. 9. Bedenklich wird die Frage auch selten bei letzten

Willenserklärungen werden. dagegen desto mehr, wenn sie sich dahin gestellt: ob bei Verträgen der gedachte Wortinhalt **überhaupt** eine gültige Verpflichtung ergebe, was, da nach der Regel pacta sunt servanda es auf eine spezielle Kontrakts-Rubrik nicht ankommt, regelmäßig über die Gültigkeit des Rechtsgeschäfts entscheidet. Obgleich diese Rücksicht gewiß als eine sehr allgemeine und weit greifende erscheint, so ist und bleibt sie doch eben so gut ein rein rechtliches Motiv, als die Auffassung eines Geschäfts unter einer gewissen bestimmten Vertrags-Rubrik: sie muß also meines Erachtens ebenfalls angreifbar sein. Die Grenze zwischen der faktischen Auslegung und rechtlichen Würdigung wird hier nur scharf innegehalten werden müssen.

Hiermit hängt denn auch die Frage über die Angreifbarkeit des Urtheils wegen Verletzung der gesetzlichen Interpretationsregeln zusammen.

(A. L. R. Theil I. Tit. 4. §. 65. seq. Tit. 5. §. 252. seq.)

Die Praxis des Tribunals ist in diesem Punkte nicht durchaus gleichförmig geblieben. In der ersten Periode kommen Fälle vor, in welchen Angriffe wegen Verletzung einer Interpretationsregel unter freier Beurtheilung des Falles zugelassen, und deshalb Urtheile vernichtet sind (z. B. 735 de 1835 Lorenz s. Scheider) oder doch die Beschwerde mit materieller Prüfung verworfen worden ist (z. B. 678 de 1835 Bellmann s. Koplin, auch 653.) Seit langer Zeit ist aber meines Wissens die constante Praxis, daß, außer dem nicht leicht vorkommenden Falle, wenn ein Richter das Gegentheil einer Interpretationsregel ausgesprochen hätte, die **Auslegung** der Urkunden mit diesem Mittel nicht angefochten werden kann. Man ist davon ausgegangen, daß, wenn durch §. 5 Nr. 10b. G. eben nur die Verletzung des **wörtlichen** Inhalts zum Object des Angriffs verstattet worden, die Auslegung dem Richter als faktische Feststellung frei bleibe, und deshalb eine Prüfung, welche darauf ausgehe, unter Beurtheilung der Sache au fond die Richtigkeit dieser gegebenen Auslegung in Frage zu stellen, dem Nichtigkeitsrichter ganz unstatthaft sei.

Wenn auch das aus §. 5 Nr. 10 b. entnommene Motiv bei eintretender Abschaffung dieser Vorschrift hinweggeräumt wird, so behält doch die gedachte Ansicht ihre innere Berechtigung insofern, als die meisten Interpretationsregeln keine Rechtsgrundsätze enthalten, sondern nur Sprach- und Denk-Normen (p. 6. I. 4, §§. 65—72) oder doch Regeln eben für die Würdigung des faktischen Inhalts einer Erklärung. Soll diese Würdigung nicht zum Object der Kritik gemacht werden können, so versteht es sich allerdings ganz von selbst, daß ein Fehler gegen die allgemeinen Denk-Gesetze oder speziellen Normen, nach welchen sie vorzunehmen ist, von dem Gesichtspunkte freier Auffassung des Fakti auch nicht geprüft werden darf. Insofern aber in Frage steht, ob der von dem Richter gewürdigte Sinn einer Erklärung eine Obligation darstelle, würden die darauf bezüglichen Regeln freilich von Einfluß sein können: es wird aber eines Zurückgehens auf dieselben dann auch nicht bedürfen, da der Rechtsfehler sich in einem solchen Falle schon, abgesehen von diesen Regeln, constatiren lassen muß.

Ich bemerke noch, daß nach Tarbé S. 58 im ersten Anfange der Kassationshof zu Paris das Moyen: „violation de contrat“ zuließ, von der Voraussetzung ausgehend, daß contractus legem dedit partibus. Man ist indessen längst von dieser Ansicht abgekommen, indem man einsah, daß sie den höchsten Gerichtshof seiner Bestimmung zuwider mit der Würdigung des Fakti befassen, und ein bloßes „mal jugé“ seiner Cognition unterworfen wurde, man hat daher angenommen, daß es den vor-instanzlichen Gerichten zusteht: „d'apprécier la clause des actes et des contrats d'y rechercher la commune intention des partis.“ Dessen ungeachtet aber wird für den Kassationshof die Befugniß in Anspruch genommen, die Urtheile zu würdigen, wenn dieselben „determinent le caractère des contrats dans ses rapports avec les lois“ und dies führt natürlich zu einer „appreciation des circonstances,“ wovon S. 58—69 Beispiele angeführt werden. Es liegt dem im Wesentlichen ganz die Unterscheidung zum Grunde, welche hier aufgestellt worden ist.

Nach dieser wird man daher die „Interpretation der Verträge" wohl nicht unbedingt von der Cassations-Würdigung negativ ausschließen können, da dies zu weit führen würde, wenn gleich allerdings in den meisten Fällen die Freiheit der Interpretation des grammatischen und logischen Sinnes, die dem Appellations-Richter eingeräumt werden muß, auch darüber, ob dieser Sinn überhaupt eine Verpflichtung enthalte, zusammenfallen wird. Zu einer gesetzlichen Spezialisirung möchte ich mich auf diesem Gebiete nicht entschließen. Die Praxis des Tribunals muß ausreichen. Kommen Ungleichheiten vor, so können diese nach der Natur der Sache eben nur solche Fälle der Auslegung zum Objekte haben, bei denen im Großen und Ganzen es eben keinen großen Nachtheil haben wird, wenn die Auslegung des Tribunals in einer solchen speziellen Eventualität vielleicht ausnahmsweise Geltung erhält, während sie dieselbe in ähnlichen Fällen nicht erlangt hatte.

4) Der Preußische Prozeß hat das Beweisverfahren jetzt viel schärfer als früher von dem ersten Verfahren getrennt; er hält auf die Hinstellung des „Beweissatzes," obwohl dieser oft, weil dessen Aufstellung mit der Verfügung der concreten Beweisaufnahme zu verbinden ist, nicht die scharf logische Fassung erhalten kann, welche im gemeinen Prozesse mit Recht verlangt wird.

vergl. Danz Grundsätze §. 233.

Das Preußische Beweisresolut ist nur insofern unabänderlich, als demselben genügt werden muß: es hat sonst keine Rechtskraft, und die Richtigkeit des „Beweissatzes" unterliegt daher nach stattgefundener Beweisaufnahme noch der Prüfung und Feststellung des erkennenden Richters.

Diese Richtigkeit hängt von der Würdigung des Fakti und vorzüglich des Rechtspunkts in Klage oder Einrede ab, und ist in letzter Beziehung natürlich Gegenstand der Anfechtung wegen verletzter Rechtsgrundsätze. Diese wird auch eintreten, insofern der Richter einen geführten Beweis beurtheilt und das Resultat desselben zwar nicht dem im Beweis-Resolute aufgestellten aber einem anderen Thema entsprechend erachtet, welches er aus rein rechtlichen Gründen für erheblich erklärt. Insofern kann also der Ausspruch über das Beweisthema, welches aus den Zeugenaussagen constatirt wird, Gegenstand rechtsgrundsätzlicher Angriffe werden. Allein — das ist schon hier, ob wohl es mit der Prozedur in Verbindung steht, hervorzuheben — das, was der Richter als Resultat des Beweises würdigt, darf in Ansehung der factischen Existenz nicht in Frage gestellt werden. Die Freiheit des appellationsrichterlichen Urtheils auf diesem Felde scheint mir gerade der wesentlichste praktische Nutzen der Nichtigkeits-Beschwerde rücksichtlich der Arbeit und Stellung des Tribunals zu sein. Denn bei der Zulassung des Zeugenbeweises und bei dem durchaus arbiträren Charakter, welchen die Würdigung sowohl der Aussage als der concreten Glaubwürdigkeit eines Zeugen in sich trägt, ist eine nochmalige Prüfung einerseits kein Bedürfniß, andrerseits überhäuft sie vorzüglich den höchsten Gerichtshof mit factischen, seinem Berufe ihn entfremdenden Detail.

Es wäre daher gewiß zu wünschen, daß die Nichtigkeits-Beschwerden nicht den Versuch machen möchten, indirekt diese „Würdigung der Beweise“ in ihren Bereich zu ziehen. Ob Prozeß-Vorschriften-Verletzung und in wie fern sie bei dem Beweise zuzulassen, ist unten zu erörtern.

Auf vorstehende Anregungen, die, wie schon bemerkt, nicht die Tendenz haben, Spezialbeschlüsse für oder gegen hervorzurufen, glaube ich mich in einem so weiten Felde beschränken zu müssen, und wiederhole nur noch die obige Ansicht, daß Spezialisirungen meines Erachtens unnöthig sind.

Die Auffassungen sub 2, 3, 4 werden wohl im Wesentlichen mit denen im Einklange stehen, welche der Minister Mühler, also eine über die Bedeutung des Sinnes des Gesetzes von 1833 competente Autorität, laut Referat des Geh. Rathes Bergmann (Nr. VI.) als die seinigen ausgesprochen hat, wenngleich sie dort vielleicht zu allgemein ausgedrückt sein mögen.

§. 8.

Ob der Rechtsgrundsatz und das Gesetz in der Nichtigkeits-Beschwerde anzuführen?

Es erübrigt in Ansehung dieses Nichtigkeits-Grundes nur noch der Art der Geltendmachung desselben in der Nichtigkeits-Beschwerde zu gedenken. Der im §. 23 des Ges. vom 21. Juli 1846 beibehaltene Art. 8 der Deklaration vom 6. April 1839 fordert, daß die Nichtigkeits-Beschwerde außer den Beschwerdepunkten

„die gesetzlichen Vorschriften, oder den Rechtsgrundsatz, deren Verletzung behauptet wird, bestimmt angiebt."

Bei dem Angriffe wegen verletzten Rechtsgrundsatzes würde ich dies nicht für nothwendig erachten, also

die Aufhebung dieser Vorschrift beantragen.

Die Nichtigkeits-Beschwerde ist gegen die Gründe d. h. also gegen die Beurtheilung des Appellationsurtheils gerichtet.

Eine Bezeichnung derjenigen Stellen desselben, die in Angriff genommen worden, scheint mir daher allerdings formell nothwendig. Dies bisher nicht ausdrücklich vorgeschriebene Requisit, dem leicht genügt werden kann, würde ich der Ordnung wegen präceptiv machen. Es hat nichts Belästigendes für den Angreifenden, ist aber für den Gegner, besonders bei weitläuftigen Entscheidungsgründen, sehr wesentlich, da er dadurch erst in den Stand gesetzt wird, mit Bestimmtheit den Plan der Vertheidigung zu machen, besonders wenn die Formulirung des Angriffs erleichtert werden sollte. In der That sind Fälle vorgekommen, in denen es zweifelhaft war, ob durch den Angriff gewisse Sätze des Richters getroffen waren, und getroffen werden sollten, oder nicht. Besteht die Beurtheilung aus Erwägung vieler für sich bestehender Motive, so ist der praktische Effect einer solchen Ordnungsvorschrift keinesweges gleichgültig. Dem steht auch wohl entgegen, daß, wie bemerkt worden ist, eine Schrift mißbräuchlich „die ganzen Entscheidungsgründe" als angegriffen bezeichnen könnte. Wäre ein solcher Mißbrauch in der That zu befürchten, so könnte das Gesetz demselben, so viel es möglich ist, dadurch entgegentreten, daß, insofern die Urtheilsgründe eine gesonderte Species Fakti, und erkennbar gesonderte Würdigungen des Fakti enthalten, dergleichen allgemeine Angriffe für wirkungslos erklärt würden. In der That aber sollte man denken, daß es dessen nicht bedürfte, daß die Rücksicht auf den eigenen Ruf die Anwalte schon vermögen wird," das was sie angreifen wollen, dem Gesetze entsprechend, auf eine vernünftige und erkennbare Weise in der Schrift zu bezeichnen. Ohne allseitige bewußte und bereitwillige Mitwirkung von Richtern und Anwalten wird ohnehin kein Verfahren in der Anwendung dem Zwecke des Gesetzgebers entsprechen.

Wenn aber solchergestalt das Angriffs-Objekt fixirt ist, dann wird zwar eine gute Schrift im eigenen Interesse die rechtliche Motivirung des Angriffs nicht unterlassen; ich halte es aber (mit Herrn Justiz-R. Strohn) für einen unnützen Formalismus, daß sie grade bestimmte Gesetze oder Rechtsgrundsätze, die verletzt sind, namhaft machen, und der Richter auf andere, als diese keine Rücksicht nehmen soll. Bei einer so weitschichtigen casuistischen Gesetzgebung, wie die unsrige, ist das eine keinesweges leichte Aufgabe, und Niemand darf es dem Anwalt übel nehmen, wenn er in der Besorgniß, das Gesetz, welches der Majorität des Collegii vielleicht das passende scheint, nicht zu treffen, lieber zu viel als zu wenig thut, und eine Ueberzahl von Gesetz-Paragraphen und einzelnen positionsweise deduzirten Angriffen auf den Kampfplatz führt. Dadurch entsteht für den Richter oft ein unnützer Zeit- und Kraft-Aufwand. Die Aufstellung formulirter Rechtsgrundsätze in der Nichtigkeits-Beschwerde genügt ebenfalls dem Bedürfniß nicht; die kleinste Nüance kann bei einer solchen Formulirung eben von wesentlichem Einflusse sein, und den Verlust des Rechtsmittels herbeiführen. Es ist gewiß sehr hart für die Partei, wenn ihr gesagt wird, eben der gestellte Angriff reiche zur Begründung der Nichtigkeits-Beschwerde nicht hin; ein anderer würde vielleicht gut gewesen sein, und es ist eine billige Anforderung, daß das materielle Recht nicht von der mehr oder minderen Geschicklichkeit der Anwalte in solchen Angriffen, im Grunde von der Ansicht, welche die Majorität des Collegii über die formelrichtige Stellung des Angriffs haben wird, abhängig gemacht werden darf. Zu einem solchen Formalismus liegt aber auch bei diesem Nichtigkeitsmotiv gar kein Motiv vor; er beruht wohl in der irrigen Auffassung des Rechtsmittels als einer formulirten Anklage gegen den Appellationsrichter. Bleibt man einfach dabei stehen, daß die Bestimmung desselben dahin geht:

dasjenige was Würdigung des Gesetzes ist, zur nochmaligen Dijudikatur und Prüfung des höchsten Richters zu bringen,

dann wird man gewiß solche Formalitäten fallen lassen.

Die Scheidung zwischen faktischer und gesetzlicher Würdigung im Urtheile muß ja der Richtigkeitsrichter jedenfalls selbst vornehmen; hat er sie gemacht, dann liegt das Angreifbare und Anzugreifende auf dem Rechtsgebiete durch die beiden Funktionen

zu prüfen, ob der zweite Richter das von ihm angewendete Gesetz an sich richtig aufgefaßt und ausgelegt,

ob er auf das Factum nicht das unrichtige Gesetz statt des richtigen angewendet hat,

in der Totalität des materiellen Rechtspunktes so für den dritten Richter da, wie der Rechtspunkt dem zweiten zur Beurtheilung stand. Es ist dann gewiß keine übermäßige Anforderung an den dritten Richter, daß er, der doch die Gesetze kennen muß, und dem ein so reiches Gebiet der Gesetzanwendung zu Gebote steht, selbstständig prüfe und den Ausspruch gebe, ob die Judikatur im Rechtspunkte eine richtige gewesen oder nicht. Die geistige Arbeit, welche dies voraussetzt, ist ohne Zweifel keine größere, als diejenige, welche auf die formalen Auffassungen und Prüfungen verwendet werden mußte, sie ist aber lohnender für den Richter selbst, und fruchtbringender für das Recht suchende Publikum und die Ausbildung der Rechtspraxis und Wissenschaft. Durch diesen freieren Standpunkt wird das Gute der Revision für das Gebiet, dem ein letztes Rechtsmittel überhaupt zweckmäßig einzuräumen ist, völlig erreicht, und die Kassation von einer höchst anstößigen Schranke befreit werden. Man halte den Geist der Kassation ja recht genau fest, aber es ist unnöthig, alle Formen, welche anderswo ausführbarer sein möchten als bei uns, darum für ein unerläßliches Erforderniß dieses Rechtsmittels zu erklären. Langjährige Beobachtung hat mich überzeugt, daß man ohne Schaden wenigstens den Versuch einer solchen Maßregel machen könnte, die, wenn sie sich bewährt, sehr geeignet ist, manches Vorurtheil gegen dies Rechtsmittel zu zerstreuen.

Irgend ein Mittelweg, etwa, daß die Rechtsmaterie, aus welcher der Angriff gestellt worden, anzugeben, scheint mir ebenfalls bedenklich und unnöthig, vielmehr die Beschuldigung:

daß die zu bezeichnende Stelle des Urtheils eine rechtsgrundsätzliche Verletzung enthalte,

vollkommen genügend zu sein.

Wird die Auffassung des faktischen Prozeß-Materials, wie oben vorgeschlagen, ebenfalls von den Schranken der zweitrichterlicher Geschichtserzählung befreit, dann ist es auch nicht nöthig, für die Eventualität, daß zur Unterstützung des Rechtsangriffes ein in dem Urtheile nicht erwähntes, im faktischen Material aber vorhandenes Moment geeignet erscheint, eine Anführung oder Bezugnahme in der Nichtigkeits-Beschwerde präzeptiv bei Vermeidung der Nichtberücksichtigung anzuordnen. Der dritte Richter muß ohnehin auf solche Momente mit Rücksicht nehmen, und es kann nachtheilig werden, dem Plaidoyer und resp. der Auffassung des erkennenden Richters eine solche bindende Schranke zu setzen. Indessen läßt sich auch die Maßgabe, welche der erste Ministerial-Entwurf §. 11 beifügt, adoptiren. Sie lautet: Wenn die gerügte Handlung oder Unterlassung (des Rechtes) nicht durch das Erkenntniß festgestellt wird so müssen die Verhandlungen oder Schriftstücke, durch welche die der Beschwerde zum Grunde liegende Behauptung dargethan werden soll, genau bezeichnet werden.

Dagegen kann ich die Allgemeinheit des §. 11, durch welche dasselbe auf die sogleich abzuhandelnden prozessualischen Angriffe Beziehung erhalten würde, nicht billigen. Solche Angriffe müssen nothwendig in der Nichtigkeits-Beschwerde speziell vorgebracht werden, sonst kann der Richter sie nicht berücksichtigen. In dem revidirten Entwurfe §. 11, Nr. 2, c., wird die bestimmte Angabe verlangt,

„ob und auf Grund welcher Thatsachen eine sonstige Verletzung wesentlicher Vorschriften oder Grundsätze des Verfahrens behauptet werde."

Es ist dadurch nicht deutlich genug ausgedrückt, daß die verletzten Grundsätze oder Vorschriften selbst angeführt werden müssen.

§. 9.

Nichtigkeiten wegen Verletzung von Prozeßgesetzen und zwar Angriffe gegen die Form des Urtheils und die Person des Richters.

Nichtigkeit wegen Angriffe, die Prozedur-Gesetze betreffend.

Außer der Kategorie wegen verletzten Rechtsgrundsatzes haben die Gesetze von 1833 und 1839 verschiedene als wesentlich bezeichnete „Prozeßvorschriften" aufgestellt, wegen deren Verletzung eine Nichtigkeits-Beschwerde statthaft ist. (§. 5 Nr. 1—10 G. u. Art 3 Nr. 1–5 Dekl.) Unter denselben sind als gegen die vom Appellationsrichter ausgesprochene Würdigung des Fakti gerichtet zu betrachten

§. 5 Nr. 10a. G. wegen Nichterwähnung von Thatsachen und Art. 3 Nr. 4 wegen Nichterwähnung von Beweismitteln,

§. 5 Nr. 10b. G. wegen Feststellungen gegen den wörtlichen Inhalt einer Erklärung oder eines Beweismittels.

Hierüber ist oben schon einiges bemerkt, und die ganze Frage, in wie fern solche Angriffe statthaft sind, wird unten noch näher zu erörtern sein. Die übrigen speziellen Motive sind von zwei wesentlich verschiedenen Gattungen, die sich vielleicht dahin präcisiren lassen, daß

die Eine gerichtet ist gegen die Existenz des Urtheilsspruches,

die Andere gegen die Anwendung, welche der Richter nach den Gründen des Urtheils von allgemeinen Prozeßregeln gemacht hat.

Unter die erste Gattung fällt eine große Anzahl, die jedoch von verhältnißmäßig selten eintretenden praktischem Werthe ist, nämlich:

a) Mangel in der Zahl der Richter, welche für die hier allein in Betracht kommende Appellations-Instanz bekanntlich fünf beträgt (§. 5 Nr. 4);

b) Mängel in der Person eines oder mehrerer Richter;

1) des Richters persönliche Betheiligung bei dem Gegenstande des Rechtsstreits Nr. 5;

2) dessen Verwandtschaft oder Verschwägerung bis zum vierten Grade einschließlich mit einer Partei Nr. 5;
3) wenn er einer der streitenden Parteien in der Sache Rath ertheilt hat Nr. 6;
4) oder darin als Zeuge vernommen ist Nr. 6;
5) wenn er in einer früheren Instanz bereits als Richter miterkannt hat Nr. 7;
6) allgemein nach Art. 3 Nr. 3 Dekl., wenn er ein gesetzlich begründetes Perhorrescenz-Gesuch nicht beachtet hat, wobei denn noch nebenbei die Theilnahme des Richters an der Einleitung oder dem Betriebe eines Prozesses als Mitglied einer Vormundschafts- oder Lehnsbehörde oder als Kurator einer Kasse erwähnt wird.

Es ist zu bemerken, daß außer den sub 1—4 gedachten Perhorrescenz-Gründen der §. 143 Th. 1 Tit. 2 A. G. O. einzig und allein noch aufführt: wenn der Richter in offenbarer Feindschaft mit der Partei lebt, wobei Th. II Tit. 12 A. L. R. §. 145, 146 allegirt ist. Dort werden als rechtliche Vermuthungen einer solchen Feindschaft beim Vormunde aufgeführt: „Gerichtliche Anschuldigungen grober Verbrechen, verübte Thätlichkeiten gegen Leben oder Gesundheit, ehrenrührige Schmähungen und Prozesse über einen beträchtlichen Theil des Vermögens," doch so, daß es wieder, wenn die Zwistigkeiten vor mehreren Jahren vorgefallen sind, vom rechtlichen Ermessen abhängt, in wie fern nach den Umständen angenommen werden kann, daß die feindseligen Gesinnungen durch eingetretene Wiederversöhnung oder durch den Zeitverlauf gehoben worden.

c) Mängel in der Redaktionsform des Urtheils

wenn der Richter gar keine Entscheidungsgründe gegeben, oder der Appellations-Richter sich lediglich auf die Gründe des ersten Urtheils bezogen hat.

Es ist das bekanntlich nach der gewiß vernünftigen Praxis des Obertribunals auf den Fall zu beschränken, wenn für das Ganze oder doch den speziellen Punkt des Dezisi, wenn letzterer vorhanden (Präj. 453, Samml. S. 377), die Gründe fehlen, nicht auf die unterlassene Beurtheilung eines etwa für die Streitpunkte geltend gemachten Moments auszudehnen, wozu der Versuch mitunter gemacht worden ist. Auch dürfte, wie schon vorgeschlagen, der Zusatz „Beziehung auf die ersten Gründe" wohl wegfallen können.

Die vorstehenden Vorschriften werden, vorbehaltlich einer konziseren Redaction im Einzelnen, im Allgemeinen wohl beizubehalten sein. Das Vorhandensein der gesetzlich erforderlichen Zahl der Richter (a), die Rücksicht, daß gegen die Unparteilichkeit derselben keine begründeten Zweifel seien (b) und die sub c gedachte nicht gänzliche Abwesenheit der Entscheidungsgründe, sind gewiß Momente von höchster Bedeutung, und es kann nicht sicherer auf die Handhabung derselben hingewirkt werden, als vermöge der Sanktionirung dieser Nichtigkeitsgründe. Es ist übrigens darauf aufmerksam zu machen, daß die beiden ersten (a und b) sich nicht auf dem reinen Standpunkt der Kritik befinden, sondern nach Umständen eine Ermittelung voraussetzen obwohl das Gesetz darüber nichts sagt.

(vergl. Präjudiz Nr. 421 in fine Samml. S. 376.)

Alle diese Vorschriften gehen natürlich nur auf dasjenige Erkenntniß, welches mit der Nichtigkeitsbeschwerde angefochten wird, also bei Appellations-Urtheilen (von denen überhaupt hier zunächst nur die Rede sein soll), nur auf das zweite, nicht auf das erste Urtheil, wie das in dem Präjudize Nr. 1353 (III. Sen.) in Betreff des §. 5 Nr. 6 (Rath-Ertheilung, Zeugenschaft) ausdrücklich anerkannt worden. Der Appellationsrichter würde ein erstes Erkenntniß, bei welchem solche Verstöße vorgefallen, nicht als nichtig aufzuheben, sondern, wie überhaupt (vergl. Prz.-O. Tit. 14 §. 63 f.) materiell in der Sache zu befinden haben, da die Preußische Gerichtsordnung die Cumulirung einer Nullitätsquärel mit der Appellation nicht kennt, letztere vielmehr alles absorbirt.

In Ansehung der Zahl der Richter dürfte das Präj. Nr. 233 (S. 375), daß solche nicht aus dem Tenor sententiae zu konstiren brauche, keinen Grund zu einer speziellen legislativen Festsetzung an die Hand geben.

Nach dem Präjudiz 2267 (Samml. II. S. 133) ist angenommen, daß die Theilnahme des Richters, als Mitglied einer Vormundschaftsbehörde an der Einleitung eines Prozesses nur einen Perhorrescenz-Grund bilde, so daß er nicht von Amtswegen, sondern nur alsdann verpflichtet ist, sich der Entscheidung zu enthalten, wenn die Partei darauf anträgt.

Bekanntlich ist die Aufstellung dieses Perhorrescenz-Grundes in Art. 3 Nr. 3 Dekl. Folge verschiedener Ministerial-Rescripte über diesen Punkt, und es dürfte angemessen sein, diese Spezialisirung ganz zu vermeiden, und die Frage, ob eine Stellung der gedachten Art die Voraussetzung eines „Consulirens" begründe, nach den Umständen des jedesmaligen Falles entscheiden zu lassen.

Abgesehen hiervon, würde meines Erachtens ein derartiger Perhorrescenzgrund nach §. 144 Thl. I Tit. 2 A. G. O. allerdings vom Richter d. h. dem Betheiligten ex officio zu berücksichtigen gewesen sein, und kann deshalb nicht in Betracht kommen, ob die Partei protestirt hat.

Berücksichtigt man ferner, daß der einzige in den Paragraphen des Gesetzes nicht in Erwägung gezogene gesetzliche Perhorrescenzgrund „Feindschaft mit dem Richter" so außerordentlich arbiträrer Natur erscheint, dann dürfte überhaupt der Art. 3 Nr. 3 ganz wegfallen, und es bei dem oben sub b 1—4 genannten Motiven sein Bewenden behalten können.

Nach der Fassung der Nr. 5, 6, 7 im Gesetz von 1833 dürfen diese Motive nicht nur dann vorgebracht werden, wenn sie schon im Verfahren zur Sprache gekommen waren, sondern auch dann, wenn dies nicht geschehen ist. Dies scheint auch in der Ordnung zu sein; denn es ist leicht möglich, daß das Hinderniß, obwohl dem betheiligten Richter bekannt, der Partei unbekannt geblieben ist, und sie dasselbe also nicht hat rügen können. Eine Nichtigkeitsklage mit der Frist von 30 Jahren zuzulassen, würde in solchem Falle ungeeignet sein, dagegen ist es billig, die Anfechtung noch innerhalb der Frist der Nichtigkeitsbeschwerde zu gestatten. Man könnte, falls eine solche Ausstellung im Verfahren nicht vorgekommen war, vielleicht geneigt sein, sie nur insofern zuzulassen, als der Mangel zur Zeit der Emanation des Erkenntnisses noch nicht zur Kenntniß der Partei gekommen wäre. Allein das führt zu casuistischen Erörterungen, von denen füglicher abstrahirt wird.

Außer diesen Motiven wüßte ich etwa andere, entnommen aus der Form des anzugreifenden Urtheils und der Person des Richters nicht vorzuschlagen, und bemerke nur noch, daß die Incompetenz zwar wohl von dem Gesichtspunkte eines Mangels in der Person des Richters aufgefaßt werden könnte, sich aber, da der Richter über seine eigene Competenz selbst urtheilen muß, richtiger zu denjenigen Motiven zählen läßt, welche gegen die materielle Entscheidung vorzubringen sind. Die A. G. O. Th. I Tit. 16 §. 2 Nr. 3 zählt als einen Grund zur Nichtigkeitsklage, der aus der Person des Richters entnommen ist, auf:

> wenn Jemand, der mit keiner Jurisdiktion versehen oder, falls er auch damit versehen, dennoch zur Justizverwaltung nicht vorschriftsmäßig bestellt und vereidet ist, sich in einer Sache als Richter angegeben, und in dieser Eigenschaft einen Prozeß instruirt oder entschieden hat.

Ob diese Vorschrift nach dem jetzigen Stande der Gerichtsorganisation überhaupt noch ein Bedürfniß ist, kann dahingestellt bleiben, jedenfalls finde ich es nicht angemessen, etwas spezielles in dieser Beziehung als Motiv der Nichtigkeitsbeschwerde aufzunehmen. Wer gar keine Jurisdiktion hat, ist kein Richter und sein Erlaß ist kein Erkenntniß, braucht also auch nicht annullirt zu werden. Hätte ein Gericht abusive eine solche persona extranea zum Votiren und Erlassen des Urtheils zugezogen, so würde das unter dem Gesichtspunkte eines Angriffs nach c (oben) aufzufassen sein. Einen solchen casus rarissimus speziell zu erwähnen, ist meines Erachtens nicht passend.

§. 10.
Kritik der außerdem jetzt rügbaren prozessualischen Nichtigkeiten im Allgemeinen.

Die Nichtigkeits-Angriffe der oben festgestellten zweiten Gattung sind folgende:

1) wenn der Implorant nicht gehört, d. h. wenn ihm derjenige Vortrag des Gegners, worauf sich der Beschwerde-Inhalt des Erkenntnisses gründet, vor Abfassung des letzteren gar nicht, oder nicht so zeitig bekannt gemacht worden ist, daß er sich darüber hat erklären können, wohin auch der Fall §. 2 Nr. 6 Tit. 16 P. O. gehört.

Das nicht „gehört worden" wird im Art. 8 Nr. 1 Dekl. allgemein dahin formulirt: „wenn der Implorant über eine der Entscheidung zu Grunde gelegte Thatsache oder über einen zu Grunde gelegten Rechtseinwand, worüber er hätte gehört werden sollen, nicht gehört ist".

In letzterer Gestalt kommt der Vorwurf unter dem Begriff des Suppeditirens nicht selten vor, wenn auch selten von glücklichem Erfolge begleitet.

Der §. 6 A. G. O. I. 16 zählt, — nachdem unter Nr. 4 der Fall: der Zulassung eines Kuranden ohne vormundschaftliche Vertretung, unter Nr. 5 der Fall, daß die Partei vertreten war durch einen, der entweder gar nicht bevollmächtigt gewesen, oder eine falsche von dem angeblichen Prinzipal nicht ausgestellte oder eine nichtige und unkräftige Vollmacht beigebracht habe — als causae nullitatis behandelt worden waren, — unter Nr. 6 den Fall auf: „wenn gegen Jemanden, dem die erlassenen Citationen nicht insinuirt sind, in der Hauptsache in contumaciam erkannt worden," womit, wie das Folgende zeigt, ein eigentlicher Contumacialbescheid, also ein Erkenntniß erster Instanz gemeint war. Schon deshalb fällt diese Eventualität nicht unter die hier abzühandelnde Rubrik. Allein sie scheint als Motiv der Nichtigkeitsbeschwerde überhaupt entbehrlich. Ist ein solcher Contumacial-Bescheid insinuirt worden, so gewährt der §. 2 Nr. 6 grade, wie die Nr. 5 für den Mangel der Vollmacht gethan hatte, der Partei einen wirksameren Schutz, als die Nichtigkeitsbeschwerde gewähren kann, nämlich die Restitution in vier Wochen. Restitution steht jetzt ja überhaupt gegen den Contumacial-Bescheid ohne Beschränkung zu. Ist der Bescheid aber der Partei nicht insinuirt, dann existirt er überhaupt als Erkenntniß gar nicht, ist nicht executabel und bedarf keiner Vernichtung. Wäre indessen die Vernichtung nöthig — wie dies nach den älteren Vorschriften allerdings wohl zutraf — dann genügt wieder die Nichtigkeitsbeschwerde nicht, ja sie ist nicht einmal recht unter ein Fatale zu bringen, da doch das Fatale a dato der wirklich stattgefundenen Insinuation an einen Dritten unmöglich dem Imploranten entgegengesetzt werden dürfte. Dieser Punkt kann daher meines Erachtens füglich ganz ausfallen.

2) wenn in dem Falle, in welchem die Gesetze ein besonderes Präjudiz ausdrücklich androhen, gegen den Imploranten ein anderes Präjudiz zur Anwendung gebracht und darauf der beschwerende Inhalt des Erkenntnisses gegründet worden ist.

(In dieser Fassung eine Eventualität seltenster Art, die deshalb praktischen Nutzen wohl kaum irgend gewährt hat.)

3) wenn die Frist zur Amelbung eines Rechtsmittels, oder sonst ein gesetzlicher Präclusivtermin überschritten, und diese Ueberschreitung von dem Richter zugelassen worden ist, d. h. dem erkennenden. Präj. 332 (S. 375).

nach Art. 3 Nr. 2 Dekl.

wenn ein rechtzeitig angebrachtes gesetzlich zulässiges Rechtsmittel zurückgewiesen oder ein gesetzlich unstatthaftes Rechtsmittel zugelassen worden ist.

4) (Nr. 8) wenn ein Richter, der aus irgend einem Grunde in der Sache nicht competent ist, sich der Instruktion und Entscheidung derselben unterzogen und auf den ihm vom Imploranten zeitig (Pr. O. Tit. 2 §. 160) gemachten Einwand der Incompetenz keine Rücksicht genommen hat,

(Dabei tritt nach Präj. 1519 freie Beurtheilung ein, 377 wie auch ad 3.)

5) wenn über den Antrag des Gegners hinaus erkannt worden ist, mit Ausnahme der Fälle, in denen die Gesetze das ausdrücklich gestatten (§. 58 Tit. 23 Zinsenpunkt) (G. Nr. 10[d])

6) wenn zur Begründung der Richtigkeit einer erheblichen Thatsache, den beigebrachten oder aufgenommenen Beweismitteln, welche nach den Gesetzen die Beweiskraft völlig mangelt, dennoch Beweiskraft beigelegt worden ist (Nr. 10[c]).

Dieses oft ergriffene Motiv hat selten zum Ziele geführt.

Als ein Gegensatz, von dem bereits im Bergmannschen Referate (VIII. A. 2 S. 44) mit Recht bemerkt wird, daß er an die freie Beurtheilung des Fakti grenzt, der aber in der Praxis, so viel mir bewußt ist, wenig Geltung gefunden hat, verordnet:

7) Dekl. Art. 3 Nr. 5 wenn die in der Pr. O. Tit. 13 §. 10 Nr. 1—9 bezeichneten Beweismittel zur Begründung eines vollständigen Beweises nicht für genügend angenommen und die Gründe hiervon in dem Urtheile nicht angeführt worden sind.

Die Vorführung dieser Motive der Nichtigkeit zeigt schon, daß sie zwar allerdings sehr wesentliche Bestandtheile des Prozesses, nämlich rechtliches Gehör — richtige Handhabung der Präjudizien — der Rechtsmittel — Competenz — Festhaltung an das Klagepetitum — die rechtliche Beweiskraft eines Beweismittels — zum Gegenstande haben, daß sie aber durch die Art der Fassung bei weitem nicht überall die Hülfe gewähren, welche verlangt werden kann, und daß sie außerdem auch das Object dieser Hülfe nicht erschöpfen.

Denn insofern die Entscheidung abhängig ist von der Auslegung und Anwendung richtiger Prozedur-Regeln, bietet sie ein für die prozeßführenden Parteien sowohl, als den Staat ebenso wichtiges allgemeines Interesse dar, als die Handhabung der Grundsätze des materiellen Rechts: ja in mehrerer Beziehung ist eine Einheit in der Auslegung der Prozeß-Norm noch wichtiger und auch leichter durchzusetzen.

Es mußte daher das Bestreben entstehen, die engen Schranken der vorgedachten Vorschriften zu durchbrechen, und dazu bot der schwankende Begriff „Rechtsgrundsatz" einen Anlaß, da in der That viele Grundsätze des Prozeßrechts ganz füglich auch Rechtsgrundsätze genannt werden können, und die Unterscheidung in Nr. 10 u. 11 der Instruktion für den einzelnen Fall Zweifel genug übrig läßt, wenn sie ohne Rücksicht auf die Gesetz-Quelle hingestellt ist:

Materielle Vorschriften oder Rechtsgrundsätze

Vorschriften, welche die Verfolgung des materiellen Rechts vor Gerichten normiren.

Erhebliche Verschiedenheiten, die sogar Plenarbeschlüsse veranlaßten, haben sich daher auch bei diesen vorläufigen Fragen ergeben.

Die Vorschriften wegen Eidesleistungen der Gemeinen (§. 276 I. 10) gehören nach einem Plenarbeschlusse zu den Prozeßvorschriften.

Entsch. Bd. 8 S. 196, wodurch das Präjudiz, welches die ähnlichen Vorschriften bei Litisconsorten (§. 273, 293) für Rechtsgrundsätze erklärt hatte (Nr. 382 Samml. S. 237), beseitigt werden sollte.

Die Vorschrift Th. I Tit 25 §. 65 wegen Belehrung einer mit keinem Beistande versehenen Person gemeinen Standes ist ein Rechtsgrundsatz (Pr. 233 S. 249).

Der §. 28 Th. I Tit. 13 (Veränderungen werden nicht vermuthet) enthält eine praesumtio juris als Rechtsgrundsatz Pr. 546 S. 239.

Der Grundsatz der res judicata ist ein Rechtsgrundsatz Präj. 1861 S. 374 und in vielen anderen Fällen.

Eben so die Bestimmungen über die Beweiskraft der Handlungsbücher Pr. 2028 S. 274.

Die Vorschriften über Leistung eines Eides de veritate oder ignorantia sind dagegen Prozeßvorschriften Pr. 398 S. 374.

und ein Gleiches ist angenommen hinsichtlich der Zulässigkeit der Erklärungen über den Eid.

Der §. 6 der Verord. vom 4. März 1834 (Einreden in executivis) ist eine Prozeßvorschrift — Plenum p. 917 S. 374).

Die Bestimmungen dieses Gesetzes sind dagegen Rechtsgrundsätze, so weit die Anwendbarkeit der verschiedenen Vollziehungsarten überhaupt in Frage kommt. Pr. 1311 S. 374.

Auch bei Subhastationen sind die Vorschriften über Taxe, Caution, Zulassung von Bietern, Vertheilung der Kaufgelder, Rechtsgrundsätze. Pr. 330, 791 und andere.

Der §. 106 Th. 1 Tit. 16 A. L. R. (dreimonatlicher Zeitraum bei Quittungen) ist ein Rechtsgrundsatz Pr. 1035 S. 87.

Ebenso die Vorschrift des Tit. 16 §. 2 Nr. 5 P. O. (causa nullitatis) weil dadurch, daß ein Erkenntniß für nichtig erklärt wird, das materielle Recht der Parteien berührt wird. Pr. 545 S. 244.

Die Incompetenz kann als Rechtsgrundsatz-Verletzung gerügt werden, wenn der Richter durch Verletzung oder unrichtige Anwendung eines Rechtsgrundsatzes dahin gelangt ist, sich für competent zu erklären. Pr. 2436. Samml. II. S. 133.

Diese Beispiele aus den eingetragenen Präjudizien, welche durch nicht eingetragene ganz außerordentlich vermehrt werden können, werden schon genügen, um den Beweis zu liefern, wie schwankend der Boden dieser Casuistik, wie wenig dabei auf feste leitende Prinzipien zu rechnen, und wie äußerst hart es ist wenn die Parteien sich in solcher Unsicherheit über die question préalable bei einem Rechtsmittel befinden.

Eine Hülfe durch eine schärfere Definition zu verschaffen, etwa von dem Standpunkt des Unterschieds zwischen Prozeß-Recht und Prozedur-Norm erscheint auch ungeeignet und gefährlich. Soll einmal der Unterschied zwischen Prozeßvorschrift und Rechtsgrundsatz d. h. Grundsatz des materiellen Rechts beibehalten werden, dann bleibt nichts übrig, als denselben so festzuhalten, wie er allein für das Publikum greifbar ist, nämlich, daß Prozeßvorschriften identisch ist mit „Prozeßgesetze," und daß Prozeßgesetze diejenigen sind, welche für den Prozeß erlassen worden und denselben zum Object haben, also die Prozeßordnung mit den dieselbe abändernden prozessualischen Gesetzen. Diese concreten Gesetze muß der Gesetzgeber im Auge haben, und prüfen, in wie fern sie ihm, ausgegangen von der leitenden Idee des ganzen Rechtsmittels — Scheidung vom Gesetz und Faktum — eine Veranlassung geben, die Anfechtung der Appellations-Urtheile zuzulassen.

Von diesem Standpunkte ist das Gesetz von 1833 anscheinend nicht ausgegangen: es hat sich an einzelne gemeinrechtliche Prozedur-Nichtigkeiten materieller Art, und, wie es fast scheint, auch an die Vorschriften des französischen Prozesses, die für gewisse Akte eine Form sous peine de nullité vorschreiben, erinnert, wie letzteres namentlich aus der sonst nicht leicht erklärlichen Vorschrift §. 6 — die unterlassene Rüge in der nächsten gerichtlichen Verhandlung als Heilung der Nichtigkeit — hervorleuchtet. Solche Nichtigkeiten machen die ganze Prozedur resp. den einzelnen betreffenden Akt nichtig, und folgeweise das auf denselben basirte Erkenntniß. Bekanntlich ist im gemeinen Prozeß das ein höchst controverses, und bei Zulassung der Nullitätsklage in 30 Jahren, die Rechtskraft der Urtheile sehr einschränkendes Feld gewesen. Der jüngste Reichsabschied von 1654 §. 121 kam schon dahin.

> Indem von vielen Jahren her mit vieler Zeit Verlierung unnöthiger Dingen vielfältig disputirt worden, ob sententia nulla oder injusta sich erhalten,

zur Verhütung „dergl. unnöthigen Gezänkes" das fatale interponendae auch bei Berufung von sententia qua nulla zu erfordern, und eine Ausnahme nur zu statuiren bei denjenigen Nullitäten

welche insanabilem defectum aus der Person des Richters oder der Partei oder aus den substantialibus des Prozesses nach sich führen (§. 122).

Der Streit war hiermit keineswegs abgethan, sondern es blieben verschiedene Ansichten herrschend über den Umfang der unheilbaren Nichtigkeiten,

Vergl. Danz §. 446,

Martin §. 282, 283

und diese, so wie die heilbaren, ebenfalls nicht uncontestirt gebliebenen konnten neben der Appellation durch eine Nichtigkeitsklage geltend gemacht werden, welche jedoch bei den heilbaren Nichtigkeiten an das Fatale gebunden war.

Die Prozeßordnung hat eine solche separate Verfolgung der Nichtigkeiten außer denjenigen, die sie als unheilbar, durch Nichtigkeitsklage geltend zu machende anerkannt (§. 2 Nr. 1—6 I. 16) nicht zugelassen, und die letzteren sind, wie bereits erwähnt, wieder nicht Object einer Nichtigkeitsbeschwerde. Die Prozeßordnung kennt auch keine Nullitäten der Akte im französischen Sinn.

Dem Preuß. Prozesse nachträglich in einem Gesetze über die Rechtsmittel höchster Instanz dergleichen specielle Vorschriften an- und einzufügen, mußte eben so ungeeignet als unthunlich erscheinen. Diese Ansicht, mochte sie, wie Koch Prozeß S. 669 diese Vorschriften auffaßt, und wie allerdings deren Fassung dahin deutet, vorhanden sein, ist auch keineswegs verwirklicht worden. Nicht diejenigen richterlichen Verfügungen, welche ein unrichtiges Präjudiz androhten, ein Rechtsmittel widerrechtlich zuließen, sollen nichtig sein, sondern die Erwägung des erkennenden Richters, der dies unrichtige Präjudiz realisirt, der auf das Rechtsmittel erkannt hat.

Offenbar steht also das Nichtigkeitsmittel in der Anwendung auf demselben Ausgangspunkte, wie dasjenige wegen Verletzung des materiellen Rechts, und offenbar mußten deshalb die engen aus nicht passenden Reminiscenzen hervorgegangenen Schranken mit dem zu erreichenden Zwecke in Widerspruch treten.

§. 11.
Ob eine allgemeine Ausdehnung auf Prozeßvorschriften möglich?

Allein ist es darum nothwendig und zulässig, in das entgegengesetzte Extrem zu verfallen, und alle Prozeßvorschriften für wesentliche, deren Verletzung eine Nichtigkeit herbeiführt, zu erklären, mit der einzigen Einschränkung, daß es solche sind, „welche eine andere als die gefällte Entscheidung begründen?"

Gewiß empfiehlt eine große Einfachheit in der Fassung diesen Vorschlag, dessen Annahme der Gesetzgeber von allem weiteren Spezialisiren befreien würde. Aber ich befürchte, bei dem Zustande unserer Prozeßgesetzgebung, die eine so große Zahl blos instruktiver Vorschriften enthält, würde eine so allgemeine Norm ihr Regulativ nur vermöge einer Praxis erlangen können, welche das Schwankende der jetzigen Unterscheidungs-Weise nur auf ein anderes Terrain verlegen, und dagegen die Zahl der Nichtigkeits-Beschwerden so sehr vermehren dürfte, daß dadurch das Ziel, faktische Würdigungen auszuschließen, leicht völlig verfehlt werden könnte.

Denn die hinzugefügte Einschränkung wird dem nicht steuern, vielmehr grade dahin führen. Insofern sie etwa so aufgefaßt würde, daß diejenige Würdigung des zweiten Richters, welche durch das Nichtigkeits-Motiv angefochten werden soll, auch ein wirklicher und zwar selbstständiger Grund der Entscheidung sein muß, wäre sie freilich ganz richtig, sie versteht sich aber von selbst, und braucht so wenig, wie bei den Rechtsgrundsätzen ausdrücklich erwähnt zu werden. Bloße Aussprüche in den Gründen, neben welchen die eigentliche Begründung zur Seite liegt, können natürlich, ohne daß letztere erschüttert wird, nie eine Vernichtung herbeiführen.

Aber diesen beschränkten Sinn hat die Klausel keinesweges, sie geht vielmehr dahin, daß der Nichtigkeitsrichter zu prüfen hat, ob die Beobachtung irgend einer Prozeßvorschrift nach seiner Ansicht überhaupt eine andere als die ergangene Entscheidung herbeigeführt haben würde. Es dürfte also die große Zahl der blos instruktiven und der sehr arbitrairen Regeln, oft solcher Regeln, welche sich eben auf die Würdigung des Fakti beziehen, von dem Nichtigkeitsrichter keinesweges als an sich unerheblich beseitigt werden, sondern er müßte sich nothwendig erst auf den Standpunkt der ganz freien Beurtheilung des Sach- und Rechtsverhältnisses stellen, um zu dem richtigen Resultate zu gelangen. Damit ginge der Vortheil und Zweck des Rechtsmittels verloren.

Auch der Koch'sche Entwurf hat die Nichtigkeitsgründe unter 15 Nummern exclusivisch spezialisirt (§. 564). Ebenso ist das in der Hannoverschen und Oldenburgschen Prozeßordnung geschehen. (Vergl. unten).

§. 12.

Neue Vorschläge, zunächst wegen Verletzung der Prozeßgesetze, die Execution ꝛc., Concurs ꝛc., Priorität, betreffend.

So außerordentlich schwierig daher auch jede Spezialisirung der Prozeßgesetze, deren Verletzung anfechtbar sein soll, nach gewissen Kategorien erscheint, und so gern ich den nachfolgenden Versuch vor bessern Vorschlägen zurückziehen würde, so bin ich doch überzeugt, daß ein solcher Weg überhaupt eingeschlagen werden muß. Dem uralten Unterschiede zwischen dem Wesentlichen und Unwesentlichen des Prozesses liegt ein guter Sinn zum Grunde, es kommt nur darauf an, hierin das Richtige zu treffen.

Unsere Prozeßgesetze zerfallen in zwei Hauptabtheilungen, je nachdem sie zum Gegenstande haben

I. das prozessualische Verfahren bis zum Judikat,

II. die Execution, die Geltendmachung des Judikats gegen das Vermögen und die Person des Schuldners, sei es vom Gläubiger allein, oder in Concurrenz mit anderen Gläubigern.

Es kann nicht zweifelhaft sein, daß insofern die Grundsätze ad II. bei der Entscheidung in Betracht kommen, dieselben mit allen Folgen, also Subhastation, Grundsätze der Priorität, Verfahren auf die Concurs-Masse im Wege des Concurses oder Liquidations-Prozesses, auch die Executionsfähigkeit des Judikats betreffend, sämmtlich von dem materiellen Interesse sind, um als anfechtbar durch die Nichtigkeits-Beschwerde hingestellt werden zu müssen. Insofern sich Spezial-Prozesse auf diesem Gebiete entwickeln (Verfahren bei Einreden in executivis, Spezial-Prozesse im Concurse, im Kaufgelderbelegungsverfahren) werden natürlich die Prozedur-Regeln für dieselben ganz eben so zu behandeln sein, wie bei den übrigen Prozessen. —

Der Arrest, als eine vorläufige Beschlagnahme, muß hinsichtlich der Frage der Zulässigkeit und der Wirkungen desselben ebenfalls dem Angriffe wegen Gesetzverletzung unterworfen werden.

Einer weiteren Ausführung dieses im Großen und Ganzen bisher nicht bezweifelten Punkts glaube ich mich überheben zu können: es wird nur auf eine richtige und umfassende Formulirung ankommen. Auf diesem Gebiete ist die neuere Gesetzgebung besonders fruchtbar gewesen.

Die Gesetze über Anweisungen in executivis, die Executions-Ordnung von 1834, die verschiedenen Subhastations- und Kaufgeldervertheilungsgesetze, endlich die umfassenden Anfechtungs- und Concurs-Liquidations-Gesetze von 1855 haben die Prozeßordnung total umgestaltet. Für die Grundsätze, welche durch diese Gesetzgebung sanctionirt worden sind, einen Einheitspunkt möglichst umfassend zu gewinnen, liegt gewiß im Interesse des Publikums. Es handelt sich bei den hier entstehenden Zweifeln oft um Gegenstände, vor denen das Wie der Feststellung weniger wichtig ist, als daß sie überhaupt festgestellt werden.

§. 13.

Aus dem eigentlichen Prozeß besonders auszuziehende Nichtigkeiten. Zulässigkeit des Rechtsmittels. Competenz. res judicata. Erkenntniß über den Klageantrag hinaus. Widerspruch des Tenors mit den Gründen.

Was nun ad I. das eigentliche Prozeßverfahren betrifft: so kann man, um möglichst an der Hand der bisherigen Gesetzgebung und Erfahrung zu bleiben den bereits oben abgehandelten Nichtigkeits-Motiven, welche gegen die Form des Appellations-Erkenntnisses und die Mängel in der Person der Richter gehen, zunächst solche anreihen, die einen eigenthümlicheren, ich möchte sagen rigoröseren Charakter haben. Der allgemeine Gesichtspunkt dafür läßt sich dahin auffassen, daß von Fällen die Rede ist, in welchen der Richter entweder ungesetzlich ein Erkenntniß in der Sache verweigert oder über die ganze Sache resp. ein einzelnes Moment derselben einen

Ausspruch gethan hat, der ihm nicht zustand. Als solche Ueberschreitungen sind m. E. anzusehen:

1) die unrichtige Beantwortung der ersten Frage, welche dem Appellationsrichter vorliegt, nämlich derjenigen, ob das eingelegte Rechtsmittel zulässig war, oder nicht.

2) die unrichtige Entscheidung über die eigene und resp. auch die erstrichterliche Kompetenz, also Verletzung aller Gesetze, welche im Titel 2. der Proz.-O. und anderswo hierüber gegeben sind.

Ungenügend war das bisherige Mittel (§. 5, Nr. 8) blos gegen den Fall gerichtet, wenn ein incompetenter Richter sich für competent erachtet, die entgegengesetzte die unrichtige Incompetenz-Erklärung des wirklich competenten Richters bedarf eben so sehr und fast noch mehr der Abhülfe. Dann bleibt sie bestehen und weiset nun ein in der That nicht competenter Richter, den der competente für den richtigen hält, die Klage ab, so ist dies ein materiell nicht anzufechtendes Erkenntniß, und die Folge läuft auf eine gänzliche Rechtsverweigerung hinaus. Dagegen geben auch die Vorschriften Art. 5. des Ges. v. 30. April 1851 (G. S. S. 283) keine Remedur. Denn die dort angeordnete Entscheidung des Appellationsgerichts resp. des Ober-Tribunals bezieht sich nur auf den Fall, wenn sich vor Einleitung der Sache zwischen den Gerichten ein positiver oder negativer Kompetenz-Konflikt erhoben hat, nicht auf den hier in Rede stehenden Fall, daß eine Partei im Prozesse den Einwand der Incompetenz erhoben und die Kompetenzfrage Gegenstand der Entscheidung geworden ist.

3) Aehnlich der Kompetenz-Einrede steht diejenige der res judicata. So wie ein Richter, welcher obwohl competent, die Entscheidung weigert, oder obwohl incompetent, sich derselben anmaßt, die ihm gesteckten gesetzlichen Schranken überschreitet; so überschreitet der Richter seine Schranken ebenfalls durch die Nichtberücksichtigung eines Judikats, oder dadurch, daß er mit Unrecht dem früheren Urtheil die Bedeutung giebt, die jetzt verlangte Entscheidung sei dadurch ausgeschlossen. Denn res judicata facit jus inter partes. Auch dieser Grund verdient also als ein besonderes Nichtigkeitsmittel ausgezeichnet zu werden. Dazu führte das Bedürfniß schon bisher,

indem der Grundsatz der res judicata für ein Rechtsgrundsatz in der Praxis erklärt wurde.

4) Der Richter kann auch den Gegenstand seiner Rechtssprechung überschreiten, da er dann gegen den Cardinalsatz, wo kein Kläger, da kein Richter, verstößt. Dahin gehört der Fall des §. 5, Nr. 10d. des Ges.:

wenn über den Antrag des Klägers hinaus erkannt ist.

Bei dieser Formulirung des Nichtigkeits-Grundes würde ich bleiben, nicht etwa über dieselbe hinaus mit aufnehmen, den Fall, wenn etwa prozessualisch unrichtig ein veränderter Antrag noch zugelassen ist, oder wenn ein Moment berücksichtigt worden, das prozessualisch nicht, oder wenigstens nicht ohne Weiteres zu berücksichtigen gewesen wäre. — Das greift sehr tief in die faktische Würdigung mit herein, und in wie fern solche und ähnliche Motive der Nichtigkeit zu berücksichtigen, wird unten noch zu erörtern sein. Unter den Gesichtspunkt des excès de pouvoir können derartige prozessualische Auffassungen nicht wohl gebracht werden, denn alles was diese rigorösere Klasse von Nichtigkeiten festsetzt, muß so bestimmt und klar sein, daß ein Mißverständniß darüber nicht möglich ist.

5) Hinzufügen würde ich noch folgenden Punkt:

wenn der Tenor des Urtheils ganz oder theilweise in offenem Widerspruch mit den Entscheidungsgründen steht, und eine deswegen nachgesuchte Deklaration nicht ertheilt worden ist.

Derartige Fälle haben dem vierten Senate vorgelegen, wo ungeachtet erheblicher Verletzung eine Hülfe nicht möglich war, namentlich in Sachen, wo es auf Zahlen-Resultate ankam. Die Gerichte sind oft, und nicht mit Unrecht bedenklich in der Ertheilung von Deklarationen, wenn der Irrthum nicht in der Absetzung des Urtheils, sondern in der Entscheidung selbst liegt, wenn das Moment, worauf es ankommt, bei dieser übersehen oder unrichtig gewürdigt worden war. Dann bleibt nur übrig, derartige, auf keinen Gründen beruhende Entscheidungen als nichtig zu betrachten, — was den Appellationsrichter nach den unten festzustellenden Grundsätzen zu einer anderweitigen Entscheidung nöthigt. Die vorherige Nachsuchung einer

Abhülfe durch Deklaration wäre dem Imploranten schon der Ordnung wegen, aber auch deshalb zur Pflicht zu machen, um dadurch zur Verhütung eines Mißbrauches klar zu bezeichnen, von welchen außerordentlichen Fällen hier nur die Rede sein soll. Die Fristen der Anmeldung und Einführung der Nichtigkeitsbeschwerde müssen dennoch dieselben bleiben, wie sie überhaupt festgestellt worden.

Alle vorgetragenen Punkte (1—5) sind von der Art, daß dabei nothwendig eine völlig freie Prüfung und Beurtheilung der Sache eintreten muß, und daß auch Würdigungen thatsächlicher Momente von Seiten des Richters, dessen Befugnißüberschreitung in Frage steht, nicht, wie bei anderen Nichtigkeitsgründen für den höchsten Gerichtshof bindend sein können. Die Praxis hat auch in den Fällen 1. und 3. dies mit richtigem Blicke schon erkannt; es bedarf aber einer ausdrücklichen Feststellung im Gesetze, durch die Stellung **dieser** Nichtigkeits-Motive im Gegensatz der andern.

Vorgedachte Nichtigkeitsgründe, so wie diejenigen, welche gegen die Form des Appellationsurtheils und die Person der Richter gerichtet sind (eben §. 9), werden dann, wenn auch bei den übrigen Nichtigkeiten, diejenigen nämlich wegen Verletzung von Rechtsgrundsätzen und der sonstigen aufzunehmenden Prozeßgesetze ein höheres Objekt präzeptiv gemacht wird, worüber unten das Nähere zu erörtern, jedenfalls gegen alle Appellationsurtheile zu gestatten sein.

Das liegt ad 1 (Zulässigkeit der Appellation) in der Sache selbst, ad 2 und 3 (Kompetenz, Judikat) in der Nothwendigkeit einer Lösung solcher Widerstreit-Fragen durch einen höheren Richter und ad 4 und 5 in der Augenscheinlichkeit des vorhandenen Verstoßes.

§. 14.

Sonstige Nichtigkeiten. Prozeßrecht. Persönliche Fähigkeit vor Gericht aufzutreten. Litisconsorten. Wirkung der Adcitation und Intervention. Rechtshängigkeit.

Nach Aussonderung dieser Nichtigkeiten, welche als eine erste Klasse der Nichtigkeit betrachtet werden können, läßt sich der sonst noch zu berücksichtigende Theil der Vorschriften aus dem prozessualischen Verfahren bis zum Judikate unter die beiden Rubriken bringen, daß sie

A. das Prozeßrecht der Prozeßführenden,
B. die eigentliche Prozedur

zum Objekt haben.

ad. A. wären zu den erheblichen Vorschriften diejenigen zu zählen,

1) welche die persönliche Fähigkeit vor Gericht aufzutreten zum Gegenstande haben (Pr. Ord. Tit. 1) und wirklich wesentlich materiellen Rechtes sind.

Ist eine Partei dadurch beeinträchtigt, daß die Entscheidung auf einer Verletzung dieser Vorschriften, welche übrigens großtentheils den materiellen Gesetzen entnommen sind, beruht, so muß ihr Hülfe geschafft werden.

2) welche die Wirkungen des Litisconsortium, der Litisdenunciation (Tit. 17.) und der Intervention (Tit. 18)

so wie

3) die Rechtshängigkeit (Tit. 7. §. 48) betreffen,

4) dagegen dürften die Vorschriften des Tit. 3 (von Assistenten und Bevollmächtigten) nicht als wesentliche zu bezeichnen sein. Es befinden sich darunter viele minutiöse und arbitràre, und ein durchgreifender Nichtigkeitsgrund könnte daher nur etwa so gefaßt werden:

wenn der Implorant im Prozesse durch einen vertreten worden, welcher nicht von ihm bevollmächtigt gewesen.

Der Fall des §. 2, Nr. 5, Tit. 16 P. O. Dieses Nichtigkeitsmittels bedarf es jedoch nicht. Denn Falls das Erkenntniß insinuirt war, giebt der §. 2, Nr. 4 a. a. O. das viel bessere Rechtsmittel der Wiedereinsetzung in den vorigen Stand. Ist das Erkenntniß aber der Partei nicht insinuirt, so hat auch das Fatale der Nichtigkeits-Beschwerde noch nicht beginnen können; es bleibt die Nullitätsklage des §. 2, Nr. 5 als das geeignete Mittel stehen.

Weitere Punkte aus der Rubrik A. wüßte ich nicht vorzuschlagen.

§. 15.

Prozedur-Nichtigkeiten. Mangel des rechtlichen Gehörs.

1) Es leidet wohl keinen Zweifel, daß die instruktiven Anordnungen der A. G. O. über das Verfahren bei Anmeldung und

Aufnahme der Klage und Klagebeantwortung (Tit. 4, 5, 9) nicht als wesentliche Prozeßvorschriften bezeichnet werden können. Ob eine Klage richtig angestellt und begründet ist, das findet sich durch die Entscheidung selbst, und kann also, sofern dies überhaupt angeht, zum Gegenstande des Angriffes wegen materieller Gesetzverletzung Anlaß geben; eben so verhält es sich mit den Einreden gegen die Klage.

Zweifelhaft kann es werden, ob die Vorschriften wegen Aenderung des Klageantrages Tit. 5 §. 21—23, Tit. 10 §. 5a. und des Klagefundaments als Nichtigkeitsangriffe zuzulassen. Bisher sind solche Angriffe fast durchgehends verworfen worden, wenngleich in einem Falle der zweite Senat diese Vorschriften für Rechtsgrundsätze erklärt, und deshalb die Angriffe zugelassen hat. M. E. müssen sie im Gesetze **nicht** verstattet werden, weil sie zu arbiträrer Natur sind, zu sehr in die Würdigung des Faktums hineinführen können. Handelt es sich von einer wirklichen Verkennung des streitigen Rechtsgeschäfts, dann muß dies auch als rechtsgrundsätzliche Verletzung angefochten werden können. Dies wird fast immer eintreten, wenn der Richter negativ gegen die citirten Paragraphen gefehlt, wenn er irrig erklärt hat, es gehöre ein veränderter Antrag, eine neu deducirte Seite der Sache **nicht** zu den Bestandtheilen des Rechtsgeschäfts, worüber der Prozeß sich verhält und sei deshalb nicht zuzulassen. Meistens kommt aber der Angriff umgekehrt vor, wegen **Zulassung** einer mutatio libelli et fundamenti. Hier ist die Grenze viel arbiträrer, in das Faktische streifender, und der Nachtheil, daß ein Anspruch, möge er auch strenge genommen nicht in diesen Prozeß gehören, zur Dijudikatur gekommen ist, muß, wenn nur die Dijudikatur gut ist, im Großen und Ganzen als ein viel geringerer bezeichnet werden, als derjenige, welcher durch die stete Erneuerung der Prozesse entsteht, wenn Klagen, die nach einer gewissen Richtung hin, zur vollen Instruktion gekommen sind, hinterher wegen streng genommen vorhandener mutatio libelli angebrachtermaßen abgewiesen werden.

Ich darf nur erinnern an die häufigen Fälle, wo aus einem Darlehnsschuldscheine geklagt ist, und ein anderes Schuldverhältniß sich durch die Vernehmlassung und Instruktion entwickelt hat, wo die Zulassung eines solchen oft sehr arbiträrer Natur sein wird, und der Gesetzgeber es gewiß nicht für nothwendig halten kann, die als fait accompli ins Leben getretene Zulassung des zweifelhaften Fundaments noch einmal in Frage stellen zu lassen. Denkt man nun noch an die zahlreichen Fälle, in welchen die Frage über die Zulässigkeit der mutatio libelli mit der Beurtheilung rein faktischer Umstände zusammenhängt, so wird man gewiß nicht geneigt sein, auf diesem Gebiete eine die Vernichtung beabsichtigende Kritik der Appellations-Erkenntnisse zuzulassen.

2) Die Vorschriften der Gerichtsordnung, betreffend die Instruktion, sind, mit Ausnahme der Beweisverfahrens-Regeln durch die Verordnungen vom 1. Juni 1833 und 21. Juli 1846 obsolet geworden. Der jetzige Prozeßgang ist: In erster Instanz

Mittheilung der Klage zur Klagebeantwortung.

Replik und Duplik facultativ nach dem Ermessen des Gerichts.

Mündlicher Termin. Erkenntniß oder Beweis-Resolut.

Nach dem Beweis-Resolute kein Schriftwechsel, sondern nur mündlicher Termin.

In zweiter Instanz

Mittheilung der Appellations-Einführung und Beantwortung.

Mündlicher Termin. Erkenntniß oder Beweis-Resolut.

Nach dem letzteren wieder mündlicher Termin.

Man würde wohl keinen Anstand haben, alle diese hier genannten Stücke an und für sich für wesentlich zu erklären, so daß ein Erkenntniß unmittelbar auf die Klage oder auf die Klagebeantwortung oder auf den ergangenen Beweis ohne mündliche Verhandlung ergangen, als ein sehr unstatthafter richterlicher Erlaß erscheinen würde. Dessen ungeachtet bliebe dem Beschwerten dagegen nur die Appellation, um die Sache zur vollen Geltung zu bringen: der Appellationsrichter würde nach unseren Prozeß-Gesetzen die Sache nicht etwa unter Aufhebung des ersten Erkenntnisses zur ersten Instanz zurückzuweisen, sondern selbst zu befinden haben. Der Mangel selbst an den gedachten Stücken kann daher, so weit es die erste Instanz betrifft, an sich als ein die Nichtigkeit herbeiführender hingestellt werden. Käme derselbe in zweiter Instanz vor, so würde das Erkenntniß des zweiten Richters, welcher trotz desselben etwas dem Imploranten Beschwerendes festgesetzt hat, eben so wie dasjenige, welches dem Mangel erster Instanz unter Beschwerung des Imploranten ungehoben fortbestehen läßt, unter dem Gesichtspunkt als nichtig anzugreifen sein,

daß dem Imploranten das rechtliche Gehör über dasjenige, worauf der beschwerende Inhalt des Erkenntnisses beruht, nicht verstattet worden.

In dieser Art würde ich den Nichtigkeitsgrund des §. 5 Nr. 1 fassen, also die erklärende Erläuterung d. h. wenn der Vortrag des Gegners nicht mitgetheilt sei, weglassen, da sie eines Theils zu enge ist, andern Theils auch vielleicht nicht zutreffend sein kann, wenn jener Vortrag zwar nicht mitgetheilt ist, der Implorant aber doch auf eine genügende Art Kenntniß davon erhalten hat. Bei dem Zustande unserer Prozeßgesetzgebung scheint es mir unerläßlich, hier eben vermittelst der allgemeinen Fassung dem Nichtigkeitsrichter das Arbitrium zu überlassen, ob wirklich ein Erkenntniß inaudita parte vorliegt.

Ganz einverstanden bin ich ferner mit dem Vorschlage, daß der unter der Benennung des Suppeditirens so beliebt gewordene Angriff nach Art. 3 Nr. 1 Dekl. wegfallen muß. Liegt ihm wirklich ein vernünftiger Weise die Nichtigkeit motivirender Sinn zum Grunde, so muß er auch unter den strengen Begriff

der Versagung des rechtlichen Gehörs

fallen können. Die Erfahrung hat aber gezeigt, daß das Suppeditiren nach Art. 3 Nr. 1 dem Richter vorgeworfen wird, wenn er etwa eine in den Schriften oder Protokollen nicht hervorgehobene faktische oder rechtliche Seite des Klageobjekts oder der Einwendungen würdigt, wohl gar, wenn es sich von thatsächlichen Würdigungen der Auffassung eines Zeugenbeweises handelt. Dergleichen Angriffe, welche nur dazu dienen können, dem Rechtsmittel seinen Charakter zu entziehen, dürfen nicht durch Aufstellung spezieller Gesetz-Positionen begünstigt werden.

§. 16.

Nicht verbindliche Erklärungen im Prozesse berücksichtigt.

3) Das ganze Prozeßmaterial, abgesehen von den Beweis-Resultaten der Beweisaufnahme, wird hergestellt

a) durch die eigenen Erklärungen der Partei, so fern sie von dem Gegner eingeräumt, oder dem Gegner ungünstig sind;

b) durch die prozessualischen Rechtsnachtheile, indem den gesetzlichen Vorschriften nach, die Partei wegen unterlassener Erklärung in einer gewissen Frist als die Erklärung des Gegners einräumend, oder als beweisfällig, resp. der Beibringung von Beweismitteln und Anführung von Faktis verlustig betrachtet wird.

Was den Punkt ad a anbelangt: so liegen die Erklärungen in den Schriften und Protokollen vor: die Würdigung des thatsächlichen Inhalts steht dem Richter frei; kommen materielle Rechtspunkte dabei in Betracht, so gehört dies zum rechtsgrundsätzlichen Angriff. Vom prozeßgesetzlichen Gesichtspunkte aus kann nur als Nichtigkeits-Motiv hervorgehoben werden:

> Wenn der Richter eine den Imploranten beschwerende Erklärung desselben als von ihm ausgehend zum Grunde gelegt hat, die sich in einer prozessualisch für den Imploranten nicht authentischen Verhandlung oder Schrift findet.

z. B. also in einer nicht unterschriebenen Eingabe, einem nicht vorgelesenen oder unterschriebenen Protokolle.

Dies steht ganz dem §. 5, Nr. 10c des Ges. (Beweismittel, die gar keine Beweiskraft haben) gleich, und muß Gegenstand der Rüge sein können.

§. 17.

Vorschriften über prozessualische Rechtsnachtheile.

4) Anlangend die Rechtsnachtheile §. 16 (b), so sind deren in den neuen Prozeßgesetzen bekanntlich viele festgestellt, und zwar theils Kontumazialpräjudize rücksichtlich der Erklärungen des Gegners, theils Präjudize, wodurch je nach der Prozeßlage Nova in facto und resp. probando ausgeschlossen werden. Die Vorschriften über diese Präjudizien bilden eigentlich den Kernpunkt dessen, was von Prozedur-

Gesetzen auf die Würdigung des Prozeß-Materials Einfluß hat, und dies ist unzweifelhaft keine thatsächliche, sondern eine rechtliche Würdigung, sofern es sich von der Auffassung und Auslegung des Präjudizes, oder von der unterlassenen Anwendung desselben handelt. Dergleichen Grundsätze festzustellen, liegt gewiß im allgemeinen Interesse, und bei der Unzulänglichkeit des Nichtigkeitsmittels §. 5, Nr. 2 Ges. sind schon seither Angriffe auf Verletzung bestimmter Paragraphen der Gesetze vom 1. Juni 1833 und 21. Juli 1846 gestellt worden, die jedoch, wenn auch an sich begründet, erfolglos bleiben mußten. Indessen ist wohl zu erwägen, daß doch nicht ohne allen Grund der §. 5, Nr. 2 so scharf, wie geschehen gefaßt worden, und es sind die Folgen ins Auge zu fassen, welche entstehen würden, wenn etwa

> die Verletzung oder unrichtige Anwendung derjenigen Prozeßgesetze, durch welche Rechtsnachtheile an Unterlassungen der Parteien im prozessualischen Verfahren geknüpft werden,

als eine die Nichtigkeit begründende Prozeß-Gesetz-Verletzung hingestellt würde. Davon dürfte zwar nicht die Besorgniß abhalten, daß die Würdigung, ob der Fall des Präjudizes eingetreten, eine thatsächliche sein kann; denn dies Moment trifft auch bei den Rechtsgrundsatzverletzungen zu, und muß in jedem Spezialfall zur Erwägung kommen. Allein die prozessualischen Präjudizien der ersten Instanz haben für die zweite Instanz nur eine secundäre Wirkung, da vermöge der Zulassung von Novis die in erster Instanz präcludirten Erklärungen und Beweisführungen nachgeholt, resp. reproducirt werden können, so daß also hier eine definitive Wirksamkeit gegen den Contumax resp. Präcludirten nicht eintritt, während eine solche bei den Rechtsnachtheilen der Appellations-Instanz allerdings Platz greifen würde. Schon hierdurch leuchtet der Unterschied einer positiven und negativen Ueberschreitung jener Vorschriften, einer Ueberschreitung zum Nachtheil des Interessenten und zum Vortheil desselben ein. Die erstere muß unbedingt angreifbar sein, also z. B. wenn der Appellationsrichter, wie es schon vorgekommen ist, Contumacia erster Instanz als bindend in die zweite hinüber zieht, wenn er die Präjudize des Ges. v. 1. Juni 1833 für die Appellations-Instanz unrichtig auslegend der Partei irgend ein zulässiges Novum abschneidet, oder eine Erklärung derselben als prozessualisch unzulässig zurückweist, welche zulässig sein würde. Es geschieht dadurch der Partei eine ungesetzliche Benachtheiligung in ihrem materiellen Recht. Hat dagegen umgekehrt der Appellationsrichter eine nach der Strenge des Gesetzes verspätete Erklärung noch berücksichtigt, hat er Beweise, die eigentlich zu spät angebracht waren, erheben lassen und berücksichtigt er nun das Resultat der Beweisaufnahme, so entsteht freilich für den Gegner auch ein Nachtheil. Aber dieser Nachtheil besteht doch nur in dem Verluste eines durch formale prozessualische Norm entstandenen Vortheils; im Uebrigen wird seine prozessualische Lage nicht beeinträchtigt.

Ist der Beweis erhoben, so ist nicht mehr res integra. Es hat faktisch eine Restitution gegen die versäumte prozessualische Frist stattgefunden, und mag die Gesetzauslegung, auf welche der Richter seine Befugniß zu derselben gründete, eine unrichtige sein, immerhin muß meines Erachtens vom Standpunkt der Gesetzgebung kein Anlaß hervorgesucht werden, ein solches Erkenntniß deshalb als nichtig aufzuheben.

Prozessualische Präclusionen dürfen nicht begünstigt werden.

Aus diesen Gründen stelle ich anheim:

eine solche Verletzung oder unrichtige Anwendung derjenigen Vorschriften, welche prozessualische Rechtsnachtheile anordnen,

als einen Nichtigkeitsgrund nur dann hinzustellen,

wenn sie zum Nachtheile desjenigen gereicht, an dessen Unterlassungen der Rechtsnachtheil geknüpft worden ist.

Ein sehr erhebliches Gebiet prozessualischer Vorschriften wird durch diesen Nichtigkeitsgrund berührt.

§. 18.

Prozeß-Art. Mandats-Prozeß unrichtig.

5) Die Frage: ob eine Sache in der richtigen Prozeß-Art eingeleitet worden? ist als Nichtigkeitsmittel beim „Mandatsprozesse“ schon vorgekommen, hat aber als prozessualisch nicht berücksichtigt werden können. Sie ist beim Mandatsprozesse eine sehr wesentliche, weil die Vertheidigung des Verklagten hier in so beschränktem Umfange Platz greift. — Es wird keinen Anstand haben

eine Verletzung derjenigen Vorschriften, welche sich auf die Zulassung des Mandatsprozesses beziehen,

als eine die Nichtigkeit begründende Verletzung anzuerkennen.

Außer dem Mandatsprozesse und dem nicht in Betracht kommenden Bagatellprozeß giebt es zufolge des §. 2 und §. 13 der Verord. v. 21. Juli 1846 jetzt nur noch zwei im Verfahren verschiedene Prozeßarten

den ordentlichen Prozeß und

den schleunigen (§. 13).

In dem letzten wird mit dem Termin zur Klagebeantwortung gleich der mündliche Termin verbunden, und es findet bei einigen schleunigen Sachen (§. 27) eine kürzere Appellationsfrist statt. Sollte in der letztern Beziehung der Appellationsrichter etwa die Appellation zurückgewiesen haben, weil er unrichtig den schleunigen Prozeß anwendend, die Frist für versäumt hält; so würde das mit dem oben (§. 13, 1) festgestellten Nichtigkeits-Motiv, das freie Beurtheilung zuläßt, angefochten werden können. Im Uebrigen aber scheint mir keine Veranlassung zu sein, wegen eines etwanigen Fehlgriffs in der Behandlung einer Sache im schleunigen statt im ordentlichen Verfahren, einen Nichtigkeitsgrund anzuordnen, da die Rechtsvertheidigung im Allgemeinen in jenen Sachen, trotz der schleunigen Behandlung derselben nicht beschränkt ist. Beim Wechselprozeß fehlte es, wiewohl hier eine Beschränkung allerdings eintritt, an einem Bedürfniß zu einem solchen speziellen Nichtigkeits-Motiv, da das Bestreiten der Zulässigkeit des Wechselprozesses ganz mit den materiellen Einwendungen zusammenfallen wird.

§. 19.

Verletzung der Grundsätze der Beweislast.

6) Das Beweisverfahren betreffend, entsteht die Frage ob die Verletzung der Regeln über die Beweislast

als ein zulässiger Angriff hinzustellen sei?

Die Beweislast ist gewiß sehr materiellen Rechtens, insofern sie eine Folge des Rechtsverhältnisses ist, in welchem die Parteien sich befinden. Würde im preußischen Prozesse, wie im gemeinen über den Beweis erkannt, und derselbe einer Partei aufgelegt, so würde ein Appellationsurtheil dieser Art, doch nicht mit dem allgemeinen Vorwurf, daß es die Beweislast unrichtig vertheilt habe, als nichtig angefochten werden können, da dies eben nur die Unrichtigkeit des Urtheils, nicht die Gesetzverletzung constatiren würde, welche letztere dann nicht eintritt, wenn der Ausspruch des Richters auf eine Würdigung des thatsächlichen Verhältnisses begründet ist. Nach preußischem Prozesse geschieht die Entscheidung der Beweislast implicite erst nach schon erhobenem Beweise im Endurtheil. Insofern thatsächliche Würdigungen dabei zum Grunde liegen z. B. ob der Andere etwas bewiesen habe, ob ein gewisser faktischer Umstand vorliege? wird derselbe freilich nicht anfechtbar sein. Hätte sich aber der Richter über die allgemeinen Grundsätze der Beweislast hinweggesetzt, so involvirt dies eine gewiß erhebliche Verletzung des dadurch Beeinträchtigten. Das Bedürfniß dieses Nichtigkeitsgrundes hat sich auch hinreichend offenbart, indem die einzigen Vorschriften der Allg. G. Ord. über die Beweislast §. 27, 28, Tit. 13, besonders der letztern als Rechtsgrundsätze sehr früh (Pr. v. 22. Septbr. 1838, Nr. 546, Samml. S. 239) schon ausgesprochen wurden, was der Plenarbeschluß vom 5. Mai 1849 bestätigt hat, freilich nur in Ansehung des im §. 28 enthaltenen Satzes „daß keine Thatsache und keine Veränderung vermuthet wird“ und auch insofern nur unter Beschränkungen.

(Entsch. Bd. 18. S. 126.)

Der Grundsatz der Beweislast ist im Allgemeinen wohl der, daß der Regel nach

> die zur Begründung eines prozessualischen Angriffs, sei es nun vom Kläger oder Verklagten aufgestellte Behauptung bestrittenen Thatsachen, von demjenigen, der sie aufstellt bewiesen werden muß, sofern ihm nicht exceptionelle Befreiungsgründe zur Seite stehen.

Martin Lehrbuch §. 172.

Im Grunde ist dies der Inhalt der §§. 27 u. 28, Th. I., Tit. 13 und die Proz. Ord. hat nur deshalb es in andern Wendungen sagen müssen, weil sie es überhaupt vermeidet, von einer der Partei obliegenden Beweislast zu reden, den Beweis vielmehr durch den Richter ex officio führen zu lassen gedacht hat. — Ich würde keinen Anstand nehmen

„die Verletzung der allgemeinen Grundsätze von der Beweislast“

als eine Nichtigkeit festzusetzen. Daß faktische Würdigungen nicht zum Ziele eines solchen Angriffs dienen können, versteht sich hier, wie bei den anderen Motiven von selbst. Irrig hat sich übrigens in mehrfachen Fällen die vielleicht mögliche Voraussetzung erwiesen, daß dieser Angriff, insofern er das rechtliche Moment berühre, aus der Natur des einzelnen zur Entscheidung stehenden Rechtsgeschäfts und den darüber geltenden Vorschriften müsse gestellt werden können, da dies vielmehr der Regel nach nicht möglich sein wird.

§. 20.

Beweis-Zulassung von Urkunden und Zeugen, denen die Beweiskraft völlig mangelt.

7) Dagegen ist es oben bereits bemerkt, daß diejenigen instruktiven, und zum Theil arbiträren Regeln, welche in dem Titel 13, §. 9 ff. dem Richter über die Würdigung des Beweises einer Thatsache gegeben worden, unmöglichst als Angriffs-Gegenstände statuirt werden können, wenn nicht der Hauptzweck und Hauptvortheil des Rechtsmittels: dem Appellationsrichter die Würdigung des Beweis-Resultates frei zu geben, verfehlt werden soll. Denn zu dieser Würdigung gehört eben die Abwägung des Verhältnisses der Beweismittel gegen einander, und der Glaubwürdigkeit, welche Urkunden oder Zeugen beizulegen. Hier dürfen nur, wie der §. 5, Nr. 10 littr. c. richtig im Prinzipe anerkannt, ganz grelle prozeßgesetzliche Verletzungen als Gegenstand der Rüge gelten. Unzulässig ist es namentlich, unter Kritik zu stellen, warum der Appellationsrichter den Inhalt der glaubwürdigen Urkunden und Zeugenaussagen nicht als beweisbringend anerkannt habe. Der Art. 3, Nr. 4 Dekl. muß daher wegfallen, wie das schon früher angeregt worden ist. (Bergmann Refer. VIII. e).

Von dem Prinzipe des §. 5, Nr. 10c ausgehend, wird es zweckmäßig sein, die einzelnen Beweismittel ins Auge zu fassen. Das Geständniß (P. O. X. §§. 82—86b) wird kaum einer Erwähnung bedürfen, da sich dasselbe nicht als ein eigentliches Beweismittel darstellt, vielmehr durch andere Beweismittel (Urkunden u. Zeugen) der Beweis eines Geständnisses geführt werden kann. Der Augenschein (a. a. O. §. 380 ff) bietet auch nicht füglich ein Objekt für eine Vorschrift der beabsichtigten Art dar.

Dagegen kann beim Urkundenbeweise, und beim Zeugen- resp. Sachverständigen-Beweise der Fall allerdings vorkommen,

> daß solchen Urkunden und solchen Zeugen resp. Sachverständigen Beweiskraft von dem Richter beigelegt worden ist, dem gesetzlich diese Beweiskraft völlig mangelt.

In dieser Fassung d. h. also in bestimmter Beziehung auf Urkunden und Zeugen resp. Sachverständige würde ich das 10, c. von dem seither mancher Mißbrauch gemacht worden, beibehalten, um dadurch so deutlich als möglich auszusprechen, daß es sich eben nur von ganz unfähigen Zeugen (P. O. X., §. 227), von völlig beweisunkräftigen Urkunden handeln soll, nicht also von solchen, denen unter Umständen noch irgend ein Grad von Glaubwürdigkeit arbitrair eingeräumt werden kann. Sollten letztere mit darunter begriffen werden, so würde, was ja vermieden werden muß, die Kritik des den Beweis würdigenden Ausspruchs in ihrer Totalität in den Bereich des Nichtigkeitsrichters fallen.

§. 21.

Verletzung der Vorschriften über den Eid.

8) Eine eigenthümliche Natur hat der Eid als Beweismittel. Es hat schon mehrfach gerechten Anstoß in der Praxis gegeben, daß die Vorschriften über die Wirkung der Annahme, Weigerung und Leistung eines deferirten Eides nicht als Rechtsgrundsätze betrachtet und zum Objekt des Angriffs zugelassen werden konnten. Ja es ist letzteres in Betreff der Eidesleistung der Litisconsorten geschehen, (Pr. 382, S. 237) durch den Plenarbeschluß vom 27. Juni 1842 Nr. 1153, S. 238) freilich wieder beseitigt worden.

Es kommen noch manche andere Fragen vor, z. B. ob Jemand, nachdem der Gegner den deferirten Ignoranzeid geleistet hat, noch zum Beweise der Wahrheit zuzulassen, über die Folgen einer erklärten Weigerung in den folgenden Instanzen u. dergl. Der Grund, warum alle diese Vorschriften als geeignet, zur Begründung eines Nichtigkeitsangriffs betrachtet werden müssen, scheint mir darin zu liegen, daß die Eidesdelation ihrer Natur nach, wenngleich die A. G. O. dies nicht sagt, als ein pactum unter den Parteien, wodurch der Streit oder wenigstens eine Phase desselben entschieden werden soll, zu betrachten ist.

Alle gesetzliche Vorschriften über den deferirten Eid constituiren gleichsam die Bestandtheile und Bedingungen des prozessualischen Abkommens der Parteien. Als Nichtigkeitsgrund würde ich demzufolge zulassen.

> die Verletzung derjenigen gesetzlichen Vorschriften, welche die Zuschiebung, Annahme oder Nichtannahme, die Leistung eines Eides, so wie die rechtlichen Wirkungen derselben betreffen.

Weitere Nichtigkeitsgründe wüßte ich nicht vorzuschlagen.

In Betreff der Exekutions-Instanz im weitesten Umfange ist oben bereits das Erforderliche gesagt worden.

§. 22.

Schlußbemerkung. Ausdehnung auf die gemeinrechtlichen Landestheile.

Ich kann diesen dornenvollsten Theil meiner Arbeit nicht ohne die Bemerkung schließen, daß meine Vorschläge, deren Prüfung ich besserem Ermessen lediglich überlasse, nur nach reiflicher Erwägung, abgegeben sind.

Ueberzeugt, daß die Spezifizirung wesentlicher Prozeßvorschriften durch die Natur des Rechtsmittels geboten ist, habe ich versucht, die meist auf an sich richtigen Prinzipien beruhenden Spezificationen des Gesetzes mit Benutzung der bisherigen Erfahrung zu ergänzen, mitunter auch zu limitiren. Dabei würde mir der Vorschlag

> etwa die Zulassung anderer wesentlicher Prozeßvorschriften als Nichtigkeitsgründe

in das Ermessen des Obertribunals zu stellen, in jeder Hinsicht bedenklich und unzulässig erscheinen. Civil- und Criminal-Sachen sind wesentlich verschieden. Eine Erweiterung jener Art würde die Nichtigkeits-Angriffe auf ein ganz unbestimmtes Feld verlegen; die Zahl der Nichtigkeitsbeschwerden außerordentlich vermehren und einer bedeutenden Willkür in der Entscheidung der Einzelfälle Raum geben. Nichtigkeiten wegen Rechtsgrundsätze und wegen Angriffe aus dem Prozeß-Recht geben der folgenden Behandlung und Entscheidung der Sache in der Regel ihre Richtschnur. Dies ist aber bei Prozedur-Nichtigkeiten, wie man sie nennen könnte, der Regel nach nicht der Fall; sie haben die Folge, daß häufig Wiederholungen des Verfahrens veranlaßt worden, ohne daß ein materieller Erfolg für den Imploranten später eintritt. Sie verdienen daher im Interesse der Beschleunigung der Prozesse im Allgemeinen keine Begünstigung. Hieraus folgt, daß ich den im §. 2 des Ministerial-Entwurfs enthaltenen Satz: „als Rechtsgrundsatz wird auch ein Grundsatz des Prozeßrechts betrachtet" in dieser Allgemeinheit nicht zu billigen vermöchte, vielmehr für unzweckmäßig erachten müßte. Könnte man nichts Besseres an die Stelle meiner Vorschläge setzen, so würde ja doch mit dieser Spezialisirung der Versuch gemacht werden können. Es bliebe der Gesetzgebung frei, hinzuzufügen oder abzuschneiden, je nach der Erfahrung in der Anwendung, und es wäre jedenfalls ein Material für einen künftigen Prozeß-Codex gewonnen. Auch die Prozeßordnungen für Hannover und Oldenburg enthalten solche Spezialisirungen. Die hannoverische §. 431.*)

---

*) Es sind folgende: wenn

1) der Gegenstand des Rechtsstreits überhaupt nicht zur Zuständigkeit der Gerichte gehört, oder dem erkennenden Gerichte die Gerichtsbarkeit, welche es in Beziehung auf die Sache ausgeübt hat, mangelt;
2) gegen die über Besetzung der Gerichte ertheilten Verfassungs-Vorschriften verstoßen ist;
3) gegen Jemanden ein Erkenntniß ergangen ist, welcher an dem zwischen dritten Personen verhandelten Rechtsstreite nicht Theil genommen und die für ihn vorgenommenen Handlungen später nicht genehmigt hat;
4) der Richter von dem Gegner oder einem Dritten bestochen war, oder derselbe nach Maßgabe der Vorschriften des §. 22 sich schon von Amtswegen jeder richterlichen Mittheilung an dem Rechtsstreite hätte enthalten müssen;
5) ein Richter, nachdem er von dem Einbringen eines gegen ihn gerichteten Ablehnungs-Grundes Kenntniß erhalten, Verfügungen erlassen, oder bei dem Erlasse derselben in richterlicher Eigenschaft mitgewirkt hat, sofern das Ablehnungsgesuch für begründet erkannt wird;
6) wenn und soweit die die Nichtigkeitsbeschwerde verfolgende Partei zu der vor Gericht von ihr vorgenommenen Handlung rechtlich unfähig war, und

Nachdem die wesentlichen Prozeßvorschriften von einem allgemeinen aus der Prozeßtheorie entnommenen Standpunkte festgestellt worden sind, wird es meines Erachtens kein Bedenken haben, diese Feststellungen nicht blos für die Landestheile des Preußischen, sondern auch für die des gemeinen Prozesses eintreten zu lassen, statt derjenigen Kategorie, welche sich in den betreffenden Prozeßgesetzen dahin aufgestellt findet:

> Wenn das Urtheil eine nach dem in den betreffenden Bezirken bestehenden Rechte, und dieser Verordnung als **wesentlich** zu betrachtende Prozeß-Vorschrift verletzt.

(§. 60 des Ges. v. 21. Juli 1849. Ges.-Samml. S. 307.)

Denn die Gründe für die Auszeichnung dieser und nur dieser Prozeßgesetze als Nichtigkeitsgründe sind ganz dieselben bei dem Verfahren in dem einen Landestheile, wie in dem andern, zumal beide Verfahrungsarten sich durch die betreffenden Gesetze wesentlich näher gebracht worden sind. Die Bestimmung, was „substantialia pro-

---

nachdem dieser Mangel an Fähigkeit später gehoben worden, ihr früheres Verfahren nicht anerkannt hat;

7) wenn ein beauftragter Richter seinen Auftrag überschritten, insbesondere richterliche Verfügungen erlassen hat, zu deren Abgabe er nicht befugt war,

8) wenn und soweit das Gericht unzulässiger Weise entweder über den Antrag der Partei hinaus erkannt oder in der Instanz der Rechtsmittel die angefochtene Verfügung zum Nachtheil des Beschwerdeführers abgeändert hat;

9) das Erkenntniß gegen eine in demselben Prozesse ergangene rechtskräftige Entscheidung anstößt, oder auf das Zugeständniß oder Ableugnen eines Thatumstandes gebaut ist, den die betreffende Partei **ausdrücklich** geleugnet oder zugestanden hat;

10) wenn und soweit der entscheidende Theil eines Erkenntnisses an völliger Dunkelheit, Unverständlichkeit oder Unbestimmtheit leidet, und durch eine etwa nachgesuchte Erläuterung dem Mangel nicht abgeholfen ist;

11) wenn eine Partei ohne Gewährung der Möglichkeit einer vom Gesetze ihr unbedingt gestatteten Vertheidigung auf die gegnerischen Anträge verurtheilt oder abgewiesen ist;

12) wenn die in §. 87—89 über Oeffentlichkeit der Gerichtssitzungen ertheilten Vorschriften verletzt worden sind.

Aehnlich die oldenburgische, §. 266 des Gesetzes über den bürgerlichen Prozeß, Nr. 4–11, welche Vorschriften sich auch in der Fassung mehr den unsrigen anschließen.

Uebrigens gewahrt man hier recht deutlich, wie sehr das ganze Rechtsmittel sich dem gemeinen Prozesse anschließt, wenn die so sehr gemißbrauchten nullitates sanabiles und insanabiles richtig gewürdigt werden.

cessus", was wesentliche Prozeßvorschriften sind, ist dort keineswegs gesetzlich festgestellt, sondern es können darüber nur die Ansichten der Prozessualisten, welche bekanntlich gerade in dieser Frage ganz außerordentlich auseinandergehen, maßgebend sein.

Wünschenswerth muß es aber gewiß erscheinen, daß dasselbe in jenen Landestheilen eingeführte Rechtsmittel dort in Betreff eines wichtigen Theils der zulässigen Fälle nicht in völliger Unbestimmtheit bleibt, während in den altpreußischen Landestheilen die Zulässigkeit ihre festen Regeln hat.

Die Fassung der Nichtigkeitsmotive kann ja so gehalten werden, daß sie auch den gemeinrechtlichen Prozeßgesetzen sich anschließt. Will man noch „contrariété des jugemens" als Motiv zulassen, so gehört sie zu den Nichtigkeiten, §. 13.

§. 23.

Nichtzulassung von Angriffen gegen die faktische Würdigung.

(§. 5 Nr. 10 a. b. des Ges. v. 1833.)

Nachdem die prozessualistischen Anfechtungsgründe solchergestalt erörtert und fixirt worden sind, entsteht die Frage:

ob noch ein Angriff wegen faktischer Verstöße, Fehler bei Würdigung des Fakti beizubehalten?

Das Gesetz von 1833 hatte sie sub Nr. 10 unter den Begriff gefaßt, wenn gegen den klaren Inhalt der Akten erkannt worden, war aber bei dem durchaus unbestimmten Inhalt dieser nur von einigen, nicht von allen gemeinrechtlichen Prozessualisten zugelassenen Species (vergl. z. B. Claproth a. a. O. und Danz) zu der exclusiven Spezifikation a, b, c, d genöthigt. c und d sind oben eingereiht. Daß a in der angeordneten Art ganz unpassend ist, wurde auch bereits entwickelt. Ebenso leuchtet ein, daß auch in der etwa noch weiter gehenden Form „daß die unterlassene Würdigung eines faktischen Moments unterblieben", die Anerkennung dieses Mittels aus dem Gesichtspunkte der Nichtigkeitsbeschwerde nicht gerechtfertigt erscheinen muß. Denn die Erheblichkeit, worauf es doch allein ankommt, wird, wenn sie eine rechtliche ist, aus den zugelassenen rechtlichen Motiven deducirt, mithin der Angriff auf deren Verletzung gestellt werden können. Hat z. B. der Richter eine Einrede der Verjährung, der unter Beweis gestellten Zahlung, gar nicht gewürdigt, und nichts darüber gesagt, so hat er dieselben verworfen und dies ist anfechtbar aus den betreffenden allgemeinen Gesetzen. Hat er dagegen etwa eines einzelnen Beweismittels bei Würdigung des Resultats des Beweises nicht gedacht: so gehört dies mit zu der vermöge des Rechtsmittels nicht angreifbaren faktischen Würdigung. Auch die in dem Ministerial-Entwurf §. 9 Nr. 5, 6 in Betreff der Omissionen aufgestellten Nichtigkeitsgründe sind daher meines Erachtens überflüssig.

Der §. 5 Nr. 10^b enthält einen Fall seltenster Art; da derselbe mit Recht dann nicht statuirt wird, wenn der Richter die betreffende Stelle wörtlich richtig anführt, aber dann auslegt, mag es auch in einem Sinne sein, der der Auffassung des Nichtigkeitsrichters völlig widerstrebt.

Offenbar sind beide Hülfsversuche jetzt durch eine beinahe dreiundzwanzigjährige Praxis als erfolglos gerichtet, daß sie aber dabei den erheblichsten Schaden gethan haben, wird sich nicht bestreiten lassen. Die unnütze dadurch veranlaßte Arbeit, welche sich auch äußerlich durch viele Ballen Papier manifestiren würde, hat außerdem wesentlich dazu beigetragen, die richtige Ausbildung des Rechtsmittels bei Richtern und Anwalten zu verhindern. Es ist denselben ein ganz fremdartiger Zweig eingeimpft, der nur dazu angethan ist, den Geist auf ein Terrain zu locken, das eben nicht betreten werden soll. Wollte man den Grund vielleicht allgemeiner, z. B. dahin formuliren:

> wenn die faktische Interpretation der Urkunden und Erklärungen, die faktische Würdigung des Beweis-Resultats das klare Gegentheil dessen feststellt, was die Akten ergeben

so wird damit nicht geholfen, vielmehr nur das Feld zu versuchender Angriffe unnütz erweitert worden. Denn die Begriffe klar und unklar sind bei faktischer Auffassung noch viel relativer als bei der Auslegung der Gesetze, wo doch das „contra claram legem“ als ein unpassender Anhaltspunkt ziemlich allgemein jetzt anerkannt wird. Sie führen eine arbitraire Würdigung des Fakti Seitens des Nichtigkeitsrichters mit Nothwendigkeit herbei; daher wird fast in allen Fällen der Versuch gemacht werden, auf das Arbitrium durch den Angriff hinzuwirken. Man darf nicht etwa das

Rechtsmittel des Rekurses als eine Parallele aufstellen wollen. Dieses ersetzt die Appellation und limitirt sie: da erscheint ein Arbitrium völlig gerechtfertigt, und zwar um so mehr, da von Urtheilen einzeln stehender Richter die Rede ist, gesprochen auf Grund formloserer Prozeßart. Wo aber zwei Kollegien erkannt haben, wo das Verfahren an sich schon Garantie bietet, und außerdem wegen wesentlicher Fehler bei der prozessualischen Beurtheilung Abhülfe gewährt wird, da muß die Gesetzgebung sich entschließen, das Terrain des Fakti ohne Limitation dem Appellationsrichter zu überlassen. Seiner Beurtheilung eine andere zu substituiren, welche, wie es bei Dingen dieser Art nicht anders sein kann, freilich auch Gründe für sich haben wird, darum aber doch nicht die wahrscheinlich bessere ist, dazu fehlt es an zureichenden Gründen. Dem höheren Richter, dem die Beurtheilung der Gesetzverletzung zusteht, eine ausnahmsweise Cognition für das Faktum zu geben, das entfremdet ihn seinem Berufe. Kämen wirklich einzelne schreiende Mißstände vor, dann läßt sich, da doch einmal Eine Behörde die letzte sein muß, für dieses Mal nicht abhelfen, und es ist viel besser, daß es bei diesem Judikate über das Faktum bleibt, als daß der Geist und Sinn des Rechtsmittels fortwährend denaturalisirt, und der höchste Gerichtshof durch Zersplitterung seiner Thätigkeit von dem eigentlichen Gebiete derselben abgezogen wird. Es läßt sich aber meines Erachtens im Großen und Ganzen gewiß nicht behaupten, daß die Appellations-Gerichtshöfe dem ihnen geschenkten Vertrauen nicht entsprechen. Man muß nur nicht die Ueberzeugung eines für seine Sache lebhaft sich interessirenden Anwalts, eines Referenten, einer Majorität mit der absolut richtigen Auffassung verwechseln. Ist der Geist des Richters einmal herausgefordert zur Kritik, so liegt es in der menschlichen Natur, daß er sie auch scharf anwendet, und da verschwimmt denn leicht die Grenze zwischen faktisch klar und unklar.

Ein gewisser pruritus reformandi findet sich häufig auch bei tüchtigen Richtern, und hat seine Berechtigung. Und doch ist anderer Seits das außerordentlich wesentliche Interesse der Rechts-Stätigkeit nicht zu verkennen, welches die Bestätigung der ergangenen Urtheile zu einem an sich dem Staate erwünschten Ergebniß macht.

Die Einheit des Rechts steht höher als dies, die Abwechselung mit faktischen Würdigungen aber keineswegs. —

Ich halte die Abschaffung des a und b nicht nur in seiner jetzigen, gewiß jedem gesunden Praktiker unleidlichen Gestalt, sondern auch in jeder andern Reproduktion für sehr wesentlich und auch um so mehr für gerechtfertigt, da weder im französischen Rechte, noch in den Gesetzen, welche die gemeinrechtlichen Landestheile angehen, solche Nichtigkeits-Motive zugelassen worden sind.

(Vergl. Tarbé a. a. O. und

§. 60 des Ges. v. 21. Juli 1849. G. S. S. 307.)

Der Satz: Quand legislateur ne voit le but, il ne sait ou il va ist ein richtiger Spruch. — In dem revidirten Entwurfe sind §. 4a 10—12 die Angriffe gegen das Faktum so gefaßt:

10) wenn Thatsachen, welche in den Prozeßschriften enthalten oder zu Protokoll erklärt, und soweit dies gesetzlich erforderlich ist, mit Angabe der Beweismittel unterstützt werden, bei der Beurtheilung übergangen sind, obgleich sie nicht ohne Verletzung oder unrichtige Anwendung eines Rechtsgrundsatzes für unerheblich erachtet werden konnten;

11) wenn der in den Prozeßschriften oder zu Protokoll erhobene oder in Bezug genommene Beweis einer vom Richter mit Recht für erheblich erachteten Thatsache bei der Beurtheilung übergangen ist;

12) wenn der aus einer bestimmten Erklärung einer Partei entnommene Entschädigungsgrund dem wörtlichen Inhalte dieser Erklärung entgegen ist, oder wenn eine Thatsache, im Falle eine Beweisaufnahme stattfand, gegen den wörtlichen Inhalt der beigebrachten oder aufgenommenen Beweismittel festgestellt worden ist.

Diese Categorien sind nicht einmal, wie im Gesetze von 1833, unter die Rubrik „gegen den klaren Inhalt der Akten" subsumirt worden. Ich glaube, daß durch solche Erweiterungen der faktischen Angriffe dem Bestreben, das Rechtsmittel auf ein ungeeignetes Feld zu führen, großer Vorschub geleistet, eine große Vermehrung der Nichtigkeitsbeschwerden herbeigeführt wird, ohne daß der praktische Erfolg derselben im Allgemeinen ein nennenswerther sein würde.

Der einzige Wall, welcher noch einigermaßen dem entgegenstand, daß nemlich Versuche des Angriffs gegen das Faktum durch ein richtiges Faktum elidirt werden konnten, wird auf solche Weise umgestürzt. Es kann eine mangelhafte Redaktion der Beurtheilung, da wo die Beurtheilung des Fakti, des Beweises, dem Richter frei gegeben ist, rationell nicht mit Nichtigkeit bedroht werden. Soll das Faktum, welches der Richter aufgestellt hat, angreifbar sein, dann muß der Angriff auch nur gegen das Faktum zugelassen werden. Da ist es denn freilich weit vernünftiger, die species facti des Richters drei Tage vor der Ausfertigung des Urtheils moniren zu lassen, wie in Hanover geschieht, als hinterher Angriffe wegen Omissionen oder nicht genauer wörtlicher Anführungen als Gründe der Nichtigkeit aufzustellen.

Die Categorie 10 ist, da sie noch innerhalb des Princips des Gesetzes steht, minder schädlich, als wie schon oben bemerkt, überflüssig. Aber die Categorie 11 läßt die Vernichtung eines Urtheils zu, das in der species facti die Zeugenaussagen vollständig mitgetheilt, in der Beurtheilung den Beweis für nicht geführt erklärt, und dabei vielleicht nur einen der genannten Zeugen nicht nennt, während doch eben diese Würdigung des Zeugenbeweises nicht Gegenstand des Angriffs sein, während es häufig genügen müßte, wenn der Richter sagte: der Beweis nach dem Inhalt der (mitgetheilten) Zeugenaussagen sei für nicht geführt zu achten. Die letzte Alternative der Categorie 12 aber giebt dem Nichtigkeits-Richter geradezu den Beruf, die Würdigung der Thatsache seiner Prüfung und Beurtheilung zu unterziehen; sie berechtigt im Falle einer irgendwie zweifelhaften Auslegung des Inhalts eines Beweismittels jeden Angriff, da die Frage: was ist wörtlich? jederzeit arbiträr bleibt. Die Strenge der Fassung des §. 5 Nr. 10b des Ges. v. 1833, die Strenge der zeitherigen Anwendung dieser Vorschrift ist durchaus gerechtfertigt, ja nothwendig nach dem Geiste des Rechtsmittels. Kommen trotz derselben so manche Versuche vor, durch diese Schranke in das Faktische einzubrechen, wie wird es erst werden, wenn sie hinweggeräumt ist! Will man sich nicht entschließen, diese Categorien ganz aufzugeben, so lasse man sie ja, wie sie sind. Endlich wird denn doch, vielleicht die Neigung thatsächliche Würdigungen zum Angriffe zu ziehen, aufhören, oder auf ein erträgliches Maaß gebracht werden. Am besten freilich ist es, diese Versuchung ganz hinwegzuräumen: denn das nothwendig Schwankende des Erfolgs wird immer die Erneuerung solcher Angriffe herbeiführen, obgleich sie so äußerst selten zum Ziele führen — zum Ziele, das eben rationell nicht erstrebt und nicht erreicht werden sollte.

§. 24.
Beschränkung des Objekts auf einen Betrag über 100 Thaler mit Ausnahme gewisser Nichtigkeiten.

An vorstehende Erörterung schließt sich nun zunächst die Frage an: ob die Nichtigkeitsbeschwerde wie bisher gegen alle Appellations-Erkenntnisse, oder nur bei einem gewissen, höher als 50 Thlr. zu bestimmenden Objekt der Beschwerde zuzulassen?

Die letztere Limitation ist schon früher (Bergmann's Referat VIII. G. S. 37) zur Sprache gebracht, und vielfach habe ich auch bei späteren Gelegenheiten von mehreren Mitgliedern des Tribunals und von Rechtsanwalten, den Wunsch einer Erhöhung des Beschwerde-Objects und zwar auf 100 Thlr. aussprechen hören. Entspricht nun zwar die unbedingte Zulässigkeit dem Geiste des Rechtsmittels mehr, so halte ich doch eine solche Limitation, über deren Bedürfniß ich mir an diesem Orte kein Urtheil erlauben will, doch keinesweges für unzuläßig, und in vielen Beziehungen für zweckmäßig.

Die entgegenstehende Erwägung, daß Allen Hülfe zu gewähren, und daß ein Streitobjekt unmöglich absolut arbitrirt werden könne, führt viel zu weit. Es wird ja die Hülfe überhaupt nicht versagt, sondern es steht nur in Frage: ob eine gewisse weitere Hülfe durch einen obersten Gerichtshof zugelassen werden soll, und dies muß natürlich davon abhängig sein, ob die zu große Ausdehnung des Geschäftskreises desselben nicht der Zweckmäßigkeit der Hülfe selbst hindernd entgegentritt. Die Vermehrung der Mitgliederzahl hat ihre Grenzen; die Nachtheile der Ueberbürdung sowohl für den prompten Betrieb als die gute Bearbeitung der Rechtssachen sind augenfällig. Eine der Rücksichten, welche, wie vor gezeigt, die Statuirung des beschränkten Rechtsmittels gebieten, ist die, um nicht durch zu hohe

Feststellung des Beschwerdeobjekts, wie die Revision sie erforderlich machen würde, die Wirksamkeit der Hülfe gar zu sehr einzuschränken auf einen kleinern Kreis von Streitsachen. Wollte man aber die Hülfe allgemein geben, dann müßten auch die Rekursbescheide der Appellationsgerichte herangezogen werden, was doch gewiß nicht im Bedürfnisse liegt. So wie nun aber die Hülfe des höchsten Gerichtshofes mit Recht ausgeschlossen bleibt für die streitig gewordenen Bagatellsachen, so läßt sich doch mit demselben Rechte eine noch weitere Grenzscheide nach dem Prozeßobjekte ziehen, und dadurch gleichsam eine Gradation der vom Staate gegen die Erkenntnisse erster Instanz verstatteten Remedur herbeiführen, so daß diese bis 50 Thlr. nur durch das beschränktere Rechtsmittel des Rekurses, über 50 Thlr. durch das ausgedehnte der Appellation und über 100 Thlr. noch durch die endgültige Kritik und Feststellung des Rechtspunktes in jure, nicht in facto vermittelst des höchsten Gerichtshofes gewährt wird, wobei die speziellen Nichtigkeiten erster Klasse noch Abhülfe gegen alle Arten von Appellations-Erkenntnissen zulassen.

Man muß zugeben, daß der Regel nach nur eine sehr streitsüchtige Partei, die erheblichen, ihr jedenfalls zur Last bleibenden Kosten, welche mit der Bestellung und Informirung des Tribunals-Rechtsanwalts verbunden sind, die gerichtlichen Kosten jedenfalls zur Hälfte an ein verhältnißmäßig so unbedeutendes Objekt eines möglichen Erfolges wegen, wagen wird. Wäre lediglich von dem Nachtheile für solche Prozeßführer selbst die Rede, dann möchte es heißen: habeant sibi; sie sind nicht bevormundet: allein man läßt sie ihre Streitlust büßen auf Kosten der das Ganze interessirenden zweckmäßigen Beschäftigung des höchsten Gerichtshofes, und das ist ein Anspruch, den sie mit Billigkeit nicht machen können. Mit Rücksicht auf den in neuerer Zeit stets gesunkenen Geldwerth wird deshalb eine Bestimmung des Beschwerdeobjekts auf über 100 Thlr., sofern überhaupt ein Werth in Gelde ostensibel ist, den Verhältnissen in unserm Staate völlig entsprechen.

Es wird dagegen zwar das Uniforme der jetzigen Anordnung als ein Vorzug gerühmt, indem alle Appellations-Erkenntnisse ohne Unterschied mit dem Rechtsmittel der Nichtigkeitsbeschwerde angefochten werden können (G.-O. v. 22. Dezbr. 1841). Allein dieser Vorzug führt zu dem Uebelstand, daß das Tribunal in den Fall kommt, über einige Thaler oder Sgr. zu erkennen, sofern etwa nur zu einem so geringen Betrage der Beschwerdeführer durch ein Appellations-Erkenntniß belastet geblieben ist. Muß man die Hülfe letzter Instanz als Regel von dem Betrage eines Objekts zweckmäßiger Weise abhängig machen, dann scheint es auch unerläßlich, die Summe nur nach dem Objekte der Beschwerdepunkte festzustellen und somit, mag um 50 oder 100 Thlr. arbitrirt werden, diejenigen Appellations-Urtheile von dem Rechtsmittel auszuschließen, in Betreff deren die Beschwerde den festzustellenden Betrag nicht erreicht. Die theoretische Uniformität würde sonst zu einer praktischen Ungleichheit und Inconsequenz führen.

§. 25.
Keine Nichtigkeit im Interesse des Gesetzes.

Die Frage:

Ob das französische Institut der Vernichtung auf Antrag der Staatsanwaltschaft im Interesse des Gesetzes zuzulassen?

bietet sich noch dar, wird aber meines Erachtens zu verneinen sein. Der Grundsatz: wo kein Kläger, da kein Richter, muß herrschend bleiben in Civilsachen. Es ist im Grunde kein Erkenntniß, sondern eine wissenschaftliche Arbeit, ein Rechtsgutachten, wenn ein Gericht Rechtsfragen entscheidet, ohne daß sie unter den Parteien streitig sind, und ohne daß sie auf den Prozeß eine Wirkung ausüben. Die Stellung des Richters wird dadurch verschoben. Das Interesse, welches der Staat an der Rechtsfestigkeit und Rechtseinheit hat, würde, soweit es durch Judikatur der Gerichtshöfe erreicht werden kann, sein Ziel verfehlen, wenn er die Thätigkeit der Gerichtshöfe außerhalb eines Falles ihrer Jurisdiktion in Anspruch nehmen will, um die Emanation gewisser privatrechtlicher Normen zu erlangen. Es sieht dies in der That einer Gesetzcommission ähnlich.

Die Frage:

ob der Staatsanwalt bei den Civilsachen überhaupt zuzuziehen?

reiht sich hieran. Ich möchte sie um so mehr verneinen, als in dem neusten Gesetze vom Jahre 1856 die Zuziehung des Staatsanwalts sogar bei den Plenarfragen abgelehnt worden ist, wo sie sich doch noch eher rechtfertigen ließe. Ein Bedürfniß zu dieser Zuziehung läßt sich in Civilsachen, wo der Staat nicht als Ankläger Partei ist, der Richter aber die Gesetze selbst kennen muß, wohl nicht anerkennen: sie erscheint daher als eine unnöthige Weiterung. Als ein „offener Referent", gegen welchen die Parteien diskutiren können, wird aber der Staatsanwalt nicht dienen, denn er entscheidet ja nicht mit, und ob er diejenigen Gründe, welche für die Richter bestimmend sein werden, in seinem Vortrage getroffen hat, bleibt unbestimmt.

Nur in Ehesachen wird nach dem Gesetze vom 28. Juni 1844 die Zuziehung des Staatsanwalts erforderlich sein, wie sie es bisher bei der Revision war.

§. 26.

Wirkung der Vernichtung. Richtschnur für die weitere Entscheidung, die demselben Appellationsgericht obliegt.

Zum vollständigen Ueberblick der ganzen Bedeutung des Rechtsmittels gehört die Frage

über die Wirkung der ausgesprochenen Vernichtung und wird daher hier füglicher abgehandelt, obwohl sie allerdings mit der Art der Verhandlung des Rechtsmittels auch in Verbindung steht.

Als Wirkung wird im Gesetz §. 17 ausgesprochen, daß das Obertribunal in der Sache selbst anderweit definitiv zu erkennen, oder wenn noch eine neue Ausmittelung nöthig, die Sache zu dieser Ermittelung und nochmaligen Entscheidung in diejenige Instanz zurückzuweisen habe, in welcher die noch zu ermittelnden Umstände zuerst vorgebracht worden sind. Nach Art. 11 der Dekl. haben sodann die Gerichte „bei dem Verfahren und bei der anderweitigen Entscheidung sich nach den durch das Erkenntniß des Geheimen Obertribunals festgestellten Rechtsgrundsätzen und Normen zu achten."

Durch diese letztere Bestimmung wird die Nichtigkeits-Entscheidung als die endgültige gleichsam judikatmäßige Entscheidung derjenigen Streitfrage unter den Parteien hingestellt, welche den Grund der Vernichtung abgegeben hat. Dasselbe war schon für den Cassationshof der Rheinprovinz durch die Cab.-Ord. vom 8. Juli 1834

(Ges.-Samml. S. 89) geschehen und es muß meines Erachtens dies Prinzip als das allein angemessene anerkannt werden. Die Abneigung der Kassations-Entscheidung eine solche vim judicati für die einzelne Prozeßsache beizulegen, hat in der französischen Prozedur, wenn die Appellhöfe sich beharrlich dem Spruche des Cassationshofes nicht unterwerfen, zu Uebelständen geführt, die unendliche Weiterungen und Kosten für die Parteien zur Folge hatten. Nachdem die Legislation verschiedentlich Auswege dagegen gesucht, die sich successive als unangemessen zeigten, ist man in dem Gesetze vom 1. April 1838 dahin gekommen, daß, falls die Sache in demselben Nichtigkeits-Motiv zum zweiten Male an den Cassationshof kommt, derselbe in vereinigten Kammern erkennt, und daß diesem arret der Appellhof sich unterwerfen muß. — Das Prinzip der preußischen Nichtigkeitsbeschwerde wird also in fine finali anerkannt

(vergl. Tarbé a. a. O. S. 82—88.)

was uns um so mehr bewegen muß, dabei zu beharren.

Es kann auch wohl von der Adoption jenes weitläuftigen Umweges des Gesetzes vom 1. April 1838 bei uns die Rede nicht sein, wie sie es auch in Frankreich wohl nicht gewesen wäre, wenn es sich dort nicht darum gehandelt hätte, einem Prinzipe, dem früher die Legislation aufs äußerste widerstrebt hatte, zum ersten Mal Eingang zu verschaffen. Jedenfalls würde eine etwaige Aenderung in diesem Sinne füglicher ausgesetzt bis zur allgemeinen Codifikation, mit der auch eine Revision der das Tribunal selbst organisirenden Gesetze verbunden sein wird.

Sobald die verbindliche Kraft der Nichtigkeits-Entscheidungs-Norm für die Sache anerkannt ist, kann man auch die französische Substituirung eines anderen Appellations-Gerichts aufgeben. Es liegt an sich kein Motiv zu der Annahme vor, daß der Appellations-Richter, dessen Rechtsansicht in dem vernichteten Urtheile endgültig verworfen worden ist, diese Verwerfung nicht respectiren, und daß er andere Seiten der Sache, welche dadurch nicht betroffen werden, in einem Sinne beurtheilen werde, der dem Erfolge seiner ersten Entscheidung gemäß sei. Diese Vermuthung kann, da es sich von einem Partei-Interesse nicht handelt, eben so wenig eintreten, als sie bei einer rechtskräftigen, der appellationsrichterlichen Ansicht widersprechenden Entscheidung eines Vorprozesses oder einer Präjudizialfrage eintreten würde. Die Substituirung eines anderen Gerichts, dem der Prozeß bisher fremd war, bringt dagegen nicht nur Arbeitsvermehrung hervor, sondern die Parteien, besonders der Implorat, haben Grund zur Beschwerde, wenn sie ihrem eigentlichen Foro entzogen und zur Verhandlung vor einem anderen Gerichtshofe, mithin zur Bestellung anderer Anwalte daselbst genöthigt werden. — Ich wüßte auch nicht, daß die bisherigen Erfahrungen ein praktisches Bedürfniß an die Hand gäben, in diesem Punkte die Gesetzgebung abzuändern, bescheide mich indessen gerne, daß die andere Ansicht gute Gründe für sich hat. Eventuell könnte die Sache etwa an einen andern Senat desselben Appellationsgerichts verwiesen werden. Der neue Entwurf §. 19 überläßt es dem Ermessen des Obertribunals „die Sache an dasselbe oder ein anderes Appellationsgericht zu verweisen."

§. 27.

Keine Entscheidung in der Sache selbst durch das Tribunal.

Dagegen scheint mir allerdings die Bestimmung,

daß das Tribunal überhaupt in der Sache selbst befindet,

während es dieselbe wenigstens der Regel nach

an das Appellationsgericht zur weiteren Verhandlung und Entscheidung zurückschicken sollte,

von nachtheiligem und dem Geiste des ganzen Rechtsmittels widersprechendem Einfluß zu sein. Zwar hatten für den Rheinischen Cassationshof vermöge der im §. 6 der Verordnung vom 21. Juni 1819 bestätigten General-Gouvernements-Verfügungen vom 28. April, 6. Mai und 20. Juli 1814, ähnliche Anordnungen bestanden. Diese Abweichung von den Grundsätzen und Normen der Cassation gründete sich aber wohl in der speziellen Lage dieses Gerichtshofes, und konnte auch, da derselbe nur für ein verhältnißmäßig kleines Gebiet Recht sprach und mit Arbeit nicht überhäuft war, in den Umständen ihre Rechtfertigung finden. Dennoch führte die Praxis diesen Gerichtshof schon dahin, das eigene Eingreifen in die Sache, wenn dieselbe zur definitiven Entscheidung nicht reif war, zu unterlassen, und sie ohne Weiteres an die Instanzgerichte zur Verhandlung und

Entscheidung zu verweisen, eine Praxis, welche durch die bereits allegirte Cabinets-Ordre vom 8. Juli 1834 gesetzliche Sanktion erhielt. Schon nach dem Bergmannschen Referat (S. 57) ist angeregt, wenigstens diese Anordnung zu adoptiren, also, wenn die Sache zur definitiven Entscheidung nicht reif ist, ohne Erlassung eines bestimmten Beweisresoluts, die Akten zur Verhandlung und Entscheidung zu remittiren. In sehr vielen Fällen hat auch das bestimmte Beweisresolut dritter Instanz, welches unseren Prozeßgesetzen gemäß auf Erhebung der speziellen für erheblich geachteten Beweismittel gerichtet werden muß, den Nachtheil, daß es ohne Noth den Instanzrichter an diesen bestimmten Kreis des Beweises bindet, und seinem Arbitrium in der Frage, ob zur Definitiv-Entscheidung vielleicht noch eine weitere Beweisaufnahme nöthig gewesen, vorgreift, vielleicht sogar Schranken setzt, während doch in manchen Fällen die vorhandenen Beweismittel nach der Sachlage nicht mehr geeignet sind. Jedenfalls erscheint die Anordnung:

> daß die Beweisaufnahme in diejenige Instanz zurückgewiesen werden soll, in welcher die noch zu ermittelnden Umstände zuerst vorgebracht worden sind,

unseren Prozeßgesetzen nicht entsprechend zur großen Verzögerung der Sache angethan. Denn steht einmal, nach der ausgesprochenen Vernichtung das Ober-Tribunal statt des Appellations-Richters da, so müssen doch auch die in zweiter Instanz rücksichtlich der Instruktion geltenden Vorschriften maaßgebend sein, nach welchen eine Verweisung in die erste Instanz nicht stattfindet, vielmehr die dort nicht ermittelten Umstände jederzeit in zweiter Instanz zu ermitteln sind, ohne ein neues erstes Erkenntniß erforderlich zu machen (vergl. A. G. O. I. 14. §. 63 Anh. §. 123).

Diese Vorschriften sind gewiß sehr angemessen. Die Befürchtung eines Instanzverlustes wird von dem §. 123 Anh. mit Recht nicht berücksichtigt; denn die Instanz verhält sich über das Objekt des Prozesses, nicht über die einzelnen gegenseitig zur Sprache gekommenen Motive, und die Befürchtung fällt ohnehin in allen den Fällen ganz weg, wo in erster Instanz schon zu Gunsten dessen erkannt war, für den die neue Ermittelung geschieht. Die Praxis des Ober-Tribunals hat deshalb auch ungeachtet jener Anordnung sehr häufig die Zurückweisung in die zweite Instanz bei Ermittelung von Umständen, die in erster Instanz vorgebracht waren, angeordnet. —

Ebenso ist es eine wohl durchgängig adoptirte Praxis, daß, wenn die Appellation, als nicht devolvirt zurückgewiesen, vom Nichtigkeits-Richter für zulässig erachtet wird, dann die Sache zur Verhandlung und Entscheidung jederzeit dem Appellations-Richter zu remittiren, obwohl nach der Instruktion Nr. 37 auch in diesem Falle die Anordnung des Gesetzes §. 17 als gültig betrachtet worden ist. Dieselbe Praxis würde bei allen rein formellen Nichtigkeiten, ohne Zweifel gehandhabt worden sein, wenn dergl. Nichtigkeiten überhaupt in der Praxis vorkämen. Auch ist häufig dann die Sache ohne weitere Entscheidung oder Vorbescheidung remittirt worden, wenn das vernichtete Appellationserkenntniß auf einem, obgleich nicht zur Präjudizial-Entscheidung gestellten Präjudizial-Einwand, z. B. Legitimationsmangel, Verjährung ꝛc. ꝛc. beruht hatte.

Die Berechtigung dieser gleichsam prätorisch eingeführten Ausnahme vom §. 17 wird gewiß nicht verkannt werden, es genügt aber meines Erachtens nicht, ihnen etwa eine legislative Sanktion zu geben, sondern es muß geprüft werden, ob nicht die Regel selbst, welche solche Uebelstände hervorgebracht, und zu solchen Ausnahmen veranlaßt hat, eine unbegründete sei. Für diese Regel kann lediglich und allein die Rücksicht auf schleunigere Erledigung der Sache und auf Kosten-Ersparung angeführt werden. Beides greift nur dann Platz, wenn das Tribunal definitiv erkennt, und in Betreff der Kosten ließe sich ja eine Anordnung dahin treffen, daß sie durch das nochmalige Erkenntniß des Appellationsrichters nicht vermehrt werden dürfen. Die Beschleunigung aber ist ein untergeordnetes Moment den zahlreichen Motiven gegenüber, welche gegen die ganze Regel sprechen. —

Der Beruf des Nichtigkeitsrichters ist erfüllt, wenn er seinen Ausspruch über die behauptete Nichtigkeit gethan hat. Lautet derselbe verwerfend, so wird die Conservirung der zweitinstanzlichen Sentenz, ein für den Staat im Allgemeinen erwünschtes Resultat, dadurch herbeigeführt, und in den sehr zahlreichen Fällen wo ein Rechtsgrundsatz oder ein prozessualisches Prinzip zur Entscheidung kommt, in der Uebereinstimmung des zweiten und dritten Richters ein erheblicher Beitrag für die Festigkeit des fraglichen Prinzips gewonnen. Bei einer prinzipiellen Vernichtung liefert der Ausspruch ebenfalls eine durch die Autorität des Tribunals für Wissenschaft und Praxis höchst bedeutende Norm, die sich an künftigen Fällen noch näher erproben mag. Warum nun aber der Nichtigkeitsrichter, wenn er seinen Ausspruch auf Vernichtung richtete, aus seinem Berufe heraustreten, Appellationsrichter werden, die Sache nach allen Richtungen in Faktum und Recht zur Prüfung ziehen und entscheiden, also nach den bisherigen Erfahrungen etwa in einem Drittel der vorkommenden Fälle thun soll, was als ungeeignet für den höchsten Richter anerkannt ist, warum das Rechtsmittel, wenn es einen Erfolg für den Imploranten gehabt hat, dasjenige veranlassen soll, zu dessen Vermeidung es im Gegensatze der Revision überhaupt eingesetzt ist, — dafür läßt sich ein innerer Grund sicherlich nicht auffinden. Es giebt Fälle, in denen die Entscheidung der Nichtigkeits-Beschwerde diejenige der Hauptsache gleichsam im Munde trägt. Aber ebenso häufig eröffnet die Wegschaffung des durch die Vernichtung berührten Moments eine ganze Reihe anderer faktischen und rechtlichen Momente zweifelhafteren Inhalts nicht selten, als das Vernichtungs-Moment war. Gewiß können die Parteien, und vor allem der Implorat, verlangen, daß mit vollständigster Vorbereitung an die Entscheidung dieser Momente gegangen wird, und daß sie von neuem vollständig gehört werden. Dazu gehört aber, daß sie Kenntniß der G r ü n d e der Vernichtung und Zeit und Raum zu der Ueberlegung haben, ob und in wie fern die Vernichtung resp. die M o t i v e derselben einen Einfluß auf die sonstigen Momente ausüben, um das Erforderliche für und gegen vorzutragen. Das wird ihnen jetzt nicht vollständig gewährt. Die Vorbereitung der Sache ist aber an sich schon eine mangelhafte. Sollte die Nichtigkeits-Einführungsschrift auch Erörterung der Hauptsache enthalten, so ist dies eine unnütze Verschwendung der Arbeitskraft für eine mögliche Eventualität; und da nova nicht vorgebracht werden dürfen, eine formlose schriftliche zweite Auflage der Appellationsdeduction, aber nicht von dem Verfasser derselben, sondern von Einem, der Sinn und Zusammenhang nur aus den Akten und etwa der Correspondenz kennt, also wahrscheinlich nicht völlig Herr der Materie sein wird, und deshalb zu einem Appellations-Plaidoyer an sich nicht so ausgerüstet ist, wie der Mandatar zweiter Instanz. Bei dem dritten Richter entsteht aber aus dieser mangelhaften Grundlage außer der möglichen Gefahr eines Uebersehens im Einzelnen die wohl eben so erhebliche, daß er zu tief hineingeht, namentlich aus combinirten Akten u. dergl. angeregte Fakta berücksichtigt, zu deren anderweiten Auffassung die Partei oder der richtige Appellationsrichter vielleicht Material hätten an die Hand geben können. Insofern der dritte Richter thatsächlich würdigt, betritt er hierbei ein ungeeignetes Gebiet, seine rechtlichen Aussprüche entbehren oft des vorhergehenden Ausspruchs des zweiten Richters, und stets der gründlichen Vorbereitung, welche der Nichtigkeitsangriff gewähren soll. Sagt man, sie seien eben nur Ansprüche eines stellvertretenden Appellationsrichters, so bleiben sie doch für die Parteien und das juristische und nicht juristische Publikum Aussprüche des Tribunals mit der ganzen Autorität desselben. Diese nothwendige Entscheidung richtiger Rechtssätze gleichsam in transitu war ein Haupt-Uebelstand, als das Plenum sich außer der ihm vorgelegten und bei ihm vorbereiteten Rechtsfrage, noch mit derjenigen der Prozeßsache befassen mußte, und derselbe tritt ebenfalls ein bei allen den Rechtsfragen, welche die Entscheidung der Sache selbst nach ausgesprochener Vernichtung tangiren, wenngleich in geringerem Grade. Die dem Nichtigkeitsrichter eingeräumte Competenz für die Hauptsache weckt, wenn etwa dem Referenten oder der Majorität die materielle Entscheidung unrichtig scheint, das natürliche Bestreben, Gebrauch von dieser Competenz zu machen, und durch die Vernichtung wie über eine Brücke zur Entscheidung in der Hauptsache zu gelangen, ein Bestreben, das, so achtungswerth es in seiner Grundlage ist, doch mit dem ganzen Geiste des Rechtsmittels in Widerspruch tritt, und dadurch, um einer einzelnen Sache zu helfen, leicht größeren Schaden für das Ganze erzeugen kann.

So viel ist klar, daß in sehr vielen Fällen von Billigkeitswegen eine neue abgesonderte vorbereitende Bearbeitung Statt finden müßte, welche den bezweckten Vortheil der Beschleunigung der Sache illusorisch machen kann, dadurch aber, daß sie Arbeitskräfte der Richter und Tribunals-Anwalte unzweckmäßiger Weise zersplittert, vermöge der Ueberbürdungen, Gefahren der Verzögerungen im Ganzen und Gefahr für die gründliche Erfüllung der eigentlichen Bestimmung dieses Verfahrens herbeiführt. Das Eine muß fast nothwendig unter dem Andern leiden. —

Warum soll man also nicht bei der regelmäßigen Form bleiben, warum den Parteien nicht Muße geben, dem Appellationsrichter neuen Vortrag zu halten? Entscheidet er definitiv, so handelt es sich um die Differenz weniger Monate, vorbehaltlich der Anfechtbarkeit, welche, wieder der Ordnung gemäß, die Momente dem Richtigkeitsrichter vorlegt, für die er bestimmt ist. War eine Ermittelung nöthig, so wird der Appellationsrichter dieselbe freier und umfassender anordnen können. Weicht die Ansicht des Appellationsrichters in Ansehung der Nothwendigkeit, einer Ermittelung von der, welche der dritte Richter gehabt haben würde, ab, dann ist es im zweifelhaften Falle gewiß im Großen und Ganzen besser, daß mehr ermittelt wird, als weniger. — Die einzige Ausnahme erscheint vielleicht durch die obligatorische Kraft der Vernichtung gerechtfertigt, daß, wenn derselbe Grund, ohne Existenz factischer oder sonstiger Streitpunkte, die Definitiv-Entscheidung in dem einen oder andern Sinn herbeiführt, diese Entscheidung zur Vermeidung von Weiterungen vom Richtigkeitsrichter mit ausgesprochen wird; z. B. die Abweisung der Klage bei durchgreifend befundener Verjährung und dergl. — Vorschlagen kann ich auch diese Ausnahme nicht, da sie zur Kasuistik führt.

Die billig scheinende Eventualität, daß eine Aufrechthaltung aus anderen Motiven zulässig sei, würde ich dagegen entschieden nicht gestatten. Dieselbe könnte nach dem Inhalte obiger Erörterungen wohl nur dann consequent dem Richtigkeitsrichter überlassen werden, wenn jene andern Motive rein rechtlich wären, ohne faktische Beimischung. Dies setzt eine Kasuistik voraus, die hier sehr unpassend sein würde, und die Frage, ob aufrecht zu erhalten? veranlaßt in jedem Falle die Nothwendigkeit einer umfassenden Prüfung der ganzen Sache, also eben das, was vermieden werden muß. So wie bei der Abänderung vorzüglich das Interesse des Imploraten, so tritt bei der Aufrechthaltungsfrage das Interesse des Imploranten hervor. Auch ihm ist volle Muße und Gelegenheit zu geben, die erstrittene günstige Nichtigkeits-Entscheidung vor dem Appellationsrichter geltend machen zu können. Hat der Appellationsrichter, nachdem das Nichtigkeits-Moment judikatsmäßig wegfällt, eine dem Imploranten günstige Ansicht der Sache, so ist das ein Vortheil des Rechtsmittels, der von Rechts und Ordnungs wegen dem Imploranten zu Gute kommen muß, und wodurch der Implorat in die Lage versetzt wird, die Sache, wenn es zulässig ist, anderweit vor den höchsten Gerichtshof bringen zu müssen. — Ich muß daher

die Abschaffung der Entscheidung des Tribunals in der Sache selbst

als logisch begründet und zweckmäßig befürworten. Der neue Entwurf macht den Gegnern dieser Ansicht die Concession, daß das Tribunal in der Sache selbst erkennt, wenn sie zur Entscheidung reif ist, entgegengesetzten Falls die Sache an das Gericht zweiter Instanz zurückweist. Ich billige dies nicht: eine Lebensfrage für das Gesetz ist aber dieser Punkt keineswegs. Er kann so oder anders entschieden werden, je nachdem man Utilitäts-Rücksichten den Vorzug giebt oder nicht.

§. 28.

Exekution aus dem angegriffenen Urtheil.

Zu den Wirkungen des Rechtsmittels gehört noch die Frage

ob denselben eine Suspensiv- oder Devolutivkraft beizulegen?

Zwar kann für die bloße Devolutiv-Kraft nicht angeführt werden, daß die Nichtigkeitsbeschwerde ein außerordentliches Rechtsmittel sei, denn das ist, wie noch neuerlich auch im Plenum bei Gelegenheit der Frage über den Verzicht angenommen wurde, ein an Fatalien gebundenes gegen eine gewisse Klasse von Erkenntnissen zuzulassendes Rechtsmittel in Wirklichkeit keineswegs. Dagegen bleibt doch die Eigenthümlichkeit dieses Rechtsmittels, daß es der Regel nach die Entscheidung nicht in ihrer Totalität angreift, sondern nur nach gewissen aus den Gründen zu entnehmenden Phasen. Scheint es daher, eben weil das Rechtsmittel kein außerordentliches ist, nicht gerechtfertigt, das Appellationsurtel für ein rechtskräftiges zu erklären, so muß doch die gewissermaßen nur partielle Anfechtbarkeit geneigt machen, eine exekutive Wirkung des Erkenntnisses zweiter Instanz zu

Gunsten des Imploraten wenigstens in so fern anzuerkennen, daß es gleichsam die Wirkungen eines Arrestschlages hat, daß nämlich eine Exekution ad depositum resp. Kautions-Bestellung des Exequendi verstattet ist, wobei der §. 10 des Gesetzes noch die Ausnahme macht, wenn durch die Vollstreckung ein unersetzlicher Schaden entstände.

Ich würde daher den §. 10 des Gesetzes mit Ausnahme des letzten Alinea, welches, wenn die Nichtigkeitsbeschwerde verworfen wird, den Tag der Insinuation des angefochtenen Erkenntnisses als Tag der Rechtskraft desselben statuirt, beibehalten.

Wird die Idee der Rechtskraft eines solchen in regelmäßigen Fatalien anzufechtenden Erkenntnisses aufgegeben, so folgt von selbst, daß von der Abnahme eines durch ein solches Erkenntniß aufgelegten Eides die Rede nicht sein kann.

Das zweite Alinea des Art. 5 der Deklaration, welches rücksichtlich der Abnahme des Eides zwischen deferirtem und nothwendigem unterscheidet, den ersteren abnehmen läßt, den zweiten nicht, doch mit Kautionsbestellung, muß daher gänzlich wegfallen. — Jedenfalls ist es gewiß geeigneter, unter allen Umständen einen Eid, dessen Ableistung noch in Frage gestellt werden kann, überhaupt nicht ableisten zu lassen, ehe definitiv feststeht, daß er abgeleistet werden muß. Auch scheint mir ein eventuelles, erst von der Eidesleistung abhängiges Recht des Imploraten keineswegs dazu angethan, um schon eine Exekution möglich zu machen, und den Imploranten zur Kautionsleistung oder Deposition, wenn nicht causales arresti vorliegen, billigerweise verpflichten zu können. Dies gilt in gleicher Weise, mag dem Imploranten oder dem Imploraten der Eid aufgelegt sein.

Das erste Alinea des Art. 10 d hat es für nothwendig gefunden, des Erkenntnisses auf laufende Alimente (§. 6 Tit. 14 P. O. Nr. 1) und überhaupt des Falles zu gedenken, daß „sonst nach den Vorschriften der Prozeß-Ordnung ein Erkenntniß des eingelegten ordentlichen Rechtsmittels ungeachtet, vollstreckbar ist.“

Es wird angeordnet, daß in diesen Fällen „die dem Verurtheilten beigelegte Befugniß sich bei Einlegung der Nichtigkeitsbeschwerde durch gerichtliche Deposition oder Kautions-Bestellung vor der wirklichen Vollstreckung des angefochtenen Erkenntnisses zu schützen, nicht stattfindet."

Sollte hierdurch das Ziel erreicht werden, daß dem Imploranten durch die Nichtigkeitsbeschwerde kein größerer Schutz für eine Verurtheilung herbeigeführt werde, als in derselben Prozeßart durch die Appellation: so wird dies Ziel in den meisten praktischen Fällen des blos devolutiven Effekts der Appellation überschritten. Denn sowohl bei der „Gefahr im Verzuge" (§. 6 I. 14 Nr. 2) findet die Deposition oder Kaution Statt (§. 7), als beim Wechsel-Prozeß (Tit. 47 §. 51) wenigstens die Deposition.

Nur bei den „laufenden Alimenten" läßt die A. G. O. die Kaution und Deposition nicht ausdrücklich zu, jedoch gestattet sie überhaupt im §. 8 ein Verfahren über das Dasein eines damnum irreparabile für den Appellaten, das grade bei Alimenten leicht wird Platz greifen können. Selbst in dieser Beschränkung auf „laufende Alimente" entbehrt daher die Vorschrift des Art. 10 in ihrer Unbedingtheit der Begründung.

Ich würde das erste Alinea ganz und gar wegfallen lassen. Es ist von Bedeutung nur für die laufenden Alimente. Sind diese dem Imploraten bereits in erster Instanz zuerkannt gewesen, und hat der Appellations-Richter bestätigt, so hat das erste Erkenntniß nach der Gerichts-Ordnung eine exekutivische Kraft erlangt, die ihm bleibt, und durch die gegen das Appellations-Erkenntniß gerichtete Nichtigkeitsbeschwerde natürlich nicht beeinträchtigt wird. War aber erst das zweite Erkenntniß ein den Imploraten verurtheilendes, während das erste den Anspruch abgewiesen hatte, dann liegt eben bei diesem Dissens zu einem favor alimentorum über die Deposition hinaus kein genügender Grund vor, und zwar um so weniger, da selbst in erster Instanz eine weitere Begünstigung keinesweges hätte angeordnet zu werden brauchen.

Denn wird dafür gesorgt, daß solchen Alimentation bedürftigen Personen das Alimentations-Quantum sicher gestellt ist, so ist das Alles, was sie — bei streitigem Anspruche — billigerweise fordern können, indem von der anderen Seite für den Fall der Abweisung der Klage, der Verklagte, wenn er einmal gezahlt hat, sich selten an ihnen wird erholen können.

Unpassend endlich ist die Anordnung im letzten Satze des ersten Alinea:

> Auch die Aufhebung eines Arrestes, auf welchen in dem gedachten Urtheil erkannt ist, wird durch die Nichtigkeitsbeschwerde nicht aufgehalten.

Grade bei diesem Gegenstande kann dem Imploranten ganz wesentlich an der Conservirung einer gewissen Sicherheits-Maßregel gelegen sein, ja sie kann so wichtig für ihn sein, daß durch die Aufhebung derselben der ganze Zweck der Nichtigkeitsbeschwerde vereitelt wird. Hier muß es ihm also gewiß verstattet sein, ein damnum irreparabile nachzuweisen oder Sicherheit zu bestellen, um die Exekution des den Arrest aufhebenden Erkenntnisses, so lange die Nichtigkeitsbeschwerde schwebt, abzuwehren.

Die gänzliche Abschaffung des Art. 10 Dekl. erscheint hiernach meines Erachtens gerechtfertigt.

§. 29.

Wirkung der Nichtigkeitsbeschwerde bei Litis-Consorten.

Schließlich kann noch

> die Wirkuug der Nichtigkeitsbeschwerde rücksichtlich eines Litisconsorten, der sie nicht mit eingelegt hat,

hier angeschlossen werden. Das ist eine prozessualisch keinesweges von Bedenken freie Materie. Der §. 19 G. O. erklärt jedoch „die Vorschriften Tit. 14 §. 14 a und 14 b für anwendbar, nach welchen bei gleichen Rechten und Fundamenten, selbst wenn das Object theilbar ist, dem nicht gravaminirenden Litisconsorten der Beitritt sogar nach eröffnetem Erkenntniß verstattet ist. Da an dem Verfahren in appellatorio jetzt nichts geändert werden soll, dringende praktische Motive zur Abschaffung dieser Anordnung nicht vorliegen, und ihre Bedeutung nicht minder erheblich scheint für die Nichtigkeitsbeschwerde als für die zweite Instanz: so würde ich der Ansicht sein,

> den §. 19 lediglich beizubehalten.

Nichtigkeits-Beschwerde

gegen Urtheile, die nicht in zweiter Instanz ergangen sind, resp. Resolutionen.

I. Possessorien-Erkenntnisse.

§. 30.

Possessorien-Erkenntnisse.

Wird die Zulässigkeit dieser Spezies beibehalten, dann bedarf es einer besonderen Statuirung von Nichtigkeitsgründen für dieselbe nicht. Es handelt sich von kontradictorischen Erkenntnissen; mit Ausnahme derjenigen Motive, welche die Richterzahl und die Zulässigkeit des Rechtsmittels betreffen, können deshalb alle andern oben aufgestellten Gründe bei denselben Anwendung finden.

Daß aber das Rechtsmittel gegen diese Art von Urtheilen überhaupt nicht hätte gestattet werden sollen, ist mein erster Eindruck nach Emanation des Gesetzes von 1833 gewesen, und ich halte denselben fortwährend für nichtig, mögen auch manche Vernichtungen von Possessorien-Urtheilen erfolgt sein, was bei einer rechtlich so exineusen Materie, wie der Besitz ist, kaum anders möglich war. Ein erhebliches Vorurtheil gegen die Nothwendigkeit dieses Rechtsmittels muß schon daraus entstehen, daß die Prozeß-Ordnung, sonst so geneigt, gegen Erlasse der Untergerichte jede Remedur zu verstatten, hier zufolge §. 18, Titel 31 jedes Rechtsmittel ausgeschlossen hat. Der Grund wird ganz richtig dahin angegeben „da das Urtel blos den Besitzstand regulirt, und über das Recht selbst nicht entscheidet." Das Possessorium ist ein dem gemeinen Prozeß entnommenes Institut schleuniger Hülfe für Fälle von Störungen und neuerlichen Beunruhigungen im Besitze, solche Fälle, in denen es nothwendig ist, das faktische Verhältniß rasch zu ordnen. Das Verfahren entspricht dem: es schließt gewisse Beweisarten z. B. Urkunden-Editions-Anträge, Urkunden-Verifikation, Neben-Untersuchungen über die Glaubwürdigkeit der Zeugen ganz aus (§. 13) und nimmt überhaupt nur auf solche Beweismittel Rücksicht, welche entweder vor dem Termin angezeigt, oder noch im Termine zur Stelle gebracht werden (§. 12). Das Urtel hat durchaus die Natur eines interimistischen. Es entscheidet selbst über die Besitzfrage nicht einmal definitiv bis zum Ausgange des Petitorii, sondern der Richter erster Instanz in der Hauptsache ist verpflichtet, den Besitzstand wenn er es — was bei freier Beweisaufnahme leicht eintreten kann — nöthig findet, anderweit festzusetzen (§. 18).

vergl. die Ausführung des Plenarbeschlusses vom 15. März 1847. Entscheid. Bd 14, Seite 165.

Wenn also der beschwerten Partei sehr daran gelegen ist, so kann sie mit völlig freier Beweisaufnahme die Frage des Besitzes sehr bald zu einer neuen Entscheidung bringen. Jedenfalls wird diese neue Entscheidung des ersten Instanzrichter in petitorio ihre Geltung behaupten, selbst demjenigen entgegengesetzten Possessorien-Urtheil gegenüber, das nach erfolgter Vernichtung vielleicht vom Ober-Tribunal erlassen worden ist. Dies zeigt meines Erachtens zur Genüge, daß nicht nur kein Bedürfniß einer Abhülfe durch den höchsten Gerichtshof bei einem solchen außerordentlichen Interimistikum vorliegt, sondern daß sie den Gerichtshof auch leicht der weitern Entscheidung gegenüber in eine nicht angemessene Stellung bringen kann. Hätte die Pr. O. es übrigens nicht bei der im gemeinen Prozeß stets angenommenen Nicht-Appellabilität des Urtheils in summarissimo belassen wollen, so würde sie ohne Zweifel das Rechtsmittel der Appellation verstattet haben.

Ich beantrage somit

den Wegfall der Nichtigkeits-Beschwerde in summarissimo.

§. 31.

Sonstige erstrichterliche Erlasse.

Die anderen Categorien erstrichterlicher mit der Nichtigkeits-Beschwerde anfechtbaren Erlasse nemlich:

Agnitions-Resolute,
Purifikationsbescheide,
Adjudikatoria,
Präclusoria

haben das Gemeinsame, daß es sich dabei von einer eigentlich kontraditorischen Entscheidung gar nicht handelt, der Richter vielmehr nur die Agnition der Forderung — die eingetroffene Eventualität, je nachdem der Eid geschworen oder nicht geschworen ist, nach den Grenzen des denselben auflegenden Erkenntnisses — den im Subhastations-Termine erfolgten Zuschlag — die nicht geschehene Meldung von Interessenten innerhalb der Frist, zu constatiren hat. Es läßt sich gewiß nicht verkennen, daß hierbei Verstöße gegen die Sachlage vorkommen können, und daß bei der Wichtigkeit jener Erlasse eine Abhülfe dagegen möglich sein muß. Diese kann aber nach der jetzigen Gerichts-Organisation, nach welcher die genannten Erlasse nur von den Gerichten erster Instanz, den Kreis- und Stadtgerichten ausgehen, ganz eben so gut durch die Appellationsgerichte, als durch das Obertribunal gewährt werden. Dieser schon früher (Bergmann Ref. VII. E. F.) geltend gemachten Erwägung schließe ich mich an, und finde die Appellationsgerichte geeigneter, da es sich durchgehends von Remeduren gegen faktische Verstöße handeln wird. Soviel hat wenigstens die Erfahrung hinreichend gezeigt, daß ein Nichtigkeitsgesetz berechnet für contradiktorische Entscheidungen zweiter Instanz nur zum größten Schaden der Rechts-Administration auf so heterogene Gegenstände, so indistincte hat zur Anwendung gebracht werden können, wie dies durch die Clausel in §. 4 G., welche die Nichtigkeits-Beschwerde

> wider Erkenntnisse erster und zweiter Instanz, gegen welche die Gesetze kein ordentliches Rechtsmittel zulassen

und den §. 7 G. (Agnitoria, Purifikatoria, Adjudikatoria) geschehen ist. Die nachträgliche Hülfe, welche bei den Adjudikatorien in Art. 2 der Dekl. durch Bestimmung der Personen, welchen das Rechtsmittel zustehen könne, und Hinzufügung materieller Nichtigkeitsgründe gewährt wurde, war eine nicht genügende, weil der unpassende Boden der contradiktorischen Nichtigkeits-Beschwerde nicht ganz aufgegeben wurde, und bezog sich nicht auf die andern Categorien erstinstanzlicher Erlasse. Bei dem Widerstreben der geltenden Nichtigkeits-Motive dem Bedürfniß gegenüber hat daher die Hülfe, wo sie wirklich nöthig war, entweder gar nicht, oder auf künstlichem Umwege (z. B. bei der Purifikatoria vermöge der Annahme, daß der Grundsatz der res judicata verletzt sei, vergl. Samml. S. 374 P. 1861) verschafft werden können und es sind die größten Dissense formeller Art auf einem Gebiete entstanden, wo es nur darauf ankommt gegen wirkliche Fehler Schutz zu geben. Unbedenklich scheint es mir daher, daß, mag nun das Appellationsgericht oder das Ober-Tribunal als die Behörde bei der das Rechtsmittel einzulegen, hingestellt werden, das Anfechtungsmittel nicht in Nichtigkeiten von Entscheidungsgründen, die in allen diesen Fällen nicht zutreffen, sondern eben in der inneren Nichtigkeit des Erlasses selbst, d. h. daß derselbe nach der Sachlage entweder gar nicht, oder nicht in solcher Art hätte ergehen dürfen, gesetzt werden kann, wobei freie Beurtheilung wenigstens in gewissem Grade nöthig ist.

Vorzüglich aber muß die Gesetzgebung im Auge behalten, daß es sich in allen jenen Fällen von Akten handelt, die durch die Sache selbst ihre feste Norm finden, nicht, wie ein contradiktorisches Erkenntniß von verschiedener Beurtheilung des Fakti und der Gesetze abhängen, daß also wirkliche die Gültigkeit des Akts in Frage stellende Verstöße im Allgemeinen zu den Seltenheiten gehören, während die Rechts-Stätigkeit jener Erlasse durchgehends in vorzüglichem Interesse des Publikums liegt. Daraus folgt meines Erachtens, daß man, um Mißbräuche zu verhüten, die nur für seltene Fälle anwendbare Hülfe nicht in der Gestalt einer regelmäßigen und ordentlichen, so nemlich, daß das Rechtsmittel ohne weiteres einzuleiten, gewähren darf. Eine vorherige Prüfung des Fundaments und eine Zurückweisung durch Dekret, wenn die Sache danach angethan befunden wird, scheint mir bei dieser Art von Beschwerden, da sie ein ausnahmweises Verhältniß voraussetzen, durchaus an der Stelle zu sein.

§. 32.

Agnitions-Resolution.

Anlangend nun im Einzelnen:

1. die Agnitions-Resolution,

d. h. eine Resolution, worin, nachdem der Verklagte die eingeklagte Forderung durchgehends eingeräumt hat, der Richter „deutlich und bestimmt festsetzt, was nunmehr der Verklagte nach dem Inhalte der Klage und seiner darauf abgegebenen Erklärung dem Kläger zu leisten oder zu bezahlen habe, oder wozu der Kläger für berechtigt zu halten,"

(§. 15. Theil I. Titel 8. A. G. O.)

so gehören diese Resolutionen nach gegenwärtigem Prozeßverfahren zu den seltenen, Nichtigkeits-Beschwerden dagegen wohl zu den allerseltensten Fällen. Die ganze Agnitoria, da sie ja nur konstatirt, was aus dem gerichtlichen Protokoll (nur dies, nicht Privat-Anerkenntniß in einer Eingabe darf ihr zur Grundlage dienen, §. 16 a. a. O.) hervorgeht, ist eigentlich überflüssig, es ließe sich eine Ausfertigung des Protokolls eben so gut für exekutorisch erklären. Da die Agnitoria mehr als eine solche nicht sein darf und kann, da es ihr nicht zusteht, etwas an der gedachten Erklärung zu ändern, oder über deren Rechtsverbindlichkeit z. B. die Person des Erklärenden noch auszusprechen, so muß sie meines Erachtens als eine bloße Resolution, ein Dekret aufgefaßt, und an sich müßte der einfache gewöhnliche Beschwerdeweg mit vier wöchentlicher Frist dagegen verstattet werden. Angemessen wäre es aber wohl, ein Verfahren, wie beim Rekurse in Bagatellsachen (Verordnung vom 20. März 1854), einleiten zu lassen, eine weitere Beschwerde gegen die Entscheidung des Appellations-Gerichts aber nicht zu gestatten.

§. 33.

2. Purifikations-Bescheide.

Wenn derjenige, welcher den Eid leisten soll, wegen Ausbleibens im Termine in Contumaziam durch die Purifikations-Resolution für nicht schwören wollend erachtet wird, so steht ihm dagegen nach der Verordnung vom 28. März 1840 (G. S. Seite 102) in 10 Tagen das Rechtsmittel der Restitution zu, auf welches, je nachdem nun der Eid wirklich geleistet wird, oder nicht, eine anderweitige Purifikation zu erlassen, oder die Contumazial-Purifikatoria aufrecht zu halten ist. Dies Rechtsmittel greift durch und genügt für alle Eventualitäten einer Contumazial-Purifikatoria, also auch dann, wenn etwa behauptet wurde, daß die Vorladung zum Schwörungstermine nicht ordentlich geschehen sei. Denn der in Contumazia Verurtheilte hat, nachdem ihm die Purifikation insinuirt worden, durch die Restitution, bei welcher er nach §. 31 des Gesetzes vom 21. Juli 1846 Hinderungs-Ursachen nicht anzugeben braucht, einen völlig ausreichenden Schutz, ganz wie in dem Falle des §. 2, Nr. 6, Theil I., Titel 16 A. G. O. Ist aber die Contumazial-Purifikatoria nicht ihm, sondern einer zur Empfangnahme nicht berechtigten Person insinuirt, so fehlt ihr überhaupt noch die prozessualische Existenz dem Contumax gegenüber. Es bedarf keiner Vernichtung derselben, vielmehr ist die richtige Insinuation vorab zu bewirken, und a dato derselben läuft dann die Restitutionsfrist. Jedenfalls würde, wäre eine Vernichtung der nicht insinuirten Purifikatoria nöthig, diese an ein Fatale überhaupt nicht gebunden werden können.

So wie rücksichtlich der Contumazia kein Bedürfniß eines Rechtsmittels außer dem der Restitution vorhanden ist, so würde es auch meines Erachtens ungeeignet sein, wollte man umgekehrt, dem Gegentheil darüber eine Beschwerde zulassen, weil die Folgen der Contumazia nicht angenommen, weil etwa zur Ungebühr ein anderweiter Schwurtermin angesetzt worden sei. Hat einmal diese Art von **brevi manu** Restitution im Verfahren Statt gefunden und ist in Gefolge derselben der Eid geleistet, dann muß es dabei sein Bewenden haben: ein Nichtigkeits-Angriff hätte keinen rechten Sinn.

Der Inhalt der Purifikatoria, insofern derselbe auf eine Würdigung des geleisteten resp. nicht geleisteten Eides, in Verhältniß zu den daraus abzuleitenden Folgen beruht, bildet dagegen den Gegenstand des Angriffs jederzeit, wenn der Purifikationsrichter die ihm gegebene bestimmte Richtschnur verlassen hat. Diese Richtschnur wird gegeben durch das den Eid auflegende Erkenntniß, und durch das Protokoll. Weder in der Eidesnorm, noch in der Person des Schwörenden, noch in den festgesetzten Folgen der Leistung oder Nichtleistung des Eides darf der Richter irgend eine Abänderung machen: er darf nichts davon abnehmen, noch hinzusetzen. Zeigen sich Ergänzungen nöthig, und ist die Purifikations-Ertheilung davon abhängig, so muß der Richter die Purifikation aussetzen, bis dem Mangel abgeholfen ist. Der Grund der Anfechtung einer Purifikation ist meines Erachtens also einfach so festzustellen:

wenn die Purifikation in Widerspruch steht mit dem zu purifizirenden Erkenntnisse, oder mit denjenigen Verhandlungen, welche die Abnahme des Eides resp. die Erklärung über denselben enthalten.

Ob sodann speziell für die Purifikations-Bescheide die Nichtigkeits-Beschwerde an das Tribunal beizubehalten, stelle ich anheim, jederzeit mit dem Vorbehalt, daß auch bei diesem eine Abweisung durch Dekret statthaft sein müßte.

Läßt man nach obigem allgemeinen Vorschlage den Rekurs an das Appellationsgericht zu, so wird dieser wohl ganz so, wie ein Rekurs in Bagatellsachen behandelt werden können. Die Verweisung solcher Sachen an das Appellationsgericht hat noch für sich, daß bei demselben ganz füglich die Nachholung einfacher Ergänzungen zum Haupterkenntnisse, wenn sie zulässig sind mit dem Verfahren verbunden werden kann, statt eines separaten Zeit und Kosten raubenden Verfahrens über dergleichen Punkte, welche gerade in Purifikations-Nichtigkeitssachen mehrfach vorgekommen sind.

(vergl. Entscheid. Band 16 Seite 490).

Für die Beibehaltung der Nichtigkeits-Beschwerde an das Tribunal läßt sich anführen, daß die Handhabung und Aufrechterhaltung eines Judikats bei derselben in Frage steht und daß dies Judikat oft erst vermöge der Entscheidung letzter Instanz Judikat geworden ist, es also bedenklich erscheinen könnte, die Cognition des Tribunals ganz auszuschließen. Will man das Letztere nicht, so ist es freilich besser, diese der Regel nach einfachern Sachen sofort an den höchsten Gerichtshof zu bringen.

§. 34.

3. Präclusoria.

In dieser Beziehung hat der Obertribunals-Rath v. D. die beim Obertribunal vorgekommenen Fälle, resp. die Plenar-Verhandlungen zusammengestellt, und ist schließlich zu dem Resultate gekommen, daß eine Nichtigkeits-Beschwerde gegen Erkenntnisse in Präclusionssachen überhaupt nicht zuzulassen sei, dem Präcludirten die Restitution genüge, und daß nur dem abgewiesenen Extrahenten und dem Präcludirten, wenn er präkludirt ist, obgleich er sich gemeldet hat, ein Rechtsmittel in der Form des Rekurses zu verstatten sein würde.

Hiermit stimme ich im Wesentlichen überein, bin aber der Ansicht, daß auch das Rechtsmittel entbehrlich ist.

Ein Präclusions-Erkenntniß ist ein Contumazial-Erkenntniß gegen den Präcludirten, wodurch er mit der Geltendmachung des Anspruchs zurückgewiesen wird. Es hat einzig und allein den Zweck, diese Präclusion auszusprechen; die Restitution ist das Mittel dieselbe wieder rückgängig zu machen: sie steht dem Präcludirten zu, mag richtig oder mag unrichtig verfahren worden sein. Sie absorbirt also alle Rechtshülfe, auf welche er einen Anspruch hat, da von einem Streit über die materielle Richtigkeit seines Anspruchs im Aufgebot-Verfahren die Rede nicht ist. Auch in dem Falle, wenn der Präcludirte präcludirt ist, obwohl er erschienen, oder unter Nichtbeachtung der Fristen, reicht die Restitution völlig aus.

Diese Ansicht, schon gerechtfertigt nach der seitherigen Gesetzgebung, erhält vollends durch die Conkursordnung vom 8. Mai 1856 ihre Bestätigung. Beim Conkurse findet eine Präclusion überhaupt nicht Statt.

(vergl. §. 176 und 254).

Beim erbschaftlichen Liquidations-Prozesse, und beim Aufgebot von Subhastations-Massen greift nach ausdrücklicher Vorschrift des §. 354 und §. 412 gegen das Präclusions-Erkenntniß nur das Rechtsmittel der Restitution Platz.

Das Bedürfniß eines Rechtsmittels für den Extrahenten ist aber gar nicht anzuerkennen. Gegen ihn kann im Präclusionsverfahren ein Erkenntniß überhaupt nicht erlassen werden, denn es ist ja kein contradictorisches Verfahren. Es ist ein bloßer Mißbrauch, wenn der Richter, statt auszusprechen, welche Nachholungen er noch verlangt, den Extrahenten wegen Mangels dieser Erfordernisse, durch eine Sentenz mit seinem Antrage abweist. Diese sogenannte Sentenz hat keine Wirkung eines Judikats, da sie ja den Extrahenten an der Wiederholung seines Antrags nicht hindert. Sie ist materiell nur ein Dekret, dem Beschwerdeverfahren, wie andere Dekrete, unterworfen. Sie läßt auch ein contradictorisches Appellationsverfahren nicht zu. Deshalb hat dies, und eben so die Nichtigkeits-

Beschwerde nur mit großen Unregelmäßigkeiten und Inconvenienzen eingeleitet werden können.

Rechtssprüche Band 4, Seite 210, besonders Seite 221

Entscheidungen Band 29, S. 237.

Auf jeden Fall wird, wenn es für nöthig erachtet wird, gegen ein Urtheil, das nach dem regelmäßigen Prozeßgang nicht ins Leben treten kann, ein besonderes prozessualisches Rechtsmittel zu geben, der Rekurs vollkommen genügend sein.

Die Differenzen, welche zwischen dem Justiz-Ministerium und dem Obertribunal in dieser Materie im Jahre 1848 schwebten, und Veranlassung zweier Plenarbeschlüsse wurden, betrafen die Beschwerde-Instanz. Nach dem letzten Plenarbeschlusse v. 5. März 1849

> ist in jedem einzelnen Falle zu prüfen, ob, wenn der Ausspruch statt in der betreffenden Verfügung in dem abzufassenden Urtheil ergangen wäre, gegen letzteres die Appellation oder die Nichtigkeits-Beschwerde das zulässige Rechtsmittel gewesen sein würde. Im ersten Fall, der in der Regel eintreten werde, wenn der Extrahent des Aufgebots sich über die verweigerte Einleitung desselben beschwert, ist der Appellationsrichter zur Erledigung der Beschwerde kompetent, im letzten Fall das Geheime Obertribunal.

Statt dieser eine unsichere Casuistik herbeiführenden Unterscheidung ist es gewiß passender, die Beschwerde stets an das Appellationsgericht, als die ordentliche nächste Beschwerde-Instanz gehen zu lassen, wie das Justiz-Ministerium ausgesprochen hatte, das wiederholt erklärte, es seien in dem Gesetze von 1833 Präclusions-Sachen nicht als solche, bei denen Nichtigkeitsbeschwerde Platz greife, gemeint gewesen. Die lediglich aus der allgemeinen Fassung des §. 4 des Gesetzes von 1833 entstandene entgegenstehende Ansicht des Obertribunals wird von selbst wegfallen, wenn in dem neuen Gesetze die Nichtigkeits-Beschwerde nur gegen Appellations-Erkenntnisse und — falls dies beliebt wird — gegen speziell aufzuführende Erlasse erster Instanz zugelassen würde.

§. 35.

4. Adjudikatoria.

Im Jahre 1847 wurde vom Obertribunal ein Gutachten über ein neues Subhastations-Gesetz erfordert. Bei dieser Gelegenheit habe ich ein Votum abgegeben, dessen wesentlichen Inhalt eine der Beilagen dieser Schrift enthält, worin der schleunige Erlaß eines Gesetzes über das Rechtsmittel gegen eine Adjudikatoria für ein dringendes Bedürfniß erklärt, auch der Vorschlag eines solchen Gesetzes beigefügt wurde. Diesem Antrage ist laut Protokoll vom 6. Januar 1848 das Plenum beigetreten, und mit Zugrundelegung der Motive desselben ist das Gutachten vom 7. Februar 1848 an das Justiz-Ministerium erstattet, in welchem sich ein Vorschlag zu dem fraglichen Gesetze findet.

Die vom damaligen Justizminister, jetzigen Chef-Präsidenten Uhden, im Jahre 1847 ausgegangene Anregung zu einem Subhastations-Gesetze hatte keinen weiteren Fortgang, und so ist das gedachte Gutachten ohne Folge geblieben.

Mir scheint es noch jetzt der angemessenste Weg zu sein, daß das Subhastations-Rechtsmittel-Gesetz als ein abgesondertes von dem Gesetze über die Nichtigkeits-Beschwerde gegen Appellations-Erkenntnisse, wenn auch gleichzeitig mit dem letztern behandelt und erlassen und dabei vielleicht zugleich das Verfahren bis zur Adjudikatoria geordnet wird.

Die Lage der Gesetzgebung hat sich seit jenem Gutachten in so weit verändert, daß Manches, was damals der Emanation einer Subhastationsordnung im Wege stand, jetzt nicht mehr dagegen angeführt werden kann. Die Gerichts-Organisation ist eine gleichmäßige und vollständige geworden. Die Hypotheken-Gesetzgebung hat durch das Gesetz von 1853, wenn auch keinen vollständigen Abschluß, doch eine Umgestaltung erhalten, auf deren wesentliche Abänderung vor der Hand gewiß nicht gerechnet werden kann, da Abänderungen wesentlicher Art zu sehr mit der materiellen Gesetzgebung zusammenhängen. Der zweite Theil des Subhastationsverfahrens, das Kaufgelderbelegungsverfahren ist vollständig und umfassend regulirt durch den Titel 5, Abschn. 3, §. 383 u. f. der Conkurs-Ordnung, wobei der §. 384 schon die Vorladung resp. Aufbietung der aus dem Hypothekenbuch nicht ersichtlichen Real-Interessenten durch das Subhastations-Patent anordnet. Wenn nun aus dem ersten Theile des Verfahrens jetzt die Rechtsmittel gegen den Zuschlagsbescheid legislatorisch zweckmäßig geordnet werden, so liegt es doch nahe, damit zugleich die Ordnung der andern Hälfte, des Verfahrens vor der Adjudikatoria zu verbinden, zumal dieses in so innigem Zusammenhange mit der Anordnung der Rechtsmittel steht, und die Zerstreuung dieser praktischen Materie in so vielen Gesetzen, eben so die Unbestimmtheit derselben dem Publikum zu außerordentlicher Belästigung gereicht. Die Sache ist sehr einfach, sobald man sich über die drei Fragen:

1) ob an die Stelle der Taxe eine Beschreibung zu setzen?
2) ob an den Fristen etwas zu ändern?
3) ob und was in Betreff des Verfahrens im Bietungstermine anzuordnen?

geeinigt hat. Ich sollte denken, bei dem reichen in den frühern Verhandlungen vorliegenden Material müßte es nicht schwer sein, über diese drei Fragen endlich ins Reine zu kommen. Die Aufhebung der gegenwärtig über die Rechtsmittel gegen eine Adjudikatoria bestehenden Vorschriften darf nicht erfolgen, ohne etwas anders an deren Stelle zu setzen, und zwar auf die angemessenste Weise.

Im Uebrigen kann ich auch hier nur wiederholen, daß mir der Rekurs an das Appellations-Gericht mit vorgängiger Prüfung und eventuell Zurückweisung durch Dekret das geeignetste Rechtsmittel zu sein scheint, wenigstens sofern von der Beseitigung von Verstößen die Rede ist.

Zusätzlich erlaube ich mir noch der schiedsgerichtlichen Urtheile zu gedenken.

Hier bedarf es zwar keiner besonderen Bestimmung, wenn die §§. 172—175, Th. I., Tit. 2, A. G. O. in dieser Hinsicht bestehenden Vorschriften blieben, da in Gefolge derselben nur die gegen ein Appellations-Erkenntniß einzulegende Nichtigkeits-Beschwerde an das Obertribunal gelangt.

Bekanntlich sind aber jene Vorschriften dunkel und nicht zweckmäßig: wird also über die Rechtsmittel erster Instanz-Erkenntnisse etwas angeordnet, so könnte damit diese Materie sehr gut verbunden werden. Der Rekurs an die Appellations-Gerichte im Sinne der Verordnung vom 20. März 1854 dürfte das geeignete Rechtsmittel und im Falle der Nicht-Verwerfung durch ein Appellations-Erkenntniß zu entscheiden und gegen dies dann, wenn es in der Sache nun erkannt hat, die Nichtigkeits-Beschwerde zulässig sein, nicht aber, wenn der Rekurs verworfen ist. — Nach den vorstehenden Entwickelungen wird sich ein abgesonderter Gesetzvorschlag über das Rechtsmittel gegen die

Agnitions-Resolutionen,
Purifikations-Resolutionen,
Adjudikationsbescheide,
Schiedsrichterlichen Urtheile

leicht formuliren lassen.

Zweiter Abschnitt.

Art des Verfahrens, wodurch die Rechtsmittel eingeführt und geltend gemacht werden.

---

§. 36.

Einführung. Fristen.

Nach dem Gesetze vom 21. Juli 1846 §. 23 steht Revision und Nichtigkeitsbeschwerde insofern der Appellation gleich, daß sie wie diese, in sechswöchentlicher Frist nach Insinuation des Erkenntnisses beim ersten Instanzgerichte formlos anzumelden, und in weiteren vier Wochen nach Ablauf dieser sechs Wochen beim Obertribunal einzuführen sind.

Durch diese doppelte Frist wird einerseits für den Gegentheil erreicht, daß die Frage, ob ein Rechtsmittel überhaupt eingelegt wird, eher zur Gewißheit kommt, als wenn nur Eine zehnwöchentliche Frist existirte, andererseits die Beschleunigung der Sache und die ordentliche Behandlung derselben befördert, indem durch Abforderung der Akten keine Zeit verloren geht. Es wird daher bei der doppelten Frist zu belassen sein. Ich finde auch keine Veranlassung, eine Verlängerung dieser Fristen überhaupt, oder eine Abänderung derjenigen Vorschriften zu beantragen, wodurch die Einführungsfrist für den Fiskus und Corporationen verdoppelt ist.

(§. 21 Gesetz von 1833 und Art. 13 Dekl. von 1839)

Ich bin aber der Ansicht, daß

für die schleunigen Sachen (§. 27 Ges. vom 21. Juli 1846)

die dreitägige Anmeldungs- und zugleich Einführungsfrist wenigstens in dritter Instanz zu kurz und überhaupt nicht passend ist, letzteres besonders in den Wechselsachen nicht, da die Anfertigung der Nichtigkeitsbeschwerden dadurch wenigstens außerhalb der Berliner Prozesse, wieder in die Hände der Anwalte erster und zweiter Instanz gekommen ist, was gerade in dieser Materie leicht zu erheblichen Benachtheiligungen führen kann. Um nicht zu sehr von dem abzuweichen, was in der Appellations-Instanz gilt, würde ich

die dreitägige Frist zur formlosen Anmeldung beim Gerichte erster Instanz beibehalten,

daneben aber eine vierzehntägige Frist der Einführung beim Obertribunal durch einen Obertribunals-Anwalt anordnen. Die Rücksicht auf Beschleunigung darf nicht zur Ueberrumpelung führen, und das Rechtsmittel der Nichtigkeitsbeschwerde hat ja nur Devolutiv-Effekt.

Vorausgesetzt, daß die oben vorgeschlagene Unterscheidung zwischen „Nichtigkeitsmitteln erster und zweiter Klasse" adoptirt wird, muß das Gericht erster Instanz bei einer angemeldeten Nichtigkeitsbeschwerde gegen jedes Appellations-Erkenntniß nur prüfen, ob die Anmeldung rechtzeitig erfolgt ist, da bei der ganz formlosen Anmeldung die Erklärung, daß nur Nichtigkeitsmittel erster Klasse vorgebracht werden sollen, nicht etwa im Voraus erfordert werden könnte, sofern von einem Objekte von nicht über 100 Thlrn. die Rede ist.

Das Obertribunal dagegen muß beim Eingange der Einführungsschrift, außer der Rechtzeitigkeit natürlich auch die Zulässigkeit der Nichtigkeitsmittel nach dem Objekte prüfen, und bei einem Beschwerde-Objekte, das nicht über 100 Thlr., die Nichtigkeitsbeschwerde nur zulassen, wenn Nichtigkeitsmittel erster Classe geltend gemacht sind.

Eine Requentenkammer, wie sie beim Pariser Cassationshof besteht, einzuführen, das würde zu tief in die Organisation des höchsten Gerichtshofes eingreifen. Es ist auch an sich in mehrerer Hinsicht bedenklich, und vollends bei der Theilung der Senate nach

Materien des Civilrechts. Besser, auch bei anscheinend unbegründeten Beschwerden, beide Theile erst zu hören und dann zu entscheiden, als die Arbeit der Entscheidung in ein doppeltes Stadium zu verlegen. Besonders kommt hierbei auch eine zweckmäßige Einrichtung des Vortrages der Sachen in Erwägung, wovon unten das Nähere.

§. 37.

Nachtrag. Restitutionsfrage.

Der §. 18 des Gesetzes vom 21. Juli 1846 läßt einen Nachtrag der Einführungsschrift zu, in dem noch Beschwerden aufgestellt werden können. Der §. 17 sagt, daß die Einführungsfrist angemessen verlängert werden kann

aus Hinderungsgründen, die in der Sache selbst liegen.

Beides gilt bei dem jetzigen Verfahren dritter Instanz, und wird auch beizubehalten sein. Jene Verlängerung des §. 17 hat gewissermaßen den Charakter einer prätorischen Restitution im Voraus. Beim vierten Senate, und wahrscheinlich auch bei den andern Senaten, sind besonders rücksichtlich armer Parteien, welche die Vertretung durch einen Offizial-Anwalt begehren, Fälle vorgekommen, in denen es äußerst hart erschien, die Restitution nicht ertheilen zu können, weil die Einführungsfrist beim Eingange der betreffenden Eingabe schon abgelaufen war. Es ist richtig, daß ein Fatale seinen Charakter verliert, wenn unbegrenzt eine Restitution zugelassen wird. Allein, da das Gesetz einen Nachtrag in vierzehn Tagen und eine Erstreckung gestattet, so dürfte es nicht unangemessen sein, jene vierzehn Tage als den Termin hinzustellen, innerhalb dessen das Obertribunal eine brevi manu Resolution gegen die versäumte Nothfrist aussprechen kann, wenn in diesen vierzehn Tagen die Einführungsschrift eingeht, und zugleich bescheinigt wird, daß dieselbe wegen erheblicher Hindernisse nicht eher habe eingereicht werden können.

Wird diese Art von Restitution überhaupt zugelassen, so würde sie auch wohl gleichzeitig für die Appellations-Instanz anzuordnen, übrigens beides in den schleunigen Sachen auszuschließen sein.

Ich habe vorläufig Anstand genommen, eine solche Aenderung in den Gesetz-Entwurf aufzunehmen; sie kann eventuell leicht nachgetragen werden.

§. 38.
Beibehaltung der Ausnahme rücksichtlich der Einreichung der Schrift durch Obertribunals-Rechtsanwalte.

Es kann ferner noch gefragt werden, ob diejenigen Bestimmungen, nach welchen gewissen Imploranten verstattet ist, die Einführungsschrift selbst einzureichen

(vergl. Art. 7 der Deklaration von 1839 und allgemein §. 21 der Verordnung vom 21. Juli 1846 „öffentliche Behörden und solche Personen, welche zum Richteramte befähigt sind")

für die Nichtigkeitsbeschwerde beizubehalten, oder nicht vielmehr die Einführung durch Rechtsanwalte des Obertribunals allgemein und ohne Ausnahme zu erfordern sein möchte. Für letztere Alternative spricht allerdings, daß erfahrungsmäßig jene bevorzugten Imploranten oft Nichtigkeitsbeschwerden eingereicht haben, die, ohne ihnen selbst nützlich zu sein, den höchsten Gerichtshof mit einem Schwall unnützer Nichtigkeits-Angriffe behelligen, wie es bei der bekannten Blindheit der Juristen in ihren eigenen Sachen kaum anders erwartet werden kann. Indessen es handelt sich hier von einer allgemeinen die Prozeßführung betreffenden Anordnung, an welcher für die letzte Instanz nicht füglich etwas abgeändert werden kann, wenn die Abänderung nicht auch rücksichtlich der Prozeßführung erster und zweiter Instanz eintreten soll. Hierin aber, und insbesondere in die wichtige Frage der Stellvertretung einzugreifen, das wird nicht die Aufgabe des gegenwärtigen Gesetzes sein. Eine spezielle Ausnahme rücksichtlich der Nichtigkeitsbeschwerde erscheint um so weniger motivirt, wenn der Nichtigkeitsangriff von verletzten Rechtsgrundsätzen nach obigen Vorschlägen von der jetzt nothwendigen Citirung der Gesetze emancipirt, und die unangemessenen faktischen Angriffe aufgehoben werden. Die Beschaffenheit der Einführungsschrift hat dann einen viel geringeren Einfluß auf das Recht der Imploranten, als gegenwärtig.

Ich kann daher auch bei diesem Punkte eine Abänderung der bestehenden Vorschriften nicht bevorworten.

§. 39.

Vollmachts-Punkt.

Nach dem Bergmannschen Referate X. E. ist im zweiten Senate in Ansehung des Vollmachts-Punktes der Antrag gestellt, die Nachbringung der Vollmacht des Mandatars des Imploranten nach Ablauf des Fatale nicht mehr zu gestatten, mithin die Nichtigkeitsbeschwerde bei nicht eingereichter Vollmacht zurückzuweisen. Dies wird für das beste Mittel erachtet, den sonst entstehenden Weiterungen und Inconvenienzen, welche die Rechte des Gegners benachtheiligen, vorzubeugen.

Es stimmt diese strenge Ansicht mit den Vorschlägen der Majorität des Obertribunals im Berichte vom 27. Dezbr. 1837 (vergl. Bergmann a. a. O.), welche aber in der Deklaration 1839 verworfen, dagegen nach dem Gutachten der Staatsraths-Kommission der Art. 7 Absatz 3 der Deklaration dahin gefaßt ist:

> der Justiz-Kommissarius muß sich, wenn er die Partei nicht schon in erster oder zweiter Instanz vertreten, oder diese die Nichtigkeitsbeschwerde nicht selbst mit unterschrieben hat, durch Vollmacht oder ein Schreiben legitimiren, und ist, wenn dies nicht spätestens bis zum Ablauf der dazu im Urtheil festzusetzenden Frist geschieht, in Stelle der Partei für alle Schäden und Kosten persönlich verpflichtet.

Von dieser Anordnung fällt derjenige Theil, welcher sich auf die Einführung durch die Mandatare erster und zweiter Instanz bezieht, nach Einführung der Obertribunals-Anwalte weg, und es leidet keinen Zweifel, stimmt auch mit der seitherigen Praxis, daß diese sich, wie die Prozeß-Mandatare erster und zweiter Instanz durch Vollmacht legitimiren müssen. In dieser Beziehung wird es vielleicht angemessen sein, einer seitherigen Praxis des Collegii hier nebenbei *gesetzliche* Anerkennung zu geben, nach welcher

> der Prozeß-Mandatar *erster Instanz* (nicht zweiter) insofern als Mandatar für den ganzen Prozeß zu betrachten, daß er Substitutionsvollmacht für die zweite und dritte Instanz ertheilen kann.

Diese Praxis ist sehr gerechtfertigt durch das Bedürfniß. Die Fälle, in welchen die Partei den Wohnsitz außer Landes, wohl gar außerhalb des Welttheils schon zur Zeit der Klage gehabt, oder im Prozesse denselben dahin verlegt hat, die Fälle, wo Gemeinden, zahlreiche Holzberechtigte, überhaupt viele Litis-Consorten, Handlungssocietäten ꝛc. auftreten, erschweren die Vollmachtsertheilung, wenn sie in jeder Instanz neu geschehen soll, außerordentlich. Daß es in der Ansicht der Parteien liegt, den Prozeß-Mandatar erster Instanz als den Procurator für die ganze Sache hinzustellen, daß zeigt schon der durchweg jetzt vorkommende Inhalt der lithographirten Formulare, nach welchem dieser Mandatar ermächtigt wird, auch die Rechtsmittel einzulegen und zu verfolgen, nicht selten die Partei in allen Instanzen zu vertreten. Das Gesetz geht gewiß nicht fehl, wenn es diese lediglich im Interesse der Partei liegende Bedeutung der Vollmacht erster Instanz auch, wo diese und ähnliche Clauseln nicht ausdrücklich gemacht sind, als vorhanden annimmt. Es entspricht dies übrigens auch schon unserer gegenwärtigen Prozeßgesetzgebung, nach welcher der Prozeß-Mandatar erster Instanz als der Hauptmandatar aufgefaßt werden muß, der an dem persönlichen Auftreten von den Gerichtshöfen zweiter und dritter Instanz lediglich durch die speziellen Gesetze, welche dafür besondere Anwalte bestellt haben, verhindert wird, dennoch aber die sonst zulässige Vertretung der Partei behält, wie denn kein Zweifel ist, daß er für die Vertretung in der Exekutions-Instanz keiner neuen Vollmacht bedarf. Die gesetzliche Anordnung würde so zu fassen sein, daß der deklaratorische Charakter derselben sich daraus ergiebt, damit nicht etwa das Bedenken, ob die seitherige Praxis berechtigt gewesen, aufkommen könnte. Da ich eine solche Fassung später aber als unthunlich erachtet habe, so enthält der Entwurf davon nichts.

Die weitere Anwendung des Art. 7 der Deklaration, nach welcher die Zulassung des Rechtsmittels nicht von der Existenz der Vollmacht abhängig gemacht, sondern nur das Präjudiz, daß den Anwalt schlimmsten Falls Schaden und Kosten treffen, aufgestellt wird, paßt auf die Vertretung der Partei durch die Obertribunals-Anwalte nicht minder, als auf das vor der Verordnung vom 21. Juli 1846 herrschende System der Vertretung. Ich glaube, daß es eine durch nichts gerechtfertigte Härte involviren würde, wollte man von dieser Bestimmung abgehen. Wie die Erfahrung zeigt, können es nur seltene

Ausnahmefälle sein, in denen die Beibringung der Vollmacht Hindernisse findet. Warum soll da den angestellten Obertribunals-Anwalt das Gesetz nicht gleichsam als einen negotiorum gestor auf eigene Gefahr zulassen? Der Implorant verliert, wenn die Nichtigkeitsbeschwerde günstigen Ausfall hat, nichts dabei; er wird dann das Geschäft gern genehmigen; hat sie einen ungünstigen Ausfall, so bleibt ihm die Desavouirung frei. Das Interesse des Gegners kann nicht so weit Berücksichtigung finden, daß die Anwalts-Legitimationsfrage bei einem Rechtsmittel, welches jener überhaupt zulassen muß, deshalb härter beurtheilt werden dürfte.

Bei diesem Grundsatze des Art. 7 Alinea 3 ist es daher meines Erachtens zu belassen.

§. 40.

Einrichtung der Schrift, Gebühren-Verlust abzuschaffen.

Die Einrichtung der Einführungsschrift in Ansehung dessen, was darin angeführt werden muß, ist bereits oben in Betracht gezogen. Im Uebrigen aber spezielle Vorschriften über die Abfassung solcher Schriften zu geben, etwa, daß sie ein Faktum enthalten sollen und dürfen, ist nicht Sache des Gesetzgebers, der dadurch in den Lehrbuchton zurückfallen würde, dessen Vermeidung die neueren preußischen Prozeßgesetze auszeichnet. Allgemeine Vorschriften dieser Art haben den Nachtheil, daß sie den Fortschritt der Praxis fesseln und der Beurtheilung, die dem verständigen Anwalte nach Maßgabe der einzelnen Fälle überlassen bleiben muß, hindernd entgegen treten können.

Nicht minder ungeeignet ist jede andere indirekte Einwirkung auf das Ziel, daß frivole Nichtigkeitsbeschwerden vermieden werden, also auch der Art. 12 der Deklaration, nach welchem die Anwalts-Gebühren bei einer „offenbar grundlosen Nichtigkeitsbeschwerde“ gestrichen werden können, vorausgesetzt, daß überhaupt dieser Artikel auf die Tribunals-Anwalte noch Anwendung findet. Ein solches Einwirken entspricht der Stellung des höchsten Gerichtshofes nicht recht, der Unterschied zwischen „grundlos“ und offenbar grundlos ist gar zu arbitrair: was der Majorität des Gerichtshofes „offenbar“ erscheint, kann doch wirklich ein andersmal zweifelhaft befunden werden.

Derselbe Richter, welcher die Grundlosigkeit der Nichtigkeitsbeschwerde ausspricht, ist vielleicht in demselben Moment nicht völlig unbefangen in dem Urtheile, daß sie „offenbar" grundlos sei. Durch die Anstellung eigener Tribunals-Anwalte, durch eine zweckmäßige gesetzliche Einrichtung des Rechtsmittels, durch möglichst constante Praxis in der gerichtlichen Handhabung, geschieht Alles, was von Staatswegen auf diesem Gebiete geschehen kann. Weiter zu gehen, bevormundend einzudringen in das Arbitrium des Rechtsanwalts, welcher es für gut findet, ein gesetzlich zulässiges Rechtsmittel im Auftrag seiner Partei einzulegen — das überschreitet das angemessene Maß und verfehlt bei der nothwendigen Seltenheit der Anwendung einer so außerordentlichen Maßregel sein Ziel.

Der Artikel 12 wird deshalb nicht mit aufzunehmen sein.

§. 41.

Beantwortungsschrift.

In Ansehung der Beantwortungsfrist von vier Wochen ist meines Erachtens nichts zu ändern. Das Präjudiz ist in §. 23c des Gesetzes vom 21. Juli 1846 dahin gestellt, daß

> die in der Rechtfertigungsschrift angeführten Thatsachen, soweit dieselben überhaupt noch zulässig waren, für zugestanden angenommen werden.

Dies bezog sich auf die *Revision* und auf die Nichtigkeitsbeschwerde, und mußte so allgemein gestellt werden, weil bei der Revision unter den in §. 11 fg. Th. I Tit. 15 A. G. O. angeordneten Einschränkungen Nova vorkommen können. Die Nichtigkeitsbeschwerde läßt neue Thatsachen nur bei denjenigen seltenen Angriffen möglicherweise zu, welche gegen die Person des Richters gerichtet sind. Es wird also das Präjudiz des Zugeständnisses jetzt jedenfalls ausdrücklich auf Fälle solcher Art zu beschränken sein. Im Uebrigen hat die Unterlassung der Beantwortung außer der einfachen Präclusion dieser Schrift weiter keinen Nachtheil. Da es sich bei jenen Nichtigkeiten um Punkte handelt, bei denen die dadurch beschuldigten Richter betheiligt sind, so könnte es nicht angemessen erscheinen, hier auf das Zugestehen oder Bestreiten des Gegners Rücksicht zu nehmen, so daß die Feststellung der Behauptung des Imploranten unabhängig und hiervon soweit die Akten sie nicht ergeben, oder die Nichtigkeitsbeschwerde sie nicht nachgebracht hat, von dem höchsten Gerichtshofe veranlaßt werden mußte.

Allein das Zugeständniß muß überhaupt, und daher auch hier in Prozessen entscheidend sein.

Die oben erwähnte Praxis, welche den Mandatar erster Instanz als den Prozeß-Mandatar für den ganzen Prozeß betrachtet, führt auch dahin, daß die Mittheilung der Einführungsschrift, und wenn keine eingegangen ist, die Vorladung zum Termin mündlicher Verhandlung an den Prozeß-Mandatar erster Instanz gerichtet werden kann. Die Vortheile für die Vereinfachung des Geschäftsgangs, welche hieraus entstehen, sind augenfällig, und reden dem adoptirten Prinzipe fast in noch höherem Grade das Wort, als dies rücksichtlich der Zulassung einer vom ersten Instanz-Mandatar ausgestellten Substitutions-Vollmacht eintritt.

§. 42.

Referat, mündliche Verhandlung.

Nach dem §. 49 des Gesetzes vom 1. Juni 1833, der zufolge §. 1 und 23 des Gesetzes vom 21. Juli 1846 auch für die dritte Instanz gilt, ist nach Eingang der Beantwortung ein Termin zur mündlichen Verhandlung anzuberaumen. In diesem Termin beginnt die Sache mit dem Vortrage einer schriftlichen Darstellung der bisherigen Verhandlungen, welche zu diesem Behufe inzwischen einem Referenten zugestellt worden sind.

(§. 49 Gesetz vom 1. Juni 1833).

Wie diese gewöhnlich mit dem weder deutschen noch richtig lateinischen Worte „Referat" bezeichnete Arbeit eingerichtet sein soll, darüber enthält das Gesetz nichts: es blieb dies also der Praxis überlassen. Leider führte in zweiter Instanz das aus dem jetzigen Nichtigkeitsgesetze entstandene Bestreben, eher zu viel als zu wenig zu sagen, zu einer außerordentlichen Weitschweifigkeit dieser Art von Arbeiten, welche der Regel nach nur einen mechanisch angefertigten Extrakt der successiven Satzschriften, der Entscheidungen erster Instanz und der Beweises Resultate enthalten. Eine solche Arbeit, — in zweiter Instanz den jungen Geschäftsmännern überlassen und auch für sie gewiß nicht sehr bildend — ist das gerade Gegentheil der Preußischen Relation, wie sich die Form derselben nicht sowohl aus den Anweisungen der A. G. O., als aus dem praktischen Bedürfnisse ausgebildet hatte, und wie die bekannte Abhandlung des Präsidenten von Trützschler die Anleitung dazu gab.

Die hergebrachte gemein prozessualische Form — Species facti, extractus actorum, votum — würde auf eine irgend weitläufige in Protokollen der Gerichtsordnung instruirte vollends auf eine zur Beweisaufnahme gediehene Sache angewandt, völlig unleidlich gewesen sein; der Akten Extrakt in successiver Ordnung konnte gewiß nicht das Mittel werden, dem Hörer die Aperzeption des Fakti zu erleichtern oder möglich zu machen. Dem Referenten war vielmehr die Aufgabe hingestellt, das reiche, aber chaotische Prozeß-Material vom Standpunkte der zu gebenden Entscheidung in Ordnung und Einheit zu bringen, unter Sonderung des Unerheblichen von dem Erheblichen. Daher schloß sich an eine concise, eigentlich nur einleitende Species facti, gleich das Votum, die „Beurtheilung" an, die Momente sondernd, auf welche es ankam, und bei jedem einzelnen Momente mit der Ausführung der eigenen Ansicht zugleich den Vortrag des speziellen Prozeß-Materials, verbindend. So war die Relation eine für den Referenten in hohem Grade geistig lohnende Arbeit, für den Zuhörer ein sehr geeignetes Mittel zur leichtern Auffassung und zur Fixirung einer beistimmenden oder abweichenden Ansicht. In dieser Art und Weise kann natürlich eine vorzulesende Relation mit dem mündlichen Verfahren nicht verbunden werden: sie ist vielmehr ein Bestandtheil, der n u r in das rein schriftliche Verfahren paßt. Auch in diesem wäre es an und für sich eine sehr billige Anforderung der Prozeßführenden Parteien gewesen, daß nicht bloß Einer der Richter, sondern daß alle Richter die Parteischriften und Vernehmlassungen, so wie das in den Akten liegende Beweis-Material entweder selbst lesen oder doch vorlesen hören müßten. Da nun das Erstere durch den Geschäfts-Ueberdrang unmöglich gemacht wurde, das letztere bei dem Wuste gemeinprozessualischer Satzschriften und preußischer Instruktionsprotokolle den Zweck der guten Aperzeption gänzlich verfehlt haben würde, so war die Verarbeitung und Sichtung des Materials durch einen Referenten Bedürfniß geworden. Der Referent wurde gleichsam der Vor-Denker des Collegii, und es läßt sich nicht verkennen, daß seine Arbeit von wesentlichstem Einflusse auf die Entscheidung, daß gewissermaßen der eigentliche Schwerpunkt der Dijudikatur aus dem Gerichtssaale in die einsame Arbeitsstube des Referenten verlegt war. Anschaulich wird dies bei dem Obertribunal besonders, wenn man erwägt, daß von 1846 die Arbeit des jetzigen dritten und vierten Senats dem damaligen dritten Senate, dessen Arbeiterzahl der der jetzigen beiden Senate ungefähr gleichkam, oblag, und daß, während jetzt jeder dieser Senate mindestens zwei Sitzungen wöchentlich halten muß, damals nie über eine wöchentliche Sitzung gehalten wurde, ungeachtet die Zahl der abgeurtelten Sachen dieser Senate, zwar besonders beim vierten, zugenommen hat, doch nicht in einem jener Verschiedenheit irgendwie entsprechenden Verhältnisse. Dieses Uebergewicht des Referenten, wiewohl geschwächt durch das Gegengewicht eines selbstständigen Correferenten, konnte bei allen sonstigen Vorzügen der preußischen Relations-Methode doch leicht zu der Besorgniß führen, daß die eignen Vernehmlassungen und rechtlichen Ansichten der Parteien nicht so zur Aperzeption der Richter gelangen, wie es ihnen wünschenswerth sein mußte. Denn bei der größten Sorgfalt und Aktentreue hat das eigne zu motivirende Urtheil des Referenten einen nicht ganz zu beseitigenden Einfluß auf seine Auffassung und Würdigung des Prozeß-Materials. Indem die mündliche Verhandlung vor dem erkennenden Richter aus diesen und andern Gründen gesetzlich in erster und folgeweise auch in den folgenden Instanzen eingeführt wurde, war die nothwendige Folge davon, daß ein großer Theil der zur Vorbereitung der Entscheidung erforderlichen Vorarbeit aus der Hand des Referenten in die der vortragenden Anwalte gelangt, daß ein vermehrter Zeitaufwand im Gerichtssaale eintrat, während die auf die schriftlichen Relationen zu verwendende Zeit erspart werden konnte. Bei dem Vorhandensein schriftlicher Akten bedurfte es namentlich in den höhern Instanzen allerdings eines Mitgliedes des Collegii, welches die Akten vor dem mündlichen Vortrag der Anwalte gelesen hat, und also diesen zu controlliren im Stande ist. Es ist auch gewiß sehr angemessen, wenn dieses Mitglied durch einen kurzen Vortrag, der die Spitzen der Sache nach Art der früheren Species facti vorführt, eine Einleitung macht und dadurch der Aufmerksamkeit die richtige Richtung giebt. Aber der Vortrag der Sache bleibt der Partei selbst überlassen: ihr Anwalt wird dieselbe in angemessener Sonderung nach ihren Momenten vorführen, wobei die wichtigen Erklärungen der Parteien, die Zeugen Aussagen rc., die Urkunden rc. von dem Anwalt, dem Vorsitzenden, oder dem Gerichtsschreiber vorgelesen werden können; der Anwalt wird, ganz, wie es bei der frühern preußischen Relation vom Referenten geschah, mit dem faktischen Vortrage die Beurtheilung verbinden. Durch die in gleicher Art gehaltene Gegen-Ausführung des Anwalts der andern Partei wird sich das Bild der Sache nach den faktischen und rechtlichen Dimensionen derselben in dem Zuhörer lebendig aufbauen, wie dies der Zweck des ganzen Verfahrens ist. Das vortragende Mitglied wird sich die Stelle der Akten, wo die erheblichen Erklärungen und Beweismittel liegen, zu notiren haben: es ist auch wesentlich, daß er kurze Zeit vor dem Termin die Akten eingesehen hat: ob er aber seinen einleitenden Vortrag schriftlich aufsetzen oder mündlich abhalten will, das muß seinem Ermessen überlassen bleiben. Zur schriftlichen Darstellung wird die Sache besonders dann angethan sein, wenn dem gegenwärtigen vorliegenden Streite ein sehr weitläufiges aber unstreitiges früheres Sachverhältniß zum Grunde liegt, namentlich bei Vorprozessen.

Der einleitende Vortrag kann und soll nicht die Bestimmung haben, die Grundlage der Entscheidung zu geben. Wird letztere Richtung verfolgt, dann gelangt man zu dem Requisite eines vollständigen Akten-Extrakts, wie sie üblich geworden sind, einer geistlosen Arbeit, deren Vorlesen gewiß ganz ungeeignet ist, die Aufmerksamkeit des Zuhörers auf die successive vorgeführten Punkte zu fesseln, die also dem Zwecke keineswegs genügt. Die Stellung des Anwalts wird aber ganz schief durch diese Prozedur. Er kennt das Referat nicht vorher, er möchte Wiederholungen vermeiden und doch sieht er sich zu einem gründlichen und durchdachten Plaidoyer außer Stande, wenn er nicht den Vortrag des Fakti mit seiner rechtlichen

Ausführung verbindet. Denkt man sich das Referat als die Grundlage der Aperzeption des Richters, und den mündlichen Vortrag als eine Art beigefügter Deduktion, so erscheint dieser Vortrag oft überflüssig. Soll aber, wie es der Geist des Gesetzes mit sich bringt, der mündliche Vortrag die Grundlage der Aperzeption bilden, sollen neben demselben die wesentlichen Stellen der Akten in originali eingesehen werden, dann ist doch gewiß jener schwerfällige Akten-Auszug überflüssig. —

Neben dem Referate erfordert das Gesetz von dem Referenten nicht die Abgabe und Ausarbeitung eines Voti. Dies ist auch ganz dessen Geiste entsprechend. Denn soll die mündliche Verhandlung erst die Grundlage der Entscheidung sein, so muß der Vortragende, wie jedes andere Mitglied des Collegii abwarten, was die Parteien zur Ausführung ihrer Rechte im Termin vortragen werden. Dies bildet ganz eben so gut einen Theil der Partei-Erklärungen als der Inhalt der schriftlichen Akten: giebt er ein Votum ab, ehe er dies vernommen hat, so ist das ein voreiliges Votum, wenn man will ein votum non plenitus audita parte. Dem Vortragenden liegt es natürlich ob, vorher über die Sache nachzndenken, streitige Rechtsfragen zu studiren, damit das Collegium von dem Stande derselben in Praxis und Wissenschaft, sofern es nöthig ist, in Kenntniß gesetzt werden kann. Er mag auch eine vorläufige Ansicht niederschreiben, wenn ihm dies zur Fixirung seiner Gedanken und zur Vorbereitung des Urtheils erforderlich zu sein scheint. Allein wesentlich nur als Privat-Arbeit dürfen solche vorläufige Erörterungen angesehen werden, es hat mancherlei Nachtheil, wenn ihnen irgend wie ein offizieller, aktenmäßiger Charakter gegeben wird. Es ist der menschlichen Natur nicht leicht, von einer formell ausgesprochenen Ansicht abzugehen, das förmliche Votum steht, wie ein Wall gegen die bessere Ueberzeugung, die sich inzwischen und namentlich durch die mündliche Verhandlung darbieten kann. Andrerseits klammert sich der Widerspruch gar zu leicht an einzelne anzufechtende Sätze in der Deduktion des Voti, deren Bedeutung nach längerm Zeitablauf vielleicht dem Referenten selbst entgangen ist. Aus der allseitigen unbefangenen Diskussion der Frage selbst wird ein Streit über die vorgeschlagenen Motive, worüber andere wichtigere Gesichtspunkte leicht außer Acht bleiben.

Nachdem aber das Referat einmal in der Bedeutung einer Species facti mit Akten-Extrakt aufgefaßt, und solchergestalt in dem mündlichen Verfahren die eine, aber höchst unzweckmäßig eingerichtete Hälfte der schriftlichen Relation eingeführt worden war, lag der usus nahe, auch die andere Hälfte, das Votum anzuhängen, und so diente, was die Schreiberei vermindern sollte, zur Vermehrung derselben, und zu zweckwidriger Beschaffenheit der Schriften. Sollte das Votum vollständig, tüchtig und gründlich ausfallen, dann waren Wiederholungen aus dem weitläufigen Referate unvermeidlich; die kurze, dem großen Referate angehängte Skizze der Motive, wie sie aus dem Präliminar-Votum so häufig in die Appellations-Urtheile übergegangen ist, erweckte mit Recht oder Unrecht nicht selten den Vorwurf der Flüchtigkeit. Man kann wohl sagen, daß der einzig mögliche Zweck des Referats und des vorläufigen Voti, der nemlich, auf die gute Redaktion des künftigen Urtheils zu wirken, im Allgemeinen in zweiter Instanz verfehlt worden ist. Die Motivirung der Urtheile wird mit viel mehr Umsicht, Unbefangenheit, Leichtigkeit und Sicherheit erfolgen, wenn sie dem mündlichen Verfahren und der Diskussion nicht vorhergeht, sondern denselben folgt. Wie leicht führt die im Voto gegebene Präliminar-Grundlage dahin, daß in den Gründen mehr gesagt wird, als die Majorität eigentlich sagen wollte. In vielen einfachen Sachen mag ein vorläufiger Urtels-Entwurf freilich unschädlich und deshalb für die Beschleunigung des Geschäftsganges nützlich sein können und daher die Ausarbeitung der etwa zu adoptirenden Urtheils-Motive etwas Fakultatives für den Referenten sein: als Regel betrachtet ist sie gewiß nicht nützlich. Beides aber, das vorläufige Votum und die nachherige separate Urtheils-Ausarbeitung von dem Referenten zu verlangen, würde eine Arbeits-Vermehrung erzeugen, die auf die Güte der Arbeit und die Förderung derselben gleich nachtheilig einwirken müßte.

Der Haupt-Nachtheil des üblich gewordenen Verfahrens besteht aber darin, daß, die Gewißheit, einem vom Referenten bereits entworfenen Urtheile gegenüber zu sprechen, das Gewicht der mündlichen

Verhandlung in den Augen der Rechtsanwalte selbst herabdrückt, sie als eine entbehrliche Zuthat erscheinen läßt, und dadurch dazu beigetragen hat, den Eifer für die Lieferung eines tüchtigen Plaidoyers, einen Haupthebel der Wirksamkeit des mündlichen Verfahrens zu schwächen.

Hält der erkennende Richter, sei es wegen eines complicirten Fakti, oder einer zweifelhaften Rechtsfrage, eine ausführliche schriftliche Auseinandersetzung noch für nöthig, so ist es angemessen, daß das Urtheil ausgesetzt, und dieser Vortrag vorab erstattet wird, da dann der Referent alle Momente, welche Verhandlung und Debatte darboten, berücksichtigen und benutzen kann.

Als beim Ober-Tribunale im Jahre 1846 das mündliche Verfahren eingeführt wurde, ist schon ausdrücklich geltend gemacht worden,

> daß die Referate bisher größtentheils weitschweifige, oft ganz unnütze Akten-Auszüge bildeten und die mündliche Verhandlung vor dem Spruchrichter den Parteien und Anwalten nach dem Geiste der Verordnung die sichere, vollkommen ausreichende Gelegenheit darbieten sollte, ihre Gerechtsame gehörig zu verfechten.

Obgleich demnächst eine Einigung über ein, das Gesetz hinsichtlich der Pflichten des Referenten ausdehnendes Verfahren, — die ohnehin für den Einzelnen nicht bindend gewesen würde — keineswegs Statt gefunden hat, und obgleich die schriftlichen Referate je nach der Ansicht und Würdigung der Referenten einen größern oder geringeren Grad von Ausführlichkeit zeigen, so läßt sich doch im Allgemeinen annehmen, daß jene meines Erachtens richtige Ansicht über die Bestimmung des Referats nicht festgehalten, dasselbe vielmehr in der üblichen Anschauung eines der Entscheidung zum Grunde zu legenden Akten-Auszugs aufgefaßt worden ist. Wird dieser Gesichtspunkt einmal vorherrschend, dann ist Vollständigkeit natürlich ein Requisit, und der einzelne Referent wird im zweifelhaften Falle eher ein Uebriges, als zu wenig thun, besonders, da oft mehr Zeitaufwand dazu gehört, kurz und concis, als weitläufig eine Sache darzustellen. Die oben gedachte Schwierigkeit, solche Arbeit in einer irgend genießbaren Form zu geben, wird in der weitern Instanz noch erhöht, vorzüglich aber ist in Nichtigkeitssachen ein Usus eingetreten, der zur größten Belästigung der Referenten gereicht, ohne irgend Etwas zur Förderung der Sache beizutragen. Die Gründe des angefochtenen Erkenntnisses müssen zur Kenntniß des Collegii kommen, das geschah nun nicht durch das einfache Mittel des Vorlesens, sondern in der freilich sehr löblichen Intention, das Unerhebliche besser ausscheiden zu können, extrahirte der Referent die Gründe mit Uebersetzung in die indirecte Redeweise, und ließ dann einen Extract aus der Nichtigkeitsbeschwerde folgen, während doch diese Beschwerde in Original dem Gerichte vorlag und der Mann, der sie vertheidigen soll, vor ihm stand, und keiner Mittelsperson bedurfte.

Es ist gewiß, daß sehr häufig mehr als zwei Drittel der ganzen Arbeit auf diesen mechanischen Theil derselben fällt.

Die Abschrift des zweiten Erkenntnisses zu den Akten des Ober-Tribunals giebt eine, aber nicht ausreichende Hülfe. Die Hauptsache würde darin bestehen, daß die Bestimmung des Vortrags des Referenten als eine bloße Einleitung für die mündliche Verhandlung streng festgehalten wird. Das Gesetz braucht in dieser Beziehung keine Abänderung zu erleiden, nur daß der Requisit der Schriftlichkeit des Vortrags entfernt, und derselbe als ein einleitender bezeichnet wird.

Obgleich w e i t e r e Vorschläge über die Art der Bearbeitung nicht in den Bereich des Gesetzes fallen, so dienen sie doch zur vollständigen Uebersicht dessen, was erreicht werden soll und kann. Sie dienen zugleich zur Berichtigung des Zweifels, als ob die Vermeidung im Schreiben irgend die gewiß erforderliche Gründlichkeit der Auffassung und Erwägung der Sache beeinträchtigen könnte, da sie vielmehr dieselbe zu befördern, sehr geeignet ist. Anschließend an die Bemerkungen des Obertribunals-Rath Höppe und des Rechtsanwalts Volkmar erlaube ich mir daher nachfolgende unmaßgebliche Ansichten über die Art und Weise, wie das Verfahren zu handhaben sein möchte, der Beurtheilung zu unterwerfen.

Die Nichtigkeitsbeschwerde, das allein beizubehaltende Rechtsmittel, führt wesentlich, und soweit nicht von einzelnen formellen Angriffsarten die Rede ist, eine Kritik der Entscheidungsgründe des Appellationsrichters herbei. Daß also dieses Objekt des Angriffs von einem jeden Richter möglichst klar und scharf aufgefaßt werde, darauf kommt es ganz vorzüglich an. Dazu genügt einmaliges Anhören nicht, wie die Erfahrung zeigt. Von dem allererheblichsten Einflusse dagegen wird es sein, wenn jedem urtheilenden Richter vor dem Termine eine Abschrift des Erkenntnisses mitgetheilt wird, was ja vermittelst der authographischen Presse ganz eben so leicht ausführbar erscheint, als die seither doch in so vielen Fällen angewendete Kanzlei-Abschrift zu den Akten. Die für jede Sache sehr geringe Ausgabe an Papier kann in Betracht der hohen Gerichtskosten sehr wohl vom Staate übernommen werden, da so ganz außerordentliche Vortheile in der richtigen Durchdringung der Sache und angemessene Benutzung der geistigen Kräfte der Richter zur besseren Rechtsfindung hiedurch möglich gemacht werden. Die ganze Zeit der Debatten, welche häufig die gegenseitige Verständigung über das, was der Richter gesagt hat, hinwegnimmt, kommt der materiellen Erwägung zu Gute. Dabei hat jedes Mitglied Gelegenheit, näher über die streitige Rechtsfrage nachzudenken, und wird sich viel leichter in die Auffassung des Fakti, sofern dies nicht vollständig aus dem Erkenntnisse zu entnehmen ist, finden.

Hat nun der Vortragende, dem die Akten schon durch die Einleitung der Nichtigkeitsbeschwerde bekannt sind, der sie nicht lange vor dem Termin eingesehen, studirt, und sich die nöthigen Notizen in der ihm zweckmäßig scheinenden Form gemacht hat, im Termin seinen ganz kurzen einleitenden Vortrag gehalten *), dann ist es Sache des Imploranten, das Faktum, so weit er sich darauf stützt, in lebendiger Verbindung mit dem Rechtsangriffe vorzutragen. Dabei kommen das wesentliche Prozeßmaterial und die Gründe des zweiten Richters, erforderlichen Falls durch Vorlesung und Einsicht zur vollständigen Kenntniß des Collegii. Das etwa Unvollständige ersetzt der Vortrag des Gegners, und das Unrichtige kann dieser oder der Referent berichtigen, dem es zugleich obliegt, dem Collegium bei der nachherigen Beurtheilung die etwa außer Acht gelassenen faktischen

*) Es ist keine Verbesserung des ersten Entwurfs, wenn der neue (§. 16) zwar die „einleitende Uebersicht der Prozeßlage" als Gegenstand des Vortrags bezeichnet, aber das schriftliche Referat dabei obligatorisch macht. Doch ist das nichts Wesentliches.

Punkte vorzuführen. Uebrigens bringt es die Natur des Rechtsmittels in der oben entwickelten Gestalt mit sich, daß die schließliche Beurtheilung sich auf einfache Rechtsfragen concentriren muß, und die Würdigung eines verwickelten faktischen Details der Regel nach ausgeschlossen bleibt. Die mündliche Verhandlung unter den vorstehenden Bedingungen vorgenommen, wird also grade hier eine durchgehends passende Grundlage der Entscheidung geben.

Den Rechtsanwalten bliebe es natürlich frei, in erheblichen Sachen, ihre Schriften auf dem authographischen Wege ebenfalls den Richtern zur Kenntniß zu bringen, wenn sie dies angemessen finden. —

Was das schriftliche Votum des Referenten betrifft, so kann ich mich nur auf das im Allgemeinen oben hierüber Gesagte beziehen: ein solches Votum, fakultativ, wie es auch jetzt nur ist, darf lediglich den Charakter einer vorläufigen Privat-Notiz des Referenten selbst in Anspruch nehmen.

Uebrigens hat das schriftliche, ausführliche, der Regel nach mit Votum versehene Referat wohl zu dem in Widerspruch mit dem Gesetze in der Sitzung vom 2. Oktober 1846 adoptirten stehenden Usus geführt, daß der Termin zur mündlichen Verhandlung nicht, wie es das Gesetz will, nach Eingang oder Präclusion der Beantwortung, sondern erst dann anberaumt wird, wenn das Referat fertig ist. Dadurch entsteht der große Nachtheil, daß dem Referenten, wenn beim Andrange der Sachen der Termin weit hinausgerückt ist, die Sache leicht aus dem Gedächtnisse kommen kann. Dadurch wird denn wieder eine sonst nicht erforderliche größere Ausführlichkeit des Referats und eine größere Weitläuftigkeit des schriftlichen Voti bedingt, deren es nicht bedarf, wenn das Lesen und Studium der Akten in nicht zu entfernter Zeit vor dem Termine Statt gefunden hat.

Mit Recht wurde daher der Usus nach der Bemerkung im Ministerialblatte von 1847 zwar vor der Hand vom Justiz-Minister damals tolerirt aber nicht gebilligt.

Es scheint mir deshalb richtig zu sein, jenen Usus nicht zu adoptiren, sondern es bei der gesetzlichen Vorschrift zu belassen.

Sollte das Collegium nach der Debatte noch eine schriftliche

Erörterung für nöthig erachten, so kann diese, wie schon vorher erwähnt ist, unter Aussetzung des Spruchs erfolgen. Sollte ein schriftliches vorläufiges Votum üblich bleiben, oder die Anfertigung eines solchen von dem Referenten in einzelnen Fällen für zweckmäßig erachtet werden, so hat die Herstellung der alten kurzen Species facti, wie sie vermittelst des vorgeschlagenen einleitenden Vortrags geschieht, die wohlthätige Folge, daß die Beurtheilung nun auch in der alten zweckmäßigen, den Vortrag der Streitpunkte mit deren Würdigung verbindenden Form restaurirt werden kann, daß also die dem mündlichen Verfahren zur Seite gehende schriftliche Arbeit ist, was sie früher war, eine geistig lohnende und für den Zuhörer übersichtliche. Ganz in derselben Art könnte dann, nebenbei bemerkt, die Aufgabe für die Kandidaten des dritten Examens gestellt werden, nämlich dahin, daß sie aus den Akten nicht ein zwitterhaftes Referat, sondern eine tüchtige Relation alten Styls anfertigen, eine Arbeit, an welcher Anordnungsgabe, Scharfsinn und Rechtskenntniß zugleich am besten erprobt werden kann. Die Vorübung würden die Referendarien in eben dieser Weise durch die Beschäftigung bei den Appellationsgerichten finden. Der angehende Geschäftsmann gewöhnt sich an zweckmäßiges Aktenlesen und regelrechtes Denken dadurch, daß er genöthigt ist, den Inhalt der Akten und seine Gedanken in einer angemessenen Ordnung zu Papier zu bringen, während der geübtere Geschäftmann in den zahlreichsten Fällen dieser Nachhülfe nicht bedarf, da vieljährige Erfahrung ihm die Fertigkeit verschafft hat, derselben zu entbehren.

Die Absetzung der Urtheilsgründe, dieser bei den Tribunals-Urtheilen so wesentliche Gegenstand wird dem Referenten obliegen, und um so befriedigender von ihm ausgeführt werden können, je mehr sie auf den frischen Eindruck der Akten, des mündlichen Verfahrens und der Debatte basirt ist.

§. 43.

Urtheil.

Nach dem streng genommenen anwendbaren §. 29 des Gesetzes vom 1. Juni 1833 soll „das Erkenntniß mit den Entscheidungsgründen den Parteien noch in der nämlichen oder in einer sofort zu bestimmenden, jedoch nicht über 8 Tage hinauszusetzenden Sitzung publizirt werden." Damit scheint ausgesprochen zu sein, daß die Entscheidungsgründe redigirt existiren müssen, ehe das Urtheil publizirt werden kann. Für eine solche Vorschrift läßt sich geltend machen, daß Tenor und Gründe ein Ganzes bilden und daß die zu Papier gebrachte Begründung das Verhältniß der Gründe zum Tenor klar stellt. Allein der §. 29 ist in diesem Sinne wohl durchgehends bei den Gerichtshöfen erster und zweiter Instanz nicht praktisch geworden. Bei dem Obertribunal wurde die Nothwendigkeit der vorherigen Begründung am 2. Oktober 1846 mit großer Stimmenmehrheit abgelehnt.

Diese Praxis wird aufrecht zu halten sein. Die Redigirung in der Sitzung hat mitunter ihre Schwierigkeiten; dem Tribunal liegen, besonders wenn es nur über die Nichtigkeitsfrage entscheidet, einfache Tenores ob, und ein gehöriges Bewußtwerden der Entscheidungsgründe kann gewiß vorausgesetzt werden. Die Publikation blos deshalb auszusetzen, weil die Gründe noch nicht redigirt sind, das ist mit Uebelständen für das Gericht und die Parteien verbunden, deren nähere Darlegung wohl überflüssig sein wird.

Es wird daher bei der Anordnung der Publikation der Urtheile keine Erwähnung von den Gründen zu machen sein. Dadurch wird eine kurze mündliche Darstellung der Haupt-Motive Seitens des Präsidenten, wenn dieser eine solche für angemessen erachtet, keineswegs ausgeschlossen.

Nicht recht passend für den höchsten Gerichtshof ist die Zeitfrist von 8 Tagen, über welche hinaus die Erkenntniß-Publikation nicht ausgesetzt werden soll. Es wird genügen einen „nahen" Termin im Gesetze als Grenze der Aussetzung zu bezeichnen. Die Bestimmung eines solchen Termins überhaupt dürfte aber als nützlich beizubehalten sein.

Rücksichtlich der Insinuation des mit den Entscheidungsgründen schon nach der Kabinets-Ordre vom 19. Juli 1832 (G. S. S. 192) auszufertigenden Erkenntnisses muß es bei den bestehenden Vorschriften sein Bewenden haben.

§. 44.

Kostenpunkt.

Es ist angeregt, die Kosten-Vertheilung insofern nicht eintreten zu lassen, daß den Imploranten, wenn er letzter Sieger ist, die Kosten dritter Instanz nicht treffen. Indessen das Prinzip der Kostentheilung bei abändernden Entscheidungen hat unleugbar eine gewisse Billigkeit für sich, und da es einmal in der zweiten Instanz eingeführt ist, so darf man meines Erachtens auch in der dritten Instanz nicht füglich davon abgehen.

Im Uebrigen würde ich weder eine Succumbenz-Strafe den ohnehin so hohen Kosten hinzufügen, noch durch Vorauszahlung nach Rheinischem Gebrauche, welche Contestationen über das Armen-Recht nöthig macht, den Justizgang erschweren. Es paßt dies nicht zum Ganzen unserer Prozeßgesetzgebung.

§. 45.

Schlußbemerkungen.

1) Das Gesetz von 1833 und die Deklaration wären, da ihr Gesammt-Inhalt fast wegfällt, bis auf die wenigen noch geltenden Paragraphen ausdrücklich außer Kraft zu setzen und eben so Tit. 15 der Pr. O. Vom ersten Gesetze werden die allgemeinen Bestimmungen §§. 22—29, da sie sich auch auf andere Rechtsmittel beziehen und theilweise gelten, davon auszuschließen sein, von der Deklaration nur der Art. 17, welcher Anordnungen über die Perhorrescenz enthält, die aufzuheben, oder in das gegenwärtige Gesetz aufzunehmen, nicht geeignet sein würden. Insofern die Deklaration sich auf den Rekurs bezieht (Art. 1), ist sie bereits aufgehoben durch das Gesetz vom 20. März 1854, §§. 5—12, die Instruktion hat keine Gesetzeskraft; ihr doktrineller Werth bleibt, so weit er nicht durch das gegenwärtige Gesetz von selbst obsolet wird. Sie bedarf daher keiner Erwähnung.

Alle übrigen einzelnen in den Gesetzen vorkommenden Bestimmungen werden, so weit sie widersprechen, generali clausula außer Kraft zu setzen sein.

Nützlich zur Bestimmtheit scheint es mir übrigens die Nullitätsklagen, Gründe der Prozeß-Ordnung, welche ferner fortbestehen sollen, zur Vermeidung aller Zweifel ausdrücklich zu allegiren. Dies ist auch nothwendig in Ansehung des §. 2, Nr. 6, Tit. 16, da dieser Paragraph meines Erachtens unpassender Weise durch das Gesetz von 1833 außer Kraft gesetzt war, und da derselbe, wenn gleich, wie schon oben bemerkt nach dem Stande der Gesetzgebung jetzt nicht absolut mehr nothwendig, doch eine zweckmäßige Anordnung enthält, zu deren Aufhebung, wenn man sich überzeugt hat, daß sie durch die Nichtigkeitsbeschwerde nicht ersetzt werden kann, kein Bedürfniß vorhanden sein dürfte.

2) Die Insinuation der Erkenntnisse muß meines Erachtens gerechter Weise als der Zeitpunkt betrachtet werden, von welchem aus die Zulässigkeit der Rechtsmittel zu beurtheilen ist. Wo die Insinuation vor dem Zeitpunkt der Gesetzeskraft des neuen Gesetzes liegt, da sind also die ältern Bestimmungen in Anwendung zu bringen.

Beilage A.

Gesetz-Entwurf.

Gesetz über das Rechtsmittel der Nichtigkeitsbeschwerde in Civilsachen.

Wir ꝛc. verordnen ꝛc. für alle Landestheile mit Ausschluß des Bezirks des Appellations-Gerichtshofes zu Cöln, was folgt:

§. 1.

Das Rechtsmittel der Revision wird aufgehoben. Der beschwerten Partei steht gegen Appellations-Erkenntnisse in Civilsachen einschließlich der zur Competenz der General-Commissionen und deren Stelle vertretenden Regierungs-Abtheilungen gehörigen Auseinandersetzungssachen, kein anderes Rechtsmittel zu, als die Nichtigkeitsbeschwerde.

vergl. §. 4. 5.

§. 2.

Gründe der Nichtigkeit eines jeden Appellations-Erkenntnisses sind:

1) wenn nicht wenigstens fünf Richter an der Abfassung des Erkenntnisses Theil genommen haben;
2) wenn ein Richter, welcher an der Entscheidung Theil genommen hat, entweder
   a) bei dem Prozesse selbst persönlich betheiligt,
   b) oder mit einer Partei bis zum vierten Grade einschließlich verwandt oder verschwägert ist,
   c) oder einem der streitenden Theile in der Sache Rath ertheilt,
   d) oder in der Sache als Zeuge vernommen worden ist,

e) oder in einer früheren Instanz bereits als Richter mit erkannt hat;

3) wenn der Richter gar keine Entscheidungsgründe angegeben hat;
ad 1—3 vergl. Denkschrift §. 9.

4) wenn der Richter die zulässige Appellation als unzulässig verworfen, oder die unzulässige Appellation für zulässig erachtet hat;

5) wenn über die Competenz oder Imcompetenz des Gerichtsstandes unrichtig entschieden worden ist;

6) wenn ein früheres Erkenntniß unrichtig für Judikat oder nicht für Judikat erachtet worden ist;

7) wenn der Richter über den Antrag des Gegners hinaus erkannt hat;

8) wenn der Tenor des Urtheils ganz oder theilweise in offenem Widerspruch mit den Entscheidungs-Gründen steht, und eine deswegen nachgesuchte Deklaration nicht ertheilt worden ist.
ad 4—8 vergl. Denkschrift §. 10, 11, 13.

§. 3.

Vorstehende Richtigkeitsgründe sind die allein zulässigen, wenn das Beschwerde-Streit-Objekt nach Geld zu schätzen ist und nicht über 100 Thlr. Cour. beträgt.

Ist aber das Beschwerde-Streit-Objekt nicht nach Geld zu schätzen oder beträgt der Werth desselben über 100 Thlr. Cour. so treten den vorstehenden Richtigkeitsgründen noch folgende hinzu:

1) wenn das Urtheil einen Rechtsgrundsatz verletzt, er möge auf einer ausdrücklichen Vorschrift des Gesetzes beruhen, oder aus dem Sinn und Zusammenhange der Gesetze hervorgehen, oder wenn dasselbe einen solchen Grundsatz in Fällen, wofür er nicht bestimmt ist, anwendet;

2) wenn das Urtheil eins der im folgenden §. benannten Prozeßgesetze verletzt, oder auf einen Fall, für den es nicht bestimmt ist, anwendet.

Mehrere streitige Posten werden bei Berechnung des Beschwerde-Objekts jederzeit zusammengerechnet.
vergl. §. 7. 11. 24.*)

---

*) Wird die Erhöhung des Objekts nicht beliebt, gelten also die Richtig-

§. 4.

Als Prozeßgesetz-Verletzungen nach §. 3 Nr. 2 sind nur anzusehen:

1) wenn dem Imploranten das rechtliche Gehör über dasjenige, worauf der beschwerende Inhalt des Erkenntnisses beruht, nicht verstattet worden war,

2) wenn der Richter eine den Imploranten beschwerende Erklärung zum Grunde gelegt hat, welche sich in einer prozessualisch für den Imploranten nicht verbindlichen Verhandlung oder Prozeß-Schrift findet;

) wenn solchen Urkunden, Zeugen oder Sachverständigen Beweiskraft von dem Richter beigelegt worden ist, welchen gesetzlich die Beweiskraft völlig mangelt;

4) wenn eine Verletzung oder unrichtige Anwendung (§. 3 Nr. 2) der die prozessualischen Rechtsnachtheile anordnenden Gesetze zum Nachtheile desjenigen Statt gefunden hat, an dessen Unterlassungen der Rechtsnachtheil gesetzlich geknüpft war;

5) wenn diejenigen Prozeßgesetze verletzt oder unrichtig angewendet sind, welche sich auf die persönliche Fähigkeit vor Gericht aufzutreten und das Litis-Consortium beziehen, so wie

6) diejenigen, welche die Rechtshängigkeit,

7) die Wirkungen der Litisdenunziation, Intervention und Litisrenunziation,

8) die Zulässigkeit des Mandats-Prozesses,

9) die allgemeinen Grundsätze der Beweislast,

10) die Zuschiebung, Annahme, Weigerung und Leistung eines Eides,

11) die Zulässigkeit und Wirkung des Arrestes

zum Gegenstande haben;

12) wenn eine Verletzung oder unrichtige Anwendung derjenigen Gesetze Statt gefunden hat, welche über die Exekution in weitestem Umfange einschließlich der Subhastation, Kaufgelderbelegung, Konkurs und jede Art Prioritäts-Verfahren erlassen worden sind.

vergl. §. 12. 14—20. 21.

---

keits-Gründe des §. 3 gegen alle Appellations-Erkenntnisse, so werden sie doch von denen des §. 2 zu sondern sein.

§. 5.

Die Begründung der in §. 2 zugelassenen Nichtigkeitsgründe ist an irgend eine Beschränkung in der Beurtheilung des Sach- und Rechts-Verhältnisses nicht gebunden.

Dagegen können die in den Entscheidungsgründen enthaltenen thatsächlichen Würdigungen des Sachverhältnisses insbesondere der Partei-Erklärungen und des Resultats des Beweises zur Begründung eines der in §. 3 und 4 zugelassenen Nichtigkeitsgründe nicht angefochten werden.

vergl. §. 2—6, 13.

§. 6.

Die Einlegung der Nichtigkeitsbeschwerde hält die Vollstreckung des angefochtenen Erkenntnisses nicht auf, es sei denn, daß durch die Vollstreckung ein unersetzlicher Schaden entstände.

Es ist jedoch der Verurtheilte die streitige Sache oder Summe in gerichtlichen Gewahrsam zu geben, und wenn der Prozeß andere Verpflichtungen zum Gegenstande hat, eine vom Richter festzusetzende Kaution zu bestellen, und sich dadurch vor der wirklichen Vollstreckung des Erkenntnisses zu schützen befugt.

vergl. §. 26.

§. 7.

Die Frist zur Anmeldung der Nichtigkeitsbeschwerde ist sechs Wochen vom Tage der Insinuation des Appellations-Erkenntnisses ab gerechnet. Diese Frist wird für den Fiskus, die Land- und Stadt-Gemeinden, die privilegirten Corporationen und die unter Vormundschaft stehenden Personen, so wie diejenigen, welchen die Rechte der Minderjährigen zustehen, verdoppelt, wobei die Wiedereinsetzung in den vorigen Stand wegen versäumter Frist wegfällt.

In nachstehend benannten schleunigen Sachen

a) im Wechselprozeß,

b) in Arrestsachen, die nicht mit der Hauptsache zugleich verhandelt werden (P. O. Tit. 29 §. 63—73),

c) im eigentlichen Merkantilprozeß (P. O. Tit. 30 §. 9—47),

d) in Bausachen, wenn von einem schon wirklich angefangenen Bau die Rede ist, dessen Fortsetzung oder Kassirung von dem Ausfalle des Prozesses abhängt (P. O. Tit. 42 §. 34—42),

e) in den Fällen der §§. 125 und 195 der Konkursordnung vom 8. Mai 1855,*)

ist die Anmeldungsfrist drei Tage von Insinuation des Erkenntnisses ab, und wird niemals verdoppelt.

§. 8.

Zur Form der Anmeldung genügt jede schriftliche oder protokollarische Erklärung der Unzufriedenheit mit dem Appellations-Erkenntnisse.

Die Anmeldung muß bei der prozeßleitenden Behörde erster Instanz (Gericht, General-Kommission, oder die letztere vertretende Regierungs-Abtheilung) geschehen. Diese Behörde hat, wenn die Frist gewahrt ist, die Akten sofort an das Obertribunal einzusenden, entgegengesetzten Falls das Rechtsmittel zurückzuweisen.

§. 9.

Der gesetzlich bestimmten Anmeldungsfrist (§. 7) sind zur Bestimmung der Einführungsfrist für die in §. 7 genannten schleunigen Sachen vierzehn Tage, für die übrigen Sachen vier Wochen zuzurechnen. Innerhalb des so begränzten Zeitraums muß, ohne daß es einer Aufforderung dazu bedarf, die Einführung und Rechtfertigung der Nichtigkeitsbeschwerde schriftlich beim Obertribunal eingereicht werden.

Nur aus Hinderungsgründen, die in der Sache selbst liegen, kann die Einführungsfrist angemessen verlängert werden.

ad 7—9 §. 36.

§. 10.

Die Einführungs- und Rechtfertigungsschrift ist nur zuzulassen, wenn sie bei rechtzeitiger Anmeldung rechtzeitig eingegangen ist und folgendes enthält:

1) die bestimmte Angabe des Beschwerde-Streit-Objekts;
2) die Aufstellung eines oder mehrerer der in diesem Gesetze §. 2—4 benannten Nichtigkeitsgründe, insofern solche nach dem Beschwerde-Objekte zulässig sind (§. 2, 3). Eine speziellere Allegirung des verletzten Gesetzes oder Rechtsgrundsatzes ist nicht erforderlich;

*) Betrifft die Nichtigkeitsbeschwerde gegen Eröffnung des Concurses und gegen Erkenntnisse über die Accordsbestätigung.

3) die Bezeichnung der anzufechtenden Stellen der Entscheidungsgründe, sofern die Nichtigkeitspunkte gegen die Entscheidungsgründe aufgestellt sind;

4) die Unterschrift eines Rechtsanwalts des Obertribunals, oder der Partei selbst, wenn diese zu den öffentlichen Behörden oder den zum Richteramt befähigten Personen gehört.

vergl. §. 8, 38.

§. 11.

Mit Ausnahme der in §. 7 benannten schleunigen Sachen können in den übrigen Sachen innerhalb 14 Tagen nach der Einreichung der Einführungsschrift in einem Nachtrage noch andere Nichtigkeitspunkte, als die vorgebrachten, sofern sie nach dem Objekte zu den zulässigen gehören, aufgestellt werden.

Neue Thatsachen und Beweismittel können in der Nichtigkeits-Instanz nur bei dem Nichtigkeitspunkte §. 2 Nr. 2 vorkommen, und sind hier nur zu berücksichtigen, wenn sie in der Einführungsschrift oder dem Nachtrage geltend gemacht worden.

Der Rechtsanwalt, welcher die Nichtigkeitsbeschwerde einführt, muß sich durch Vollmacht oder Schreiben legitimiren, und ist, wenn dies nicht spätestens bis zu der im Urtheil dazu festzusetzenden Frist geschieht, in Stelle der Partei für alle Schäden und Kosten persönlich verhaftet.

vergl. §. 36, 39.

§. 12.

Die zugelassene Einführungsschrift wird dem Gegner zur Beantwortung in vier Wochen mitgetheilt. Nach Eingang der Beantwortungsschrift, auf welche die Bestimmung §. 10 Nr. 4 Anwendung findet, oder nach Ablauf der vierwöchentlichen Frist ist ein Termin zur mündlichen Verhandlung beim Obertribunale anzuberaumen.

In den §. 7 benannten schleunigen Sachen ist mit der Mittheilung der Einführungsschrift, sofort die Ansetzung des Termins zur mündlichen Verhandlung zu verbinden.

Kommen in den Einführungsschriften bei dem Nichtigkeitspunkte §. 2 Nr. 2 neue Thatsachen und Beweismittel vor, so sind dieselben für zugestanden zu achten, wenn sie nicht in der Beantwortungsschrift, spätestens im Termin zur mündlichen Verhandlung, bestritten werden.

vergl. §. 41.

§. 13.

Zur Verhandlung und Entscheidung ist die Anwesenheit von mindestens sieben Mitgliedern des höchsten Gerichtshofes erforderlich.

Als Vertreter der Parteien können nur Obertribunals-Rechtsanwalte zugelassen werden.

Es ist ein Protokoll über den Verhandlungstermin aufzunehmen.

§. 14.

Im Termine zur mündlichen Verhandlung giebt zuvörderst ein Gerichtshofs-Mitglied, welchem die Akten vorher zugestellt worden sind, eine einleitende Uebersicht der Prozeß-Lage.

Sodann werden die erschienenen Anwalte zum mündlichen Vortrage der Sache, zur Ausführung der Nichtigkeitsgründe und beziehungsweise zur Gegenausführung verstattet, wobei stets dem Imploraten das letzte Wort gebührt.

Ist keine der Parteien erschienen, so ergeht die Entscheidung nach Lage der Akten in Vorgang eines Vortrags des vorbezeichneten Gerichtshofs-Mitgliedes.

vergl. §. 42.

§. 15.

Die Berathung und Beschlußfassung geschieht in Abwesenheit der Parteien, ihrer Vertreter und der Zuhörer.

Der Vorsitzende publizirt den gefaßten Beschluß entweder sofort, oder bestimmt einen nahen Termin zur Publikation eines solchen Beschlusses.

§. 16.

Das mit den Entscheidungsgründen auszufertigende Definitiv-Erkenntniß kann nur auf Zurückweisung der Nichtigkeitsbeschwerde unter Verurtheilung des Imploranten in die Kosten oder auf gänzliche oder theilweise Vernichtung des Appellations-Erkenntnisses unter Vertheilung der Kosten, lauten.

Im letztern Falle gelangt die Sache zur weitern Verhandlung und Entscheidung an das Appellationsgericht zurück. Bei diesem Verfahren und der anderweitigen Entscheidung haben sich die Gerichte nach den durch das Erkenntniß des Obertribunals festgesetzten Rechtsgrundsätzen und Normen zu achten.

vergl. §. 43.

§. 17.

Die Insinuation der in der Nichtigkeits-Instanz ergangenen Erkenntnisse geschieht, wie bisher, durch die Gerichte erster Instanz.

§. 18.

In den nach der Verordnung vom 28. Juni 1844 (Ges. Sam. S. 184—194) und §. 12 der Verordnung vom 2. Januar 1849 (Ges. Samml. S. 1—13) zu behandelnden Prozessen, welche die Scheidung, Ungültigkeit oder Nichtigkeit einer Ehe zum Gegenstande haben, finden die wegen Zuziehung des Saatsanwalts in öffentlichem Interesse gegebenen Anordnungen auf die Nichtigkeitsbeschwerde Anwendung.

§. 19.

Hat von mehreren Litis-Consorten auch nur Einer die Nichtigkeitsbeschwerde angebracht, so kommen in Ansehung des Beitritts der Uebrigen die Vorschriften der Prozeß-Ordnung Tit. 14 §. 14a und 14b zur Anwendung.

vergl. §. 29.

§. 20.

Gegen Erkenntnisse und Resolutionen erster Instanz findet eine Nichtigkeitsbeschwerde nicht Statt.

vergl. §. 30—35.

§. 21.

Der Tit. 15 der Prozeß-Ordnung, die Verordnung vom 14. Dezbr. 1833 §. 1—21, die Deklaration vom 6. April 1839 Art. 1—16, so wie alle Anordnungen der Prozeß-Ordnung und anderer Gesetze, welche durch vorstehendes Gesetz abgeändert worden sind, werden außer Kraft gesetzt. Es haben von den in Tit. 16 der Prozeß-Ordnung angeordneten Gründen der Nullitätsklage nur §. 2 Nr. 1, 3—6 noch gesetzliche Geltung.

vergl. §. 45.

§. 22.

Gegenwärtiges Gesetz erhält mit dem rc. Gesetzeskraft.

In Ansehung der Rechtsmittel gegen die vor diesem Zeitpunkte insinuirten Erkenntnisse und Resolutionen kommen die bisherigen gesetzlichen Bestimmungen noch zur Anwendung.

vergl. §. 45.

Beilage B.

Von der Revision.

Auszug aus dem Berichte des Gesetz-Revisors Geh.-Rath Reinhard vom Jahre 1830.

Die zahlreichen Erinnerungen und Vorschläge, welche bei diesem Rechtsmittel, sowohl für sich als nach seinem Verhältnisse zur Nullitätsklage betrachtet, in den eingegangenen Gutachten gemacht sind, wurden bereits im 2. Theile des Berichts S. 86 f. erwähnt. Ebendaselbst ist die Ansicht der Deputation über diesen Gegenstand ausgeführt S. 88 f. Hiernach sollten die ordentlichen Instanzen mit der Appellation geschlossen, sein, und daneben nur noch als außerordentliche Rechtsmittel für das factum die restitutio in integrum, für das jus die Nullitätsbeschwerde stehen bleiben. Der höchste Gerichtshof sollte es ausschließlich mit der letzteren zu thun haben, und seine Bestimmung darin finden, für die Erhaltung der Grundsätze und schützenden Formen, so wie für die richtige Anwendung und Auslegung der Gesetze in der ganzen Monarchie zu wachen.

In den Plenar-Conferenzen vom 3. und 8. Mai 1828 wurde jedoch von dem Herrn Justizminister beschlossen:

1) daß eine dritte Instanz (die Revision) auch ferner als ordentliches Rechtsmittel Statt haben solle;
2) der wechselseitige Instanzenzug von einem Ober-Landesgericht an das andere, in Sachen unter 2000 Thlr., solle aber aufhören und die Revision in allen Sachen, wo dieses Rechtsmittel dem Gegenstande nach zuverlässig ist, an ein und dasselbe höhere Gericht gehen;

3) daß die Parteien auch in der dritten Instanz neue Thatsachen sollen anführen können; in wie weit die Beschränkungen, welche die Gerichtsordnung hierbei macht, beizubehalten sind, soll noch geprüft werden;

4) daß in der dritten, wie in den beiden ersten, stets die Gründe der Entscheidung gegeben werden sollen;

5) daß die Nullitätsbeschwerde nicht mehr wie bisher gleich einer neuen Klage behandelt und darüber in drei Instanzen von denselben Richtern, welche das angefochtene Urtheil erlassen haben, erkannt werden solle, sondern daß dieselbe ein Rechtsmittel sei, worüber das Erkenntniß dem höheren Richter zustehen müsse;

6) man hat endlich und nicht ohne Grund befürchtet, daß durch die ad 2 getroffene Bestimmung, und bei vorausgesetzter allgemeiner Einführung der revidirten Prozeßordnung, die Geschäfte des Geh. Obertribunals einen solchen Zuwachs erhalten werden, daß dieses auch bei einer Vermehrung der Zahl seiner Mitglieder (die doch ebenfalls eine Grenze haben muß), nicht mehr im Stande sein werde, die an dasselbe gelangenden Sachen so schleunig oder mit der Gründlichkeit zu erledigen, als von ihm gefordert werden müsse. Es ist deshalb, und zwar von dem Herrn Justizminister selbst, die Errichtung zweier oder mehrerer höchsten Gerichte für ebensoviele Theile der Monarchie zur Sprache gebracht, die definitive Beschlußnahme hierüber nach mehrfacher Diskussion jedoch zur Berathung und Prüfung der Gerichtsverfassung vorbehalten.

Den vorstehenden Beschlüssen bin ich bei der Bearbeitung dieses und des folgenden Titels nachgekommen. Indeß kann ich nicht umhin, zu bemerken, daß bei der letzten unentschieden gelassenen Frage auch die Prozeßordnung interessirt ist, ja daß mir hiervon alle übrigen Bestimmungen in dieser Materie abhängig zu sein scheinen. Ich bin ferner der Meinung, daß sich hier die Gerichtsverfassung nach den Bedürfnissen und Forderungen der Prozeßordnung bequemen müsse.

Die Prozeßordnung hat die Mittel an die Hand zu geben und das Verfahren zu bestimmen, um die streitig gewordenen Rechte den

Gesetzen gemäß festzustellen. Das Geschäft des Richters ist es, das Gesetz auf den streitigen Fall anzuwenden, mithin auch, wenn der Sinn oder Umfang desselben zweifelhaft ist, es auszulegen. Die Jurisprudenz lehrt die richtige Anwendung und Auslegung der Gesetze; in ihr und durch sie wird das Gesetz konkret und lebendig. — Es kann scheinen, daß bei Auslegung der Gesetze das Richteramt hinübergreife in das Gebiet des Gesetzgebers. Gleichwohl sind beide geschieden und müssen es sein. Der Richter soll nichts in das Gesetz hineinlegen, sondern den Sinn, welchen der Gesetzgeber damit verbunden hat, erforschen und auslegen. Erst wenn sich ein nicht zu hebender Widerspruch oder eine nicht zu erhellende Dunkelheit in dem Gesetze findet, kann es nöthig und erlaubt sein, auf den Gesetzgeber zurückzugehen.

Die Aufgabe der Prozeßordnung ist nun, die Rechtsstreitigkeiten der Parteien nicht etwa überhaupt nur zur richterlichen Entscheidung zu bringen und vorzubereiten, sondern auch denselben eine den Gesetzen gemäße Entscheidung zu sichern, mithin darüber zu wachen, daß das Gesetz gleichförmig und richtig angewendet und ausgelegt werde, und solche Anordnungen und Einrichtungen zu treffen, daß jeder von dieser Seite begangene Fehler könne wieder gut gemacht werden. Die richtige Anwendung des Gesetzes auf den einzelnen Fall ist allerdings abhängig von der richtigen Darstellung dieses Falles und von dem Erweise der faktischen Bedingungen zur Anwendung des Gesetzes. Allein diese ist die Sache der Parteien; es ist ihre Schuld, wenn sie hierunter fehlen, und von der Prozeßordnung kann in dieser Beziehung nur gefordert werden, daß sie ihnen die Mittel an die Hand gebe, etwaige Irrthümer und Fehler zu verbessern, wiewohl in beschränkter Weise. Genau genommen würde es hierzu — zur Entscheidung über das Faktum — nicht einmal gelehrter Richter und eines eigenen Richteramts bedürfen; man könnte diese Sache auch anderen Personen, etwa Geschworenen, überlassen, und in einigen Fällen, wo es auf besondere dem Richter nicht beiwohnende Sachkenntniß ankommt, muß dies sogar geschehen.

Jene Aufgabe aber enthält eine Pflicht des Staats und ist unbeschränkt. Der Staat muß in allen Fällen für die Aufrechthaltung des Gesetzes, seine richtige Anwendung und Auslegung sorgen, und gegen jede Verletzung desselben durch den Richter eine Abhülfe gewähren. Dieser Pflicht der Gerechtigkeit wird genügt theils durch Anstellung geprüfter und gesetzkundiger Richter; und andererseits dienen hierzu die Rechtsmittel und der Instanzenzug, wodurch die Streitsachen an ein höheres und zuletzt an das höchste Gericht gelangen. Allein nicht alle Rechtshändel im ganzen Umfange der Monarchie können an Ein höchstes Gericht gebracht und von ihm entschieden werden. Und ferner: man darf es nicht als unmöglich annehmen, daß nicht auch der höchste Gerichtshof einmal das Gesetz verletze, eine falsche Anwendung oder Auslegung davon mache. Somit scheint jene Aufgabe hierdurch noch nicht vollständig gelöst zu sein. Es fehlt der Schlußstein in dem großen Gebäude der Justiz, welcher dasselbe zusammenhält, daß es nicht auseinanderfalle; es fehlt die Scheidewand, welche das Richteramt und die Gesetzgebung, indem sie beide von einander trennt, zugleich verbindet. Die Richter sollen die Grenzen ihrer Befugnisse, welche auf Anwendung und Auslegung der Gesetze (nach dem Willen des Gesetzgebers) beschränkt sind, nicht überschreiten; aber es muß zugleich ein Uebergang, eine Vermittelung gefunden werden, wodurch es möglich wird, ein mangelhaftes und dunkles Gesetz (aus welchem der Wille des Gesetzgebers nicht zu erkennen ist), von dem Gesetzgeber selbst ergänzen oder erklären zu lassen.

Vielleicht war es die Einsicht in dieses Bedürfniß und das Bestreben, demselben abzuhelfen, woraus zur Zeit der Justizreform die Gesetzcommission hervorging, als eine fortbestehende Behörde, welche die in den Prozessen vorkommenden zweifelhaften Rechtsfragen durch gesetzliche Bestimmungen entscheiden sollte. Nach dem Corp. Jur. Frid. Th. I Tit. 13 §. 7 mußte die Anfrage an diese Gesetzcommission in allen Fällen, und sowohl in erster wie in den folgenden Instanzen, geschehen, wenn die Richter fanden oder zu finden glaubten, daß eine Rechtsfrage in den Gesetzen entweder gar nicht oder nicht deutlich genug entschieden sei. In dem Landrecht Einleitung §§. 46—50 und der Gerichtsordnung Th. I Tit. 13 §. 32 wurde jedoch die Anfrage auf den letzteren Fall beschränkt, wenn nämlich der eigentliche Sinn eines vorhandenen und anwendbaren Gesetzes zweifelhaft erschiene. Durch die Cabinetsordre vom 8. März 1798 wurden endlich die Anfragen bei der Gesetzcommission im Laufe des Prozesses ganz abgeschafft, weil man es als einen Uebelstand erkannte, die Rechtsstreitigkeiten der Parteien, statt nach den bestehenden, nach neuen für den besonderen Fall gegebenen Gesetzen zu entscheiden, und weil — wie es in der allegirten Cabinetsordre weiter heißt — die Gesetzcommission in Auslegung der Gesetze eben so wohl dem Irrthum unterworfen sei, als es die Gerichtshöfe bei ihren Entscheidungen sind. Dennoch aber finde gegen die Erstere gar kein Remedium statt, wenn der Irrthum auch noch so klar dargethan und der daraus entstehende Schaden auch noch so groß sein sollte. — Der letztere Grund zeigt, daß die Gesetzcommission ihres Namens ungeachtet, nicht als eigentliche gesetzgebende Behörde angesehen wurde. Denn wie hätte sonst von ihr gesagt werden dürfen, daß sie dem Irrthum unterworfen sei, und wie hätte man sie überhaupt den Gerichtshöfen gleichstellen können! Sie war vielmehr in der That eine richterliche Behörde, der man aber die widersprechendste aller Befugnisse gegeben hatte, die ihr vorgelegten einzelnen Rechtsfälle durch allgemeine gesetzliche Bestimmungen (Decisa) zu entscheiden. Hieraus entsprang jene Casuistik, von der schon im ersten Theile des Berichts S. 32 geredet ist, und welche, wenn nicht zeitig Einhalt gethan wäre, die Gesetzgebung in ein Labyrinth verwandelt haben würde, aus welchem selbst kein Theseus den Ausgang hätte finden können. Aber noch in anderer Hinsicht konnte dieses Institut dem Zwecke nicht entsprechen; denn da es lediglich dem Ermessen der Richter überlassen war, ob sie den Sinn eines Gesetzes zweifelhaft finden und zu einer Anfrage schreiten wollten oder nicht: so waren die Parteien, denen in dieser Beziehung kein Rechtsmittel zustand, auch nicht einmal gegen die Fehler der Richter geschützt, wenn diese die Anfrage bei der Gesetzcommission, da wo sie nöthig war, versäumt hatten.

Durch das Gesagte wollte ich darthun: daß sowohl für die Criminal- wie für die Civil-Rechtspflege ein gleiches Bedürfniß da ist, die Einheit der Grundsätze und eine gleichförmige Anwendung und Auslegung der Gesetze zu erhalten und zu sichern;

daß dieses Bedürfniß auch in der bisherigen Gesetzgebung anerkannt und berücksichtigt ist;

daß jedoch die dazu angewandten Mittel den Zweck bis jetzt nur unvollkommen erreicht haben.

Ich füge noch hinzu — was sich gleichfalls aus dem Vorhergehenden ergiebt — daß die Gesetze auch richtig, d. h. ihrem Geiste (dem Willen des Gesetzgebers) gemäß, angewendet und ausgelegt werden müssen, daß jeder im Staate, so wie er dem Gesetze schlechthin unterworfen ist, so auch ein unbedingtes Recht auf dessen strikte Anwendung hat, und daß mithin in allen Fällen, wo, wie die allegirte Cabinetsordre vom 8. März 1798 sagt, ein Irrthum der Richter in dieser Beziehung klar dargethan ist, den Parteien auch ein Rechtsmittel hiergegen gewährt werden muß. Erst hierdurch ist die Aufgabe der Prozeßordnung vollständig gelöst und den Forderungen der Gerechtigkeit im Staate genug gethan.

Jene Einheit der Rechtspflege nun, als das erste Erforderniß, ist meines Erachtens nur dadurch zu erreichen, daß Ein höchstes Gericht hingestellt werde, an welches alle Sachen ohne Ausnahme in letzter Instanz gelangen. Mit Recht ist der wechselseitige Instanzenzug von dem Gericht einer Provinz an das einer andern schon in den obigen Beschlüssen gemißbilligt. Denn worin gründet sich hierbei die höhere Autorität, welche der Entscheidung des zuletzt erkennenden Gerichts beigelegt wird? Weshalb soll das Urtheil eines fremden Gerichts den Vorzug haben vor dem des einheimischen? Dieser Mangel einer wirklichen Autorität wird aber zugleich auf der einen Seite eine Neigung zur Abänderung hervorbringen, und auf der andern Seite es verhindern', daß eines der beiden Gerichte die einmal gefaßte Ansicht aufgiebt, wodurch, wie die Erfahrung gezeigt hat, sich stehende Gegensätze bilden. Eine weitere Instanz der Art, ist in der That schlimmer als keine. Denn entweder wird das vorige Urtheil darin bestätigt, und dann war die Instanz überflüssig; oder es wird abgeändert, dann stehen die Entscheidungen zweier Gerichte gleichen Ranges einander gegenüber und es muß als Willkür erscheinen, daß der Einen die Rechtskraft vor der Anderen beigelegt wird.

Ueberzeugt man sich aber, daß, um die Einheit der Rechtspflege zu erhalten, Ein höchstes Gericht für alle Sachen nothwendig sei, so ist ferner einleuchtend, daß dieser oberste Gerichtshof in einem

Staate von solcher Ausdehnung, wie die preußische Monarchie, nicht eine ordentliche Instanz in allen Sachen bilden kann — mit andern Worten, daß es ebenso wenig gestattet sein darf, alle Sachen, in welchen eine Partei mit dem Urtheil des ersten Richters unzufrieden ist, ohne andern Grund an denselben zu bringen, als ihm deren Entscheidung nach allen Seiten hin (in facto et jure) obliegen kann. Hierzu dürften die Kräfte desselben schon dann nicht mehr ausreichen, wenn auch nur nach den obigen Beschlüssen der bisher gestattete wechselseitige Instanzenzug von einem Obergericht an das andere aufgehoben wird; wie viel weniger also, wenn, wie nach dem hier aufgestellten Princip unerläßlich scheint, der Recurs an diesen höchsten Gerichtshof in allen Sachen, ohne Beschränkung auf eine Summe, genommen werden kann. Wollte man, um diesem Einwurf zu begegnen, das höchste Gericht (wie vorgeschlagen ist) in mehrere Sektionen oder Senate theilen, so würde man, in soweit nicht die Theilung nach den Gegenständen geschehen kann, wie zwischen Civil- und Criminal-Sachen, eben so viele verschiedene höchste Gerichte bilden, was dem Prinzip zuwider ist.

Man wird also suchen müssen auf andere Weise zu helfen und solche Beschränkungen zu machen, die sich aus dem Zweck des Instituts ergeben und mit ihm vereinbar sind.

Der Zweck des obersten Gerichtshofes (zu welchem es überall nur eines solchen bedarf) ist, darüber zu wachen, daß die Richter ihre Befugnisse nicht überschreiten. Sie überschreiten diese, wenn sie entweder über Sachen oder Personen erkennen, worüber ihnen kein Urtheil zusteht; oder wenn sie die wesentlichen Formen vernachlässigen, unter welchen ihnen nur vergönnt ist, Recht zu sprechen; oder endlich, wenn sie gegen das Gesetz entscheiden. Hierdurch ist zugleich die nothwendige Sphäre der Wirksamkeit des obersten Gerichtshofes umschrieben, und es wird mithin

1) der Recurs an denselben auf die angeführten Gründe beschränkt werden können und müssen — wenn sich nämlich eine Partei über Inkompetenz, über die Nichtigkeit des Verfahrens oder eine Verletzung der für den Fall gegebenen Gesetze beschwert.

Daß sich das höchste Gericht, wie bisher bei dem Rechtsmittel der Revision, nur mit der Würdigung des Thatsächlichen beschäftige, wodurch sein Geschäftskreis eine nicht mehr zu übersehende Ausdehnung erhalten würde, scheint weder nöthig noch nützlich. Jedes Faktum ist ein Mannigfaltiges, das sich selten auf dieselbe Weise wiederholt. So wie es daher ein vergebliches Bestreben ist, eine vollständige und erschöpfende Theorie über die Qualification und den Erweis der Thatsachen aufzustellen, um vermittelst derselben eine Einheit in jenes Mannigfaltige zu bringen, eben so wenig steht dies dadurch zu erreichen, daß die Entscheidung über das Faktum in letzter Instanz einem und demselben höchsten Gericht unterworfen wird. Jeder einzelne Fall muß nichts desto weniger nach seiner besondern Beschaffenheit gewürdigt werden und läßt keine Folgerung aus ähnlichen Fällen zu. Auch die Beweistheorie kann dem Richter in dieser Beziehung nur eine formale und dürftige Anleitung geben. Will man sagen, daß in wichtigen Fällen für die Entscheidung über das Faktum, wenn nicht ein höchster Gerichtshof, doch eine dritte Instanz nöthig sei, so läßt sich hierauf erwiedern, daß gleichwohl in Criminalsachen, wo es sich um höhere Interessen handelt, zwei Instanzen über das Faktum bisher ausgereicht haben, und eine Vermehrung derselben auch bei der jetzigen Revision der Criminalordnung nicht für nöthig geachtet ist. Weshalb soll also im Civilprozeß der Thatbestand einer weitern und sorgfältigern Prüfung unterliegen, zumal hier dem Richter zu dessen Feststellung noch ein Expediens mehr, nämlich der Eid, gegeben ist? Für die Fälle, wo eine Partei ohne ihre Schuld verhindert war, dem Richter das wahre Sachverhältniß darzuthun, — wenn ex falsa causa, auf den Grund verfälschter Dokumente oder bestochener Zeugen, erkannt ist, oder wenn neue Beweise später aufgefunden sind, — bleibt überdies das Rechtsmittel der Restitution in integrum und gewährt Hilfe.

Mit den obigen Beschlüssen und als Folge derselben ist zugleich festgesetzt, daß gegen ein Revisionsurtheil keine Nullitätsbeschwerde wegen Gesetzverletzung statt haben soll. Dies ist, wie bisher schon gesetzlich, so auch bei dieser Einrichtung ganz nothwendig; oder man müßte, um über dergleichen Beschwerden erkennen zu lassen, eine neue Instanz creiren und wiederum ein höheres Gericht einsetzen. Hiernach werden sich daher diejenigen Sachen, in welchen revisible Summe vorhanden ist, von denen, wo dies nicht der Fall ist, darin unterscheiden, daß in jenen das ordentliche Rechtsmittel der Revision und eine nochmalige Entscheidung in facto et jure, in diesen dagegen ein außerordentliches Rechtsmittel, die Nullitätsbeschwerde, und nur eine Prüfung der Gesetzmäßigkeit des angefochtenen Urtheils statt finden. Allein wenngleich der größere oder geringere Werth des Streitobjekts wohl da in Betracht kommen kann, wo die Frage ist, ob überall ein Rechtsmittel zuzulassen, weil die auf Entscheidung eines Streits zu verwendende Zeit, Kräfte und Kosten im Verhältnisse zum Gegenstande stehen müssen, so rechtfertigt doch dieser (bloß quantitative) Unterschied nicht auf gleiche Weise eine (qualitative) Verschiedenheit der Rechtsmittel. Sondern wenn einmal in beiden Fällen, da, wo bisher summa revisibilis vorhanden war oder wo nicht, künftig noch ein Rechtsmittel, welches die Sache an das höchste Gericht bringt, stattfinden soll, so muß es für beide dasselbe sein, so ist kein Grund vorhanden, dieses Rechtsmittel in dem einen Fall anders zu gestalten als in anderen; ja es würde ein Widerspruch in der Attribution des höchsten Gerichtshofes sein, wenn dieser das eine Mal, und zwar bei Gegenständen von höherem Belang nicht blos über die Gesetzmäßigkeit des angefochtenen Urtheils, sondern auch über dessen Angemessenheit (ob wohl oder übel gesprochen) zu erkennen hätte, in Sachen von minderem Werthe aber ein male judicatum abzuändern nicht befugt sein sollte, sobald dasselbe nur nicht gegen ein ausdrückliches Gesetz verstößt.

Dadurch endlich, daß der höchste Gerichtshof auf die Prüfung der Gesetzmäßigkeit der ihm denuncirten Urtheile beschränkt und abgehalten wird, in die faktischen Prämissen derselben einzugehen, wird auf der andern Seite der Kreis seiner Wirksamkeit in eben dem Maße erweitert, er wird in den Stand gesetzt und getrieben, um so tiefer in den Geist der Gesetze einzudringen, diesen Geist um so reiner aufzufassen und darzustellen, und sowohl für sich selbst als für alle untergeordneten Richter-Collegien die Grundsätze zum Bewußtsein zu bringen, auf welchen die richtige Anwendung und Auslegung der Gesetze beruht. Er wird hiermit seine eigentliche Bestimmung um so würdiger erfüllen; eine lebendige Jurisprudenz wird von ihm ausgehen und die Quelle zahlloser Prozesse verstopfen, die in der Ungewißheit des Rechts liegen.

2) Ist es ferner nicht mehr Zweck der dritten Instanz, den ganzen Rechtsstreit noch einmal der Cognition des Richters zu unterwerfen, um durch diese wiederholte Prüfung eine erstarkte Bürgschaft für die Gerechtigkeit der Entscheidung zu halten, sondern soll dieselbe nur dazu dienen, die richtige Anwendung der Gesetze zu sichern und die Parteien gegen eine Ueberschreitung der richterlichen Gewalt zu schützen: so ändert sich hiermit die Natur des Rechtsmittels. Dieses hört auf, ein ordentliches zu sein, und wird zum außerordentlichen, was von Einfluß ist, sowohl auf seine Wirkungen als auch auf die Bedingungen seiner Zulassung. Es darf ihm im Civilprozeß keine aufschiebende Wirkung beigelegt werden. Denn daß die vom Staate angestellten Richter die Grenzen ihrer Befugniß überschritten oder das Gesetz verletzt haben, kann nicht vermuthet werden, und ein Urtheil also, daß aus diesem Grunde angefochten wird, muß so lange als rechtskräftig gelten und in Vollzug gesetzt werden, bis die behauptete Nichtigkeit dargethan ist.

Dagegen kann die Nichtigkeitsbeschwerde nicht wie die Appellation an eine Summe gebunden werden, sondern muß gegen jedes Erkenntniß letzter Instanz, ohne Unterschied des Gegenstandes, stattfinden, weil sie eben dahin geht, daß ein gültiges Erkenntniß noch gar nicht vorhanden sei, und dies die zu entscheidende Frage ist. Wegen der entgegen stehenden Vermuthung und um den leichtsinnigen Gebrauch dieses Rechtsmittels zu verhüten, halte ich es endlich auch für zulässig, die Partei, welche ein richterliches Urtheil ohne Grund der Gesetzwidrigkeit anklagt, mit einer Succumbenzstrafe zu belegen, ja ihre nicht anders als nach vorgängiger Deposition derselben zu dem Rechtsmittel zu verstatten. Die Gerichtsordnung (Tit. 23, §. 49) hat die Succumbenzstrafen auch auf die ordentlichen Rechtsmittel angewendet, was sich jedoch meines Erachtens nicht rechtfertigen läßt. Denn da ein Urtheil nicht eher die Rechtskraft erlangt, als bis es durch die ordentlichen Jurisdiktionsgrade hindurchgegangen ist, so scheint es unbillig, eine Partei um deshalb in Strafe zu nehmen, weil sie nicht auf halbem Wege stehen bleiben und sich mit einer Entscheidung begnügen will, welcher das Gesetz selbst noch keine entscheidende Kraft beilegt. Mit diesen Beschränkungen wird meines Erachtens Ein höchster Gerichtshof für die ganze Monarchie ausreichen, selbst wenn man seine Gerichtsbarkeit in ähnlicher Weise auf die Kriminalsachen ausdehnen wollte, da hier eine Theilung in Sektionen zulässig ist. Es bleibt nach dem Obigen noch eine zweite Forderung, welche an die Rechtspflege zu machen ist und so gewiß an dieselbe gemacht werden muß, als der Staat ein Rechtszustand sein soll — die nämlich, gegen jeden erweislichen Fehlgriff jedes Richters der dadurch verletzten Partei ein Rechtsmittel zu gewähren. Denn auch das höchste Gericht kann nicht für unfehlbar geachtet werden, und eben so wenig darf der Staat in irgend einem Falle eine Verletzung seiner Gesetze sanktioniren. — Aber wie ist diese Forderung, welche unbegrenzt scheint, zu verwirklichen? Man kann über den höchsten Gerichtshof nicht wieder einen höheren stellen, und irgend wo muß doch der Rechtsweg ein Ende finden! — Gewiß soll er dies, und das eben ist die Aufgabe, ihm ein solches Ende zu verschaffen, welches nicht ein willkürlich gemachter Abschnitt ist. Ein willkürlicher Abschnitt, und keine Lösung, sondern ein Zerhauen des Knotens ist es aber immer, wenn der Partei gegen ein Urtheil, dessen Gesetzwidrigkeit sie darzuthun vermag, das weitere Gehör versagt wird; ja es macht in dieser Beziehung wenig Unterschied, ob man nur eine oder drei Instanzen gestattet, da in allen Fällen, wo der letzte Richter die früheren Entscheidungen abändert oder aus anderen Gründen erkennt als die vorigen Richter, sein Urtheil für die dadurch verletzte Partei in der That das Erste ist.

Nur dadurch ist meines Erachtens diese Aufgabe zu lösen, daß das höchste Gericht, indem es ein Urtheil als gesetzwidrig annullirt, nicht zugleich in der Sache selbst spricht; daß demselben zwar die Gewalt ertheilt wird, Rechtsverletzungen aufzuheben, nicht aber selbst dergleichen zu begehen — mit einem Worte: durch einen Kassationshof. Dieses Institut bahnt zugleich den Weg zur Verbesserung der Gesetze, da wo es derselben in Wahrheit bedarf; und in ihm ist daher jener Uebergang und die nothwendige Verknüpfung zwischen dem Richteramt und der Gesetzgebung gefunden, von der ich oben geredet habe.

Ich verweise im Uebrigen auf das, was über diesen Gegenstand schon im zweiten Theile des Berichtes S. 103 seq. gesagt ist, und lasse jetzt den nach den obigen Beschlüssen ausgearbeiteten Entwurf folgen:

Beilage C.

Summarische Uebersicht

der bei dem Königlichen Obertribunal in den Jahren von 1839 bis incl. 1855 abgeurtelten Sachen.

Jahrgang	Revisionen			Nichtigkeitsbeschwerden		
	bestätigt	abgeändert	Summa	zurückgewiesen	vernichtet	Summa
1839	435	165	600	1330	182	1512
1840	385	194	579	1070	220	1290
1841	370	172	542	850	144	994
1842	361	195	556	943	178	1121
1843	386	214	600	1232	250	1482
1844	410	174	584	1203	174	1377
1845	443	241	684	1417	277	1694
1846	450	248	698	1343	296	1639
1847 kein Material	—	—	—	—	—	—
1848	422	293	715	1202	482	1684
1849	466	340	806	1413	501	1914
1850	350	294	644	892	395	1287
1851	256	211	467	862	444	1306
1852	326	282	608	1093	381	1474
1853	323	204	527	1069	349	1418
1854	274	174	448	1137	214	1351
1855	320	190	510	1187	351	1538
Total-Summe	5977	3591	9568	18243	4838	23081

Berlin, 2. Mai 1856.

Summarische

der bei den drei respektive vier Senaten des Königlichen
abgeurtel-

Jahrgang	I. Senat						II. Senat					
	Revisionen			Nichtigkeits-beschwerden			Revisionen			Nichtigkeits-beschwerden		
	bestätigt	abgeandert	Summa	zurückgewiesen	vernichtet	Summa	bestätigt	abgeändert	Summa	zurückgewiesen	vernichtet	Summa
1839	183	45	238	329	55	384	138	63	201	463	62	525
1840	147	71	218	291	64	355	124	59	183	395	108	503
1841	152	45	197	226	24	250	119	58	177	300	80	380
1842	169	69	238	328	43	371	108	54	162	318	87	405
1843	151	75	226	381	45	426	138	78	216	422	147	569
1844	168	66	234	363	39	402	119	47	166	400	64	464
1845	161	80	241	361	54	415	125	58	183	432	107	539
1846	167	69	236	353	80	433	147	61	208	520	105	625
1847 kein Material												
1848	159	92	251	334	87	421	89	85	174	315	171	486
1849	115	83	198	304	106	410	162	108	270	457	194	651
1850	117	61	178	201	51	252	54	66	120	136	134	270
1851	115	53	168	236	45	281	64	68	132	200	28	228
1852	104	81	185	213	33	246	47	61	108	195	83	278
1853	131	52	183	244	44	288	39	34	73	167	81	248
1854	117	66	183	212	29	241	62	15	77	301	108	409
1855	123	53	176	222	44	266	60	21	81	256	85	341
Total-Summe	2279	1061	3350	4598	843	5441	1595	936	2531	5277	1644	6921

Berlin, 30. Mai 1856.

Uebersicht

Obertribunals in den Jahren von 1839 bis inkl. 1855
ten Sachen.

III. Senat						Früher III. jetzt IV. Senat						Bemerkungen.
Revisionen			Nichtigkeitsbeschwerden			Revisionen			Nichtigkeitsbeschwerden			
bestätigt	abgeändert	Summa	zurückgewiesen	vernichtet	Summa	bestätigt	abgeändert	Summa	zurückgewiesen	vernichtet	Summa	
—	—	—	—	—	—	114	47	161	538	65	603	
—	—	—	—	—	—	114	64	178	384	48	432	
—	—	—	—	—	—	99	69	168	324	40	364	
—	—	—	—	—	—	84	72	156	297	48	345	
—	—	—	—	—	—	97	61	158	429	58	487	
—	—	—	—	—	—	123	61	184	440	71	511	
—	—	—	—	—	—	157	103	260	624	116	740	
—	—	—	—	—	—	136	118	254	470	111	581	
neu konstituirter III. Senat												
91	44	135	266	94	360	83	72	155	287	130	417	
91	65	156	324	108	432	98	84	182	328	93	421	
96	80	176	270	105	375	83	87	170	285	105	390	
87	73	160	340	120	460	105	70	175	322	196	518	
70	56	126	285	132	417	105	84	189	400	133	533	
72	53	125	334	89	423	81	65	146	324	135	459	
52	43	95	380	95	475	43	50	93	244	82	326	
71	49	120	345	83	428	66	67	133	364	139	503	
630	463	1093	2544	826	3370	1588	1174	2762	6060	1570	7636	

I. Senat.

Revision in persönlichen Sachen 1851—1855.

		confirm.	reform.	total.
Entscheidungen	1851	33	9	42
	1852	45	11	56
	1853	49	12	61
	1854	52	15	67
	1855	47	14	61
Gültigkeit resp. Ungültigkeit der Ehe	1851	1	—	1
	1852	1	—	1
	1855	—	2	2
Ehe-Einspruch	1851	1	—	1
Ehe-Consens	1852	1	—	1
	1854	1	—	1
	1855	—	1	1
Ehelichung resp. Vollziehung der Ehe	1851	2	—	2
	1852	3	2	5
	1854	1	—	1
Unehelichkeits-Erklärung resp. Rechte der ehelichen Geburt	1851	1	—	1
	1852	1	1	2
	1853	—	1	1
	1854	1	—	1
	1855	2	—	2
Wahnsinns-Erklärung	1852	1	1	2
	1854	1	—	1

Beilage D.

Ueber Aenderungen im Subhastations-Verfahren.

1847.

Meines Ermessens ist für jetzt nur eine Abänderung in Ansehung der Zulässigkeit der Nichtigkeitsbeschwerde gegen Adjudikationsbescheide, diese aber auch so dringend nothwendig, daß damit nicht bis zur voraussichtlich jedenfalls nicht sobald zu bewerkstelligenden gänzlichen Revision der Materie von Subhastationen und von dem Rechtsmittel der Nichtigkeitsbeschwerde überhaupt, gewartet werden darf.

Ich hatte Gelegenheit, bei einem Untergerichte in einer Gegend, wo Subhastationen nicht selten waren, den Zustand sowohl unmittelbar vor, als nach Erlassung der Verordnung vom 4. März 1834 praktisch kennen zu lernen, und bin immer der Meinung gewesen, daß diese Verordnung eins der besten und wohlthätigsten unserer neueren Prozeßgesetze ist. Dieser Vorzug liegt hauptsächlich außer dem vortrefflichen Institute des Kaufgelderbelegungsverfahrens in dem Abschneiden vieler überflüssiger Zeit und Geld fressenden Förmlichkeiten z. B. der drei Bietungs-Termine, der Erleichterung bei Insinuation der Vorladungen an die Interessenten, der Zulassung des gleichzeitigen Aufgebots der Realprätendenten, Regulirung des Verfahrens beim Widerspruch gegen einen Bieter, Abkürzung des Resubhastationsverfahrens ꝛc. ꝛc. Der dadurch erzielte Zeit- und Kostengewinn kommt nicht blos den Gläubigern, sondern auch den Grundbesitzenden Schuldnern zu Statten, da diese Reform zur Erhöhung des Realkredits, somit des Grundwerths, nothwendig beitragen mußten. In der Umgestaltung, welche das Subhastationsverfahren durch das erwähnte Gesetz und einige spätere Verordnungen erhalten hat, dürfte den Anforderungen an diesen Zweig der Gesetzgebung zum großen Theil entsprochen sein. Es kommt bei denselben überhaupt darauf an:

1) daß die Realberechtigten, der Subhastat und die sonstigen Interessenten auf eine genügende Art zugezogen werden und überhaupt dem Verfahren diejenige Publizität gegeben wird,

welche nöthig ist, theils um den etwanigen Interessen Geltung zu verschaffen, theils um Kauflustige anzuziehen;

2) daß den Kauflustigen Gelegenheit gegeben wird, die Beschaffenheit der zu verkaufenden Sache und den Werth mit möglichster Genauigkeit kennen zu lernen, daß auch die Zeitfrist, innerhalb welcher der Bietungs-Termin anzusetzen, neben der unabweisbaren Rücksicht auf Beschleunigung, hinlänglichen Raum für die Zwecke des Bietungslustigen im Interesse des Schuldners und Realgläubigers darbietet;

3) daß das Verfahren zweckmäßige Feststellung etwaniger besonderer Kaufbedingungen möglich macht, und daß für eine zuverlässige Constatirung des Meistgebots im Bietungs-Termin gesorgt ist, allenfalls auch für die Fernhaltung wahrscheinlich nicht zahlungsfähiger Bieter (Resubhastation);

4) daß auch für die Heranschaffung und Vertheilung des Subhastations-Ertrages auf entsprechende Art gesorgt ist.

Zur Erreichung dieser Zwecke lassen sich ohne Zweifel verschiedenartige Mittel einschlagen. Die Gesetzgebung kann das Ziel durch Feststellung sehr genauer Förmlichkeiten anstreben, wie dies im französischen Verfahren geschieht, sie kann umgekehrt den Gerichten freien Raum geben, was das Eigenthümliche des Preuß. Subhastations-Verfahrens sein möchte. Daß aber letzteres einen der oben bezeichneten Hauptpunkte außer Acht gelassen, wird sich nicht nachweisen lassen, die beantragten und zur Sprache gebrachten Veränderungen, insofern sie das Verfahren selbst, nicht den unten zu berührenden Punkt der Rechtsmittel betreffen, erscheinen meines Erachtens überhaupt nur sekundärer Art: sie werden durch kein wesentliches Bedürfniß hervorgerufen.

So ist es, um den Punkt, der hier eigentlich die Veranlassung der berathenen Maaßregeln gewesen ist, zu erwähnen, an sich gewiß nicht zweckmäßig, den Deputirten an eine gewisse Stunde des Termins-Anfangs zu binden. Eine solche läßt sich im Allgemeinen gar nicht feststellen; sie muß dem pflichtmäßigen Ermessen des Beamten überlassen bleiben, und wenn dabei Verstöße möglich sind, so werden solche, immer seltene Fälle doch keinen Anlaß geben dürfen, zum Schaden des Publikums eine neue Chance für die Umstoßung eines

Zuschlagsbescheides einzuführen, wie dies geschähe, wollte man eine solche Vorschrift unter Strafe der Nichtigkeit geben, da denn die Richtigkeit des Anfangspunkts ein stets erwünschter Gegenstand der Beschwerde für jeden Anfechtungslustigen, woran es bei einer Subhastation nie mangelt, werden würde.

Auch der Endpunkt des Bietungsverfahrens ist durch das Gesetz auf eine hinreichend erkennbare Weise festgesetzt, und dürften die in dieser Beziehung vorhanden gewesenen Zweifel durch die ergangenen Entscheidungen auf eine der Praxis genügende Art gelöst sein.

Neue und schärfere Vorschriften über die Cautionsleistung und den Widerspruch gegen den Zuschlag dürften ebenfalls durch kein praktisches Bedürfniß gerechtfertigt werden, vielmehr die bisherigen völlig ausreichen, um, soweit es räthlich ist, muthmaßlich zahlungsunfähige Bieter im Voraus abzuhalten.

Ueberhaupt wird die Einführung mehrerer und strengerer Förmlichkeiten nicht auf Anerkennung des betheiligten Publikums rechnen dürfen, da, wie oben bemerkt, der Haupt-Vorzug des neuen Verfahrens eben in der Vereinfachung, in der Abschneidung mancher Formalitäten gefunden worden ist. Auf diesem Wege der Vereinfachung sind die Gesetzgebungen in dieser Materie im Allgemeinen vorgeschritten: so der Code de procedure gegenüber dem altfranzösischen Verfahren, und die Rheinische Subhastationsordnung vom 1. August 1822 gegenüber dem Code de procedure.

So wenig nun hiernach legislatorische Abänderung der Formen des Subhastationsverfahrens an der Zeit sein möchte, so dringend nothwendig erscheint es meines Erachtens einem Uebelstande abzuhelfen, der nicht durch die Einrichtung dieses Verfahrens an sich, vielmehr durch die unbeschränkte Zulassung der Nichtigkeitsbeschwerde gegen Adjudikations-Erkenntnisse entstanden ist.

Der einfache Satz des Gesetzes vom 14. Dezember 1833:

> Die Nichtigkeitsbeschwerde wird auch gegen Adjudikations-Erkenntnisse gestattet,

dürfte in der That viele der wohlthätigen Wirkungen der späteren Subhastations-Gesetzgebung im Voraus paralisirt haben.

Dies ist aber ein Punkt, der dem Geheimen Ober-Tribunal durch seine Praxis sehr bekannt geworden sein muß. Die Unbestimmtheit der gedachten Vorschriften, welche Adjudikationsbescheide mit Erkenntnissen, die ein jus controversium unter den Parteien entscheiden, gleich behandelt, nicht angiebt, von wem, aus welchen Gründen die Anfechtung des Zuschlagsbescheides zulässig sei, hat nothwendiger Weise eine ganz unverhältnißmäßig große Zahl solcher Anfechtungen hervorgerufen. Bei der eigentlichen nothwendigen Subhastation, derjenigen im Wege der Exekution, hat jederzeit der Subhastat ein sehr dringendes Interesse, die geschehene Adjudikation rückgängig zu machen. Er wird dazu jedes ihm freigelassene Mittel anwenden, er wird, wenn es ihm aus eigenem Rechte nicht gelingen will, andere Personen, z. B. Gläubiger, die, weil sie gar keine Aussicht auf ein besseres Resultat haben, materiell für sich selbst nicht interessirt sind, Bieter, ja plane tertie z. B. da auch diese nicht ausgeschlossen sind, etwaige Intervenienten vorschieben. Leider kommen solche Vorgänge vor. Wären nun die möglichen Anfechtungsgründe in den Gesetzen klar ersichtlich, dann würde es dessenungeachtet für den Adjudikatar, der aus einer gerichtlichen Subhastation mit besonderer Sicherheit zu erwerben hoffen konnte, und nicht minder für die Real-Interessen ein erheblicher Uebelstand sein, Zeit und Kosten (außergerichtliche wenigstens) der Bekämpfung unbegründeter Ansprüche von Personen, die nichts zu verlieren haben, widmen zu müssen. Dies wäre jedoch von geringem Gewichte. Bei der Unbestimmtheit des Gesetzes hat sich aber die Praxis des Geheimen Ober-Tribunals die Wege bahnen müssen, um darüber, von wem, aus welchem Grunde, die Nichtigkeitsbeschwerde mit Erfolg anzustellen, zur Klarheit zu gelangen. Die Ansichten sind sich in dieser Hinsicht nicht gleich geblieben, man hat nicht blos Verstöße gegen Vorschriften, welche als wesentliche erklärt worden, sondern überhaupt gegen Anordnungen des Subhastations-Verfahrens für Anfechtungsgründe erachtet. Es ist auch in Beurtheilung der nach §. 5 gestellten Angriffe, welche auf die Anfechtung von eigentlichen Entscheidungsgründen der Prozeß-Erkenntnisse berechnet, sich dieser Materie nur höchst widerstrebend anfügen wollten, verschieden gehalten.

Die Deklaration vom 6. April 1839 Art. 2 näherte sich in einem anerkennenswerthen Schritte der so nöthigen Bestimmtheit, indem sie die Personen benannte, welchen das Rechtsmittel zustehe

(Adjudikatar, Bieter, Subhastations-Interessent), indem sie ferner die im Allgem. Landrecht aufgeführten Verabsäumungen wesentlicher Förmlichkeiten

§. 948 Th. I. Tit. 11

als Nichtigkeitsgründe hinstellte.

Seiner Bestimmung, die Ergebnisse der seitherigen praktischen Ausbildung des Nichtigkeitsbeschwerde-Instituts wiederzugeben, nicht aber durchgreifende Aenderungen vorzunehmen, getreu, ließ das Gesetz daneben aber die Angriffe nach der Verordnung vom 14. Dezember 1833 und der Deklaration vom 6. April 1839 in ihrer Unbestimmtheit bestehen, bezeichnete auch nicht die genannten Personen als die einzigen, denen das Rechtsmittel zustehe, während die Instruktion vom 7. April 1839 sogar die Interventions-Ansprüche hierher zählt.

Die Erfahrung zeigt, wie nicht selten in Gefolge dieses Rechtszustandes Zuschlagsbescheide aus Gründen, die von einem höheren Gesichtspunkte betrachtet, nicht berücksichtigungswerth erscheinen und die Aufhebung des freiwilligen Kaufs nicht herbeiführen würden rückgängig geworden sind.

Es kann wirklich Niemand, auch bei bedeutender Sorgfalt, ein Grundstück aus der Subhastation kaufen und darüber, daß es ihm nicht durch eine Nichtigkeitsbeschwerde entrissen wird, sicher sein, und ebenso kann kein Gläubiger darauf rechnen, daß er das aus der Kaufgelderbelegung Empfangene wirklich behält, nicht wieder herauszugeben hat. Die Nachtheile eines solchen Rückgangs der Adjudikationen werden aber ohne Weiteres einleuchten. Zeit und Kosten sind unnütz verwendet. Sie müssen an ein neues Ausgebot gesetzt werden, dessen günstigeres Resultat höchst problematisch ist.

In unseren Zeiten, wo Landbau, und die auf den Landbau basirte Industrie im Fortschritte begriffen ist, es oft auf den Moment ankommt, um erhebliche kostspielige Anlagen zu machen, die vielleicht das Hauptmotiv des Kaufs waren, wie kann da eine Lust zu bieten vorausgesetzt werden, wenn der Ankauf nur unter der Gefahr oft unwiederbringlicher Verluste geschehen kann? Die Sicherheit der eingetragenen Realgläubiger, der Realkredit des Eigenthümers und der Grundwerth muß unter einem so unsicheren Zustande nothwendig leiden.

Alle bisherigen Gesetzgebungen haben auch die vorzugsweise Sicherheit desjenigen, dem ein gerichtlicher Zuschlag geschehen, sanktionirt. Nach gemeinem Prozesse würde die Aufhebung einer gerichtlichen nothwendigen Versteigerung — von der Restitution abgesehen — nur dem Schuldner und früheren Eigenthümer, und lediglich aus den beiden Gründen:

1) daß ein Betrug, der zum Zuschlag Anlaß gegeben, erwiesen werden könne;
2) wenn wesentliche Erfordernisse bei der Versteigerung versäumt worden;

zugelassen und das Verfahren ad 2 im Wege der außergerichtlichen Appellation oder der Nichtigkeitsbeschwerde behandelt.

> v. Klaproth Einleitung in den ordentlichen bürgerlichen Prozeß Th. 2. §. 418.

Das Projekt des Corpus juris Fridericiani von 1748 Th. 2 Tit. 41 §. 47 will, daß dem im letzten Termine Bestbietenden das Gut zugeschlagen werde

> ohne die geringste Prorogation, auch aller Protestation, Appellation und gesuchter Restitution in integrum ungeachtet.

Die Allg. Gerichts-Ordnung Th. I. Tit. 52 §. 60 läßt gegen das Appellations-Urtel keine Appellation oder anderes Rechtsmittel zu. Daneben giebt das Allg. Landrecht §. 348 Th. I. Tit. 11 das Recht zur Anfechtung wegen Verletzung wesentlicher Förmlichkeiten in Form einer Klage und mit einer Zeitfrist von Einem Jahre.

Der Code de procedure hat ebenfalls den bezeichneten Gesichtspunkt festhaltend, den ehemaligen Gerichtsgebrauch in Frankreich, der gegen einen Zuschlag unbestimmte Opposition a fin d'annuler zuließ, ganz abgeändert.

Er bestimmt im Art. 717, welche Formalitäten des Verfahrens bei Strafe der Nichtigkeit beobachtet werden müssen, behandelt dann die Anfechtungsgründe als Inzidenzpunkte, welche durch Urtheil entschieden worden Art. 733 und hat durch genaue Fristen, namentlich durch die Bestimmung, daß die Nichtigkeitsgründe, welche das den Lizitationstermin vorhergehende Verfahren betreffen, im Lizitations-termine und die Einreden gegen den Zuschlag 14 Tage nach demselben vorgebracht werden müssen, den Ansteigerern einen festen Halt gegeben.

Die Rheinische Subhastations-Ordnung vom 1. August 1822 gab jene Bestimmung im §. 29 wieder und wahrte noch die Sicherheit des Bestbietenden, indem sie die Förmlichkeiten überhaupt erheblich verminderte und vereinfachte — während der Art. 717 des Code de procedure die Contravention gegen 26 dort genannte Artikel mit Nichtigkeit des Verfahrens bedroht, nennt die Rheinische Subhastations-Ordnung als diesem Präjudize unterworfen, überhaupt nur 11 Paragraphen und dies keineswegs jederzeit unbedingt in Ansehung des ganzen Verfahrens, sondern zum Theil nur in Betreff einzelner Akte desselben. —

Die Bestimmtheit der früheren Gesetzgebungen in diesem Punkte muß um so mehr jedes Bedenken gegen die Abhülfe der ganz entgegengesetzten Unbestimmtheit des Gesetzes von 1833 entfernen, da es sich eigentlich nur um Herstellung eines vorhanden gewesenen Zustandes handelt. Bei Abfassung des Nichtigkeitsgesetzes, mochte man, eben weil das Subhastationsgesetz damals noch nicht erlassen war, wohl Anstand nehmen, irgend etwas Bestimmtes zu sagen, man mochte geneigt sein, die nähere Feststellung der Praxis zu überlassen. Nachdem sich jedoch gezeigt, daß diese in so langer Zeit noch keinen festen Anhalt gefunden, darf die den Grundwerth und Realcredit so tief verletzende Unbestimmtheit der möglichen Anfechtung nicht länger geduldet, es muß genau ausgesprochen werden, von wem, aus welchen Gründen die Anfechtung eines Adjudikationsbescheides zulässig ist.

Mehrere der zum Theil vom Obertribunal genehmigten Vorschläge beziehen sich schon auf diese Materie der Anfechtung, so die Fristen, an welche das Rechtsmittel und überhaupt der Angriff gegen die Adjudikatoria gebunden sein soll.

Es wird aber unverkennbar besser sein, diesen Gegenstand der sich von den übrigen Subhastations-Vorschriften hinreichend genau sondern läßt, im Zusammenhange festzustellen.

Dabei wird man, um den bestehenden sich möglichst anzuschließen, das Rechtsmittel der Nichtigkeitsbeschwerde, auch die schriftliche und resp. mündliche Verhandlung desselben, wie sie ist, beibehalten können, und nur Subjekt und Objekt des Rechtsmittels genauer zu bestimmen haben.

Sehr füglich läßt sich eine solche Feststellung von derjenigen über die allgemeine Revision des Nichtigkeitsbeschwerde-Instituts trennen, ja beide Gegenstände können bei einer solchen Trennung nur gewinnen.

Die Adjudikatoria hat nur die Form eines Urtels, an sich ist sie der durch den Richter bestätigte Kaufkontrakt, wodurch das Grundstück auf den neuen Erwerber übergeht.

So kennt die Rheinische Subhastations-Ordnung nicht einmal einen, vom Lizitationsprotokoll verschiedenen Adjudikationsbescheid, nur eine Ausfertigung des ersteren in exekutivischer Form (§. 33). Die Behauptung der Nichtigkeit eines solchen Akts fügt sich nur sehr widerstrebend unter die Vorschriften, welche im §. 4 und 5 des Gesetzes vom 14. Dezember 1833 in Betreff der meist gegen die Entscheidungsgründe eines Prozeß-Urtels gerichteten Nichtigkeitsbeschwerde erlassen sind, und es muß eben das Ziel sein, letztern durch bestimmte andere Vorschriften für den Fall der Adjudikatorsanfechtung zu ersetzen.

Die Frage, inwiefern in jenen Punkten und überhaupt mit dem Rechtsmittel der Nichtigkeit eine mehr oder minder totale oder partielle Abänderung vorzunehmen, bleibt dabei unberührt, und wird sich gerade passender entscheiden lassen, wenn dieser immer etwas heterogene Gegenstand ausgeschieden und durch ein Spezialgesetz abgemacht ist.

Bei der Untersuchung, inwiefern die Anfechtung eines Zuschlagsbescheides zuzulassen, müssen zunächst die beiden Fälle genau unterschieden werden:

a) wenn ein Dritter die verkauften Gegenstände für sich in Anspruch nimmt, oder doch den Subhastaten die Verkaufsbefugniß bestreitet;

b) wenn einer der Subhastations-Interessenten das Subhastations-Verfahren oder den Zuschlagsbescheid für nicht validirend erklärt.

Beide Fälle haben im Grunde nichts mit einander gemein. Jener

Dritte steht allen Subhastations-Interessenten gegenüber, ob das Verfahren in seinem Fortlauf richtig, kann ihm aber, wie das ganze Resultat desselben gleichgültig sein, er verfolgt nur seinen Anspruch auf die Sache. Ob dieser begründet ist oder nicht, kann nur in einem förmlichen Prozesse entschieden werden; es muß also jenem Dritten die Klage um seinen Anspruch geltend zu machen zustehen.

Zweckmäßig erscheint es, wenn der Anspruch im Subhastationsverfahren angemeldet wird, dem Anmeldenden eine Frist zu bestimmen, innerhalb welcher er, bei Strafe der Präklusion, die Klage wegen seines Widerspruchs anzustellen hat (wie dies auch beschlossen worden).

Das Verfahren wird dann der Regel nach bis dahin, daß jene Klage eingeleitet und entschieden worden, ausgesetzt bleiben, obwohl dies an sich, wollen die Subhastations-Interessenten sich auf die Gefahr einlassen, nicht durchaus nothwendig ist.

Ob die Vindikation gegen einen Erwerb aus einer Adjudikatoria überhaupt zulässig, ist bekanntlich kontrovers; das Geheime Obertribunal hat solches seither angenommen und es wird meines Erachtens nicht der Ort für ein Spezialgesetz, wie es intendirt wird, sein, diese Kontroverse authentisch zu lösen. Dem Bedürfnisse wird auch genügt, wenn für diese, wie für andere Ansprüche überhaupt nach dem Beschlusse des Tribunals eine halbjährige Präklusivfrist angeordnet würde.

Hätte ein Gericht, des von dem Dritten erhobenen Widerspruchs und ohne die Fristbestimmung zu geben, oder den Ablauf abzuwarten, adjudizirt, so läge darin meines Erachtens doch kein Anlaß, dem Dritten die Nichtigkeitsbeschwerde gegen den Adjudikationsbescheid einzuräumen und diesen ohne Rücksicht, ob der Widerspruch des Dritten begründet ist, oder nicht blos deshalb zu vernichten, weil jenes Widerspruchs ungeachtet, mit dem Verfahren vorgeschritten ist.

Vielmehr muß erst die Entscheidung der von dem Dritten anzustellenden Klage, zugleich über das Bestehenbleiben der Adjudikatoria den definitiven Entscheid abgeben. Bis dahin kann dem Dritten gegenüber, der ja sein Recht gegen die Subhastations-Interessenten erst erstreiten muß, der Zustand, worüber letztere nicht uneinig sind, bestehen bleiben; es können die Uebelstände vermieden werden, welche durch dessen voreilige Auflösung für den Fall, daß der Anspruch demnächst möchte unbegründet befunden werden, nothwendig entstehen müßten. Es wird dann überhaupt über einen Anspruch auch nur Einmaliges, nicht doppeltes Verfahren zugelassen.

Der Art. 2 der Deklaration vom 6. April 1839 nennt auch derartige Intervenienten nicht unter den Personen, welchen die Nichtigkeitsbeschwerde gegen Adjudikations-Erkenntnisse zusteht, und es dürfte schon dem bestehenden Rechte nicht entsprechen, wenn die Instruktion vom 7. April 1839, Nr. 21 einem solchen Intervenienten, der für das Subhastationsverfahren ein gänzlich dritter ist, das gedachte Rechtsmittel unter der oben beleuchteten Voraussetzung beilegt.

Es erscheint meines Erachtens sehr zweckmäßig, diesen Interventionsanspruch in dem zu erlassenden Gesetze mit aufzunehmen, und nach vorstehenden Grundzügen darüber Feststellung zu treffen. Dabei wird es keinen Anstand haben, insofern demjenigen, welcher den Anspruch erhoben hat, der Zuschlagsbescheid mitgetheilt wird, statt der 6monatlichen eine 6wöchentliche Präklusivfrist a dato der Mittheilung eintreten zu lassen.

Was nun die zweite und eigentliche Kategorie, die Anfechtung der Adjudikatoria Seitens der Subhastations-Interessenten, anlangt, so stellen sich als solche Interessenten, der Subhastat, die Realgläubiger, im weitesten Sinne verstanden, in gewissen Beziehungen auch der Ansteigerer dar; es ist auch ein Streit unter verschiedenen Personen, die ein Recht auf den Zuschlag zu haben glauben, denkbar.

Die Anfechtung beabsichtigt die Aufhebung des Akts, wenigstens in dessen vorliegender Gestalt. Sie muß sich also auf Gründe stützen, welche überhaupt geeignet sind, einen Akt über ein Kaufgeschäft als nicht gültig aufzuheben. Die Natur der Sache bringt es nun mit sich, daß sehr viele der möglichen Einwendungen gegen ein Rechtsgeschäft hier nicht zugelassen werden können. Die Frage: ob der Subhastat sich den Verkauf muß gefallen lassen, steht im Voraus fest, der Richter handelt für ihn, giebt dem Bestbietenden, dessen Gebot das Protokoll konstatirt, den Zuschlag.

Dies sind ganz einfache Verhältnisse, welche Einwendungen, hergenommen aus Mängeln der Einwilligung, Betrug ꝛc. nothwendigerweise von selbst ausschließen.

Die formelle Gültigkeit des Aktes dagegen ist allerdings ein unerläßliches Erforderniß. Sie hängt ab, von der Gültigkeit des Subhastationsverfahrens, dessen Abschluß jener Akt ist.

Die Gesetzgebung hat zur Regulirung dieses Verfahrens vor und in dem Lizitations-Termin verschiedene Vorschriften ertheilt, deren Tendenz dahin geht, nach Maßgabe der im Eingange dieses Vortrags hervorgehobenen Rücksichten die Interessen der Subhastationsberechtigten möglichst zu sichern. Da jedoch nicht alle diese Vorschriften von gleicher Wichtigkeit erscheinen und, was zur Kritik des Verfahrens gerechten Stoff bietet, darum noch nicht geeignet ist, zum Schaden des Publikums die Sicherheit des Erwerbs aus einer öffentlichen Versteigerung in Frage zu stellen, so haben die Gesetzgebungen bisher gewisse dieser Vorschriften, welche sie für besonders wichtig gehalten mit dem Präjudize, der Nichtigkeit des Aktes ausgestattet. Nur wegen Contravention gegen diese, nicht auch wegen Contravention gegen die anderen minder wichtigen Vorschriften ist also in dieser Beziehung eine Anfechtungsforderung denkbar.

Jene wesentlichen Formalitäten sind nun im §. 349, Th. I., Tit. 11 A. L. R. ausdrücklich aufgeführt, und die neue Gesetzgebung hat demselben keine neue hinzugefügt.

Nach dem vorher erörterten Stande der Legislation möchte es auch nicht rathsam sein, jetzt dergleichen neue mit Nichtigkeit auszustattende Formalien aufzustellen. Unbedingt wird eine nähere Durchsicht der einzelnen Punkte ergeben, daß sie völlig genügen, ja sogar noch in Frage gestellt werden könnten.

Insbesondere möchte gar kein Anlaß sein, das Verfahren im Lizitations-Termine oder die Regulirung der Kaufgelder-Bedingungen unter das Präjudiz einer Nichtigkeit zu bringen. Dies muß und kann dem sorgfältigen Ermessen des leitenden Richters überlassen bleiben. Dabei wird sich das Publikum viel besser befinden, als wenn die Cautionsfähigkeit eines Bieters, oder die Zulässigkeit des Widerspruchs gegen den Zuschlag Gegenstand nachträglicher Erörterung werden soll, mit der Chance um dergleichen sekundärer Interessen willen, einen so großen Uebelstand, wie die Vernichtung einer Adjudikatoria ist, herbeizuführen. Die positiven Vorschriften über die Cautionsleistung haben ihren Nutzen, der Richter muß sie beobachten. Sollte er dies aber auch unterlassen haben, oder es zweifelhaft sein, ob er solches gethan, so bieten die bestehenden Vorschriften über Resubhastation, Eintragung des rückständigen Kaufgeldes u. s. w. einen wirksamen Schutz. Consequenterweise würde, wollte man die Anfechtung wegen solcher Dinge gestatten, solche nicht blos gegen den Zuschlag, an den angeblich untauglichen Bestbieter, sondern auch dem von diesem überbotenen Bieter freistehen.

Und wie gestaltet sich die Sache vollends, wenn der vermeintlich Unfähige nachher wirklich zahlt, soll dann auch das Verfahren nichtig sein? —

Auch die Rheinische Subhastations-Ordnung hat §. 22 genaue Regeln für die Zulassung Unbekannter oder notorisch Zahlungsunfähiger. Dieser Paragraph gehört aber zu denen, deren Contravention nach §. 32 nicht mit Nichtigkeit bedroht worden.

Daß die Innehaltung der bestimmten Terminsstunde nicht mit Nichtigkeit zu bedrohen, hat das Collegium bereits beschlossen.

Nach §§. 347, 348 l. c. sind nun wesentliche Förmlichkeiten nur folgende:

1) wenn die Subhastation ohne vorhergegange Taxe verfügt worden;
2) wenn eine von den im Gesetze vorgeschriebenen Arten der Bekanntmachung ganz unterblieben ist;
3) wenn der Richter den (letzten) Verkaufstermin kürzer bestimmt hat, als nach den Gesetzen hätte geschehen sollen;
4) wenn ohne Einwilligung sämmtlicher Interessenten und mit dem Zuschlage ohne Abwartung des letzten Termins verfahren worden;

   Dieser Grund fällt, seitdem es nur einen Bietungstermin mehr giebt, weg.

5) wenn bei Anschlagung oder Abnahme der Patente oder bei den Einrückungen in die öffentlichen Blätter um mehr als vierzehn Tage an der Zeit gefehlt worden;

   — wobei nach §. 15 des Anhanges ein Verstoß bei der Abnahme des Patents keine Ungültigkeit der Adjudikatoria herbeiführt —

6) wenn eine nach §. 22 ausgeschlossene Gerichtsperson Meistbie-

tender geblieben und der Zuschlag an ihn ohne ausdrückliche Genehmigung des Gemeinschuldners und sämmtlicher Gläubiger erfolgt ist.

Bei Grundstücken von geringem Werthe statuirt die Verordnung vom 2. Dezember 1837 (G. S. S. 219) als einzige wesentliche Förmlichkeiten im §. 4:

a) bei Grundstücken, bis zum Taxwerth von 50 Thlr. einschließlich, den Aushang an der Gerichtsstelle und der sonst zu öffentlichen Bekanntmachungen bestimmten Stelle in der Ortsgemeinde — wobei es jedoch lediglich auf den Bericht des Gerichtsboten über die erfolgte Anheftung ankommt.

b) bei Grundstücken im Taxwerth über 50 Thlr. bis 500 Thlr. einschließlich außer jenem Aushange die Einrückung in den Anzeiger des Regierungs-Amtsblatts.

Diese sämmtlichen Anfechtungsgründe sind nun, wie aus deren Ansicht erhellet, lediglich Vorschriften, welche das Interesse des Subhastaten und der Realgläubiger bezwecken; der Adjudikatar, die Bieter, können daraus keinen Inpugnationsgrund herleiten. Jene Personen dürfen daher im Gesetze als diejenigen bezeichnet werden, denen ein Rechtsmittel auf Grund dieser Punkte zusteht.

Mit Ausnahme des Punktes ad b sind zugleich alle Vorschriften solche, die das Verfahren vor dem Lizitations-Termine betreffen. Ist nun der Subhastations-Interessent nur selbst, sofern dies erforderlich, zum Bietungs-Termine vorgeladen, so wird ihm dadurch auch Gelegenheit gegeben, durch Einsicht der Akten oder auf andere Art Kenntniß darüber zu erlangen, in wiefern jenen Anforderungen genügt worden. Man kann ihm daher sehr füglich, nach dem Vorgange der Rheinischen Subhastations-Ordnung zumuthen, daß er den Fehler, den er rügen will, im Termine rüge, und eine nachherige Rüge ausschließen, da solche in der That häufig einer Chicane ähnlich sehen würde. Dadurch wird schon viel gewonnen werden.

Durch eine Vorschrift der vorgeschlagenen Art wäre also die Eine und Haupt-Categorie der Anfechtungsgründe auf den Mangel einer wesentlichen Förmlichkeit zu beschränken und dadurch sind die Angriffe gegen die Validität des Aktes an sich erschöpft.

Außerdem dürfte lediglich noch der Angriff zu gestatten sein, daß der in dem Adjudikationsbescheide enuncirte Akt dem wahren Hergange nicht entspreche. Dieser Angriff ist jedoch nicht in dem Sinne aufzufassen, daß es etwa dem Anfechtenden freigestellt werden könnte, die Richtigkeit des Lizitations-Protokolls in Frage zu stellen, zu behaupten, daß dasjenige, was dort niedergeschrieben ist, dem Hergange nicht entspreche.

Zu einer solchen Anfechtung des gerichtlichen Protokolls bot auch die bisherige Richtigkeitsbeschwerde keinen Raum, und es wäre weder Bedürfniß, noch räthlich, dergleichen Erörterungen zum Zwecke der Umstoßung des Zuschlags zu gestatten.

Vielmehr wird blos von

dem Widerspruche der Adjudikatoria und des Lizitationsprotokolls die Rede sein können, dieser also als zweite Kategorie der zulässigen Anfechtungsgründe hingestellt werden müssen. Der Adjudikations-Bescheid hat seine Grundlage im Lizitations-Protokoll. Stimmt er mit diesem in wesentlichen Punkten, also z. B. in der Benennung der Bestbietenden, in der richtigen Bezeichnung des Grundstücks, des Kaufgeldes, in der Aufzählung der Bedingungen nicht überein, so muß es ein Mittel geben, dem, wenn das Gericht dies nicht etwa durch eine Deklaratoria thut, abzuhelfen. Eine solche Anfechtung kann außer dem Subhastaten und den Gläubigern, nach dem Adjudikatar, auch einem Bieter, sofern sie bei dem Verstoße interessirt sind, zustehen. Fälle dieser Art werden übrigens zu den seltenen gehören.

Das Mittel nun, diese Anfechtungsgründe zur Geltung zu bringen, würde freilich an und für sich wohl wie im französischen Verfahren, ein prozessualischer, summarisch zu behandelnder Inzidenzstreit sein können. Da jedoch die Richtigkeitsgründe sämmtlich einfach und aus den Akten ohne weiteres zu prüfen sind, so kann ganz füglich in erster und letzter Instanz vom höchsten Gerichtshofe darüber entschieden werden, wodurch auch Zeitgewinn erzielt wird. Ohnehin muß sich ein solches partiell reformirendes Gesetz, wo es irgend möglich ist, der bestehenden Form anschließen.

Damit nun aber die Subhastations-Interessenten nicht durch die Beantwortung frivoler Anfechtungen behelligt werden, erscheint es zweckmäßig, die Zulassung derartiger Richtigkeitsbeschwerden vor deren Mittheilung materiell prüfen und wenn sie klar verwerflich erscheinen, die Zurückweisung ohne mündliches Verfahren eintreten zu lassen.

Dies rechtfertigt sich durch die eigenthümliche Natur dieses Rechtsmittels und stellt die Parteien auf den Standpunkt, welchen sie, wäre die eigentlich zum Grunde liegende Anfechtungsklage als Inzidenzstreit durchzuführen, einnehmen würden und der für den Verklagten durch die Abschneidung der Zurückweisung durch Dekret nicht verschlechtert werden darf.

Die übrigen Nichtigkeitsgründe der Verordnung vom 14. Dezbr. 1833 und der Deklaration vom 6. April 1839 sind sämmtlich auszuschließen, da sie theils unnöthig, theils unpassend erscheinen. Unpassend wäre die allgemeine Berufung auf einen verletzten Rechtsgrundsatz: denn die allein interessirende Rechtsgültigkeit des Aktes wird durch die Anfechtungsgründe der oben aufgestellten 1. Kategorie vollständig geschützt. Von den Prozeßvorschriften des §. 5 des gedachten Gesetzes wird das Bedürfniß der Nr: 1 (nicht gehört) Nr. 2 (unrichtiges Präjudiz) Nr. 3 (überschrittene Frist eines Rechtsmittels) theils, wie ad 3 nicht eintreten können, theils durch die Gestaltung der Anfechtung wegen nicht beobachteter wesentlicher Förmlichkeiten hinreichend befriedigt.

Da die Adjudikatoria ihrer Natur nach nur die richterliche Confirmation der Lizitationsverhandlung ist, so liegt für die Gesetzgebung kein Grund vor, auch die bei Prozeß-Entscheidungen allerdings erheblichen Nichtigkeitsgründe, welche in Art. 4—8 aus der Zahl, Person ꝛc. der Richter entnommen, sind nicht von dem Gewichte, um die Anfechtung der Adjudikatoria deshalb allein zuzulassen, es ja der Regel nach vernünftigerweise nur zu dem Resultate führen würde, daß nicht etwa das ganze Verfahren erneuert, sondern daß lediglich dieselbe Urkunde anderweit, vielleicht von einem andern Richter ausgefertigt würde. Entscheidungsgründe (Nr. 9) sind bei einer Adjudikatoria entbehrlich; sie liegen in der Sache selbst. Die verschiedene Position der Nr. 10 werden zweckmäßiger durch die oben gedachte Kategorie b II. ersetzt, da sie sich ohnehin gar schwer der Anwendung auf das Subhastationsverfahren fügten. Auch die Punkte in Art. 3 der Deklaration passen auf letzteres nicht.

Druck von J. Blumenthal in Berlin, Adlerstr. 9.